GAIUS JULIUS CAESAR

DER
GALLISCHE KRIEG

HAMBURGER LESEHEFTE VERLAG
HUSUM/NORDSEE

ERSTES BUCH

1

1 Gesamtgallien ist gegliedert in drei Teile. Einen bewohnen die Belger, den zweiten die Aquitaner, den dritten das in der Landes-
2 sprache Kelten, bei uns Gallier genannte Volk. Sie alle unterscheiden sich in Sprache, Einrichtungen und Gesetzen. Die Gallier trennt von den Aquitanern die Garunna, von den Belgern die Ma-
3 trona und die Sequana. Von all diesen sind die Belger die tapfersten, weil sie von der Verfeinerung und Kultur unserer Provinz am weitesten entfernt sind, nur ganz selten Kaufleute zu ihnen kommen und verweichlichende Waren einführen, auch weil sie nächste Nachbarn der Germanen rechts des Rheins sind, mit de-
4 nen sie ständig Krieg führen. Aus diesem Grund sind auch die Helvetier tapferer als die übrigen Gallier, da sie fast täglich in Gefechte mit den Germanen verwickelt sind, indem sie diese von ihren Grenzen abwehren oder selbst in deren Land Krieg führen.
5 Der Teil, den, wie gesagt, die Gallier bewohnen, beginnt beim Rhodanus, ist begrenzt von der Garunna, dem Ozean und dem Land der Belger, berührt bei den Sequanern und Helvetiern auch
6 den Rhein und zieht sich nach Norden. Das Belgerland beginnt an der Grenze von Gallien, reicht bis zum Niederrhein und liegt ge-
7 gen Nordosten. Aquitanien reicht von der Garunna bis an die Pyrenäen und den spanischen Ozean; es liegt nach Nordwesten.

2

1 Bei den Helvetiern war Orgetorix bei weitem der vornehmste und reichste Mann. Dieser zettelte im Konsulatsjahr des Marcus Messala und Marcus Piso aus Gier nach der Königsherrschaft eine Verschwörung des Adels an und überredete den Stamm, mit der
2 gesamten Habe sein Gebiet zu verlassen: Da sie an Tapferkeit alle überragten, sei es ein Kinderspiel, ganz Gallien zu unterwerfen.
3 Dazu beredete er sie um so leichter, als die Helvetier überall durch natürliche Grenzen eingeengt sind, auf der einen Seite durch den sehr breiten und tiefen Rhein, der das Helvetierland von Germanien trennt, auf der anderen durch den sehr hohen Jura, der zwischen dem Sequanerland und Helvetien verläuft, auf der dritten Seite durch den Lemanner See und den Rhodanus, der unsere Pro-
4 vinz von den Helvetiern trennt. So konnten sie nicht so weit umherstreifen und die Nachbarn nicht so leicht angreifen, worüber dieser kriegslustige Menschenschlag großen Unmut empfand;
5 meinten sie doch, im Verhältnis zu ihrer Volkszahl, dem Ruhm ihrer Kriegstaten und ihrer Tapferkeit ein zu kleines Land zu ha-

ben, das sich doch in der Länge über 240, in der Breite über 180 Meilen ausdehnte.

3

Durch diese Gründe und den Einfluß des Orgetorix verführt, beschlossen sie, alles für den Auszug Notwendige vorzubereiten, so viele Zugtiere und Wagen wie möglich zu beschaffen, möglichst viel Getreide auszusäen, um auf ihrem Zug genug Korn zu haben, und Friedens- und Freundschaftsverträge mit den Nachbarstämmen abzuschließen. Für diese Vorbereitungen hielten sie zwei Jahre für ausreichend; auf das dritte Jahr legten die den Auszug durch förmlichen Beschluß fest. Zum Leiter des Unternehmens wurde Orgetorix erwählt. Dieser übernahm die Verhandlungen mit den Stämmen. Auf der Reise überredete er Casticus, den Sohn des Catamantaloedes, einen Sequaner, dessen Vater dort lange Jahre die Königswürde bekleidet und vom Senat des römischen Volkes den Titel ‚Freund' erhalten hatte, er solle in seinem Stamm das Königsamt, das sein Vater ehemals innehatte, an sich reißen. Ebenso beredet er den Häduer Dumnorix, den Bruder des Diviciacus, der damals der angesehenste Mann seines Stammes und bei der Menge sehr beliebt war, zum gleichen Versuch und gab ihm seine Tochter zur Frau. Beiden beweist er, ein solches Unternehmen sei ganz leicht durchzuführen, weil er selbst in seinem Stamm die Herrschaft erhalten werde. Ohne Zweifel seien die Helvetier der stärkste Stamm ganz Galliens. Er versichert, er werde ihnen mit seiner Macht und seinem Heer die Königswürde verschaffen. Sie lassen sich durch seine Rede verleiten, tauschen Treueide aus und hoffen, wenn sie erst einmal Könige wären, durch die drei mächtigsten und stärksten Völkerschaften ganz Gallien zu unterjochen.

4

Ihre Verschwörung wurde den Helvetiern verraten. Sie zwangen Orgetorix, sich – ihrer Sitte nach in Fesseln – zu verantworten. Wurde er verurteilt, so stand ihm als Strafe der Feuertod bevor. Am festgesetzten Gerichtstag bot Orgetorix alle seine Leibeigenen, an die zehntausend Mann, von allen Seiten auf, entbot auch alle seine Lehensleute und zahlreichen Schuldner dorthin; mit ihrer Hilfe verhinderte er, daß er sich verantworten mußte. Als der Stamm, hierüber empört, sein Recht mit der Waffe durchsetzen wollte und die Behörden viele Menschen vom offenen Land herbeiriefen, starb Orgetorix, und der Verdacht liegt nahe, daß er, wie die Helvetier glauben, Selbstmord begangen hat.

5

1 Nach seinem Tod versuchten die Helvetier trotzdem, ihren Ent-
2 schluß durchzuführen und auszuwandern. Als sie meinten, für dieses Unternehmen ausreichend gerüstet zu sein, steckten sie alle ihre Fliehburgen, etwa zwölf, ihre Weiler, an die vierhundert,
3 und außerdem alle Einzelgehöfte in Brand, verbrannten auch alles Getreide außer dem, das sie mitnehmen wollten, damit sie ohne Hoffnung auf Rückkehr nach Hause alle Gefahren um so entschlossener auf sich nähmen; endlich befahlen sie, jeder solle Mehl
4 für drei Monate von daheim mitnehmen. Sie überredeten die Rauraker, Tulinger und Latobriger, ihre Nachbarn, ihrem Plan zu folgen, die Städte und Dörfer niederzubrennen und mit ihnen zu ziehen. Die Boier, die jenseits des Rheines gesiedelt, ins Gebiet von Noricum übergewechselt und Noreia belagert hatten, nahmen sie bei sich auf und machten sie zu Weggefährten.

6

1 Es gab nur zwei Wege, auf denen sie auswandern konnten: Der eine, eng und schwer gangbar, führte durch das Sequanerland zwischen Jura und Rhodanus; dort konnten nur zur Not einzelne Wagen fahren. Zudem beherrschte der hochragende Bergzug den
2 Weg, so daß ihn eine Handvoll Leute leicht sperren konnte. Der andere Weg führte durch unsere Provinz und war viel leichter und bequemer, weil über den Rhodanus, den Grenzfluß zwischen den Helvetiern und den erst kürzlich unterworfenen Allobrogern, an
3 mehreren Stellen Furten führen. Grenzstadt der Allobroger ganz nahe dem helvetischen Gebiet ist Genava. Von dort führt eine Brücke zu den Helvetiern hinüber. Diese meinten nun, sie könnten die Allobroger, die dem römischen Volk noch nicht sehr wohlgesinnt schienen, überreden, ihnen freien Durchzug zu ge-
4 währen, oder sie mit Gewalt dazu zwingen. Als alles zum Aufbruch vorbereitet war, bestimmten sie den Tag, an dem sich alle am Ufer des Rhodanus einfinden sollten. Dies war der 28. März im Konsulatsjahr des Lucius Piso und des Aulus Gabinius.

7

1 Als Caesar erfuhr, sie versuchten, durch unsere Provinz zu ziehen, brach er sofort von Rom auf, eilte in möglichst großen Tage-
2 reisen ins jenseitige Gallien und kam nach Genava. Der ganzen Provinz befahl er, so viele Soldaten wie möglich zu stellen (im jenseitigen Gallien stand überhaupt nur eine Legion), und ließ die
3 Brücke bei Genava abbrechen. Als die Helvetier seine Ankunft erfuhren, schickten sie die vornehmsten Männer ihres Stammes als

Gesandte zu ihm; Nammeius und Verucloetius standen an der Spitze dieser Gesandtschaft, die versichern sollte, sie beabsichtigten, ohne jede Feindseligkeit durch die Provinz zu ziehen, weil sie sonst keinen Weg hätten; sie bäten um seine Einwilligung zum Durchzug. Caesar, der wohl wußte, daß die Helvetier den Konsul Lucius Cassius erschlagen und sein Heer besiegt und unter das Joch geschickt hatten, glaubte, diese Erlaubnis nicht geben zu dürfen; auch meinte er, so feindlich gesinnte Menschen würden sich bei Genehmigung des Durchzuges durch die Provinz nicht von Rechtsverletzung und Gewalttat zurückhalten. Um jedoch Zeit bis zum Eintreffen der ausgehobenen Soldaten zu gewinnen, gab er den Gesandten die Antwort, er wolle sich Bedenkzeit nehmen; wenn sie sonst noch etwas wollten, könnten sie am 13. April wiederkommen.

8

Inzwischen errichtete er mit der Legion, die er bei sich hatte, und den aus der Provinz eingetroffenen Mannschaften einen neunzehn Meilen langen Wall von sechzehn Fuß Höhe mit einem Graben vom Ausfluß des Lemanner Sees in den Rhodanus bis zum Jura, der Grenzscheide des Sequaner- und Helvetierlandes. Nach Fertigstellung der Anlage verteilte er Posten und ließ Stützpunkte befestigen, um die Helvetier, sollten sie gegen seinen Willen den Durchbruch versuchen, möglichst leicht aufhalten zu können. Als der mit der Gesandtschaft abgesprochene Termin herangekommen war und die Gesandten wieder zu ihm kamen, gab er den Bescheid, nach Brauch und Herkommen des römischen Volkes sei er außerstande, jemandem den Marsch durch die Provinz zu gestatten, und erklärte ihnen, er werde einen gewaltsamen Versuch zu verhindern wissen. Die Helvetier, in ihrer Hoffnung getäuscht, versuchten auf gekoppelten Kähnen und Flößen, die sie in größerer Menge herstellten, aber auch an den Rhodanusfurten, wo der Fluß am flachsten ist, manchmal bei Tag, häufiger aber nachts, ob sie durchbrechen könnten; doch wurden sie durch die starke Verschanzung, die anrückende Truppe und durch Beschuß abgewiesen und gaben diesen Versuch auf.

9

Übrig blieb nur mehr der Weg durch das Land der Sequaner, den sie aber gegen deren Willen wegen der Engpässe nicht benützen konnten. Da sie allein die Sequaner nicht bereden konnten, schickten sie Gesandte an den Häduer Dumnorix, um durch seine Fürsprache von ihnen die Erlaubnis zu erhalten. Dumnorix besaß

durch Beliebtheit und Freigebigkeit bei den Sequanern großen Einfluß und war auch ein Freund der Helvetier, weil er aus ihrem Stamm die Tochter des Orgetorix geheiratet hatte; und da er die Königswürde anstrebte, wünschte er einen Umsturz und wollte sich möglichst viele Stämme durch persönliche Gefälligkeit ver-
4 pflichten. Er übernahm also den Auftrag, bestimmte die Sequaner, die Helvetier durch ihr Gebiet ziehen zu lassen, und veranlaßte sie, Geiseln untereinander auszutauschen, die Sequaner für ungehinderten Durchzug der Helvetier, die Helvetier für einen Marsch ohne Gewalt und Rechtsverletzung.

10

1 Caesar erhält Nachricht, die Helvetier wollten durch das Land der Sequaner und Häduer ins Gebiet der Santoner ziehen, die in der Nachbarschaft von Tolosa wohnen, das schon zur Provinz
2 gehört. Damit war, wie er erkannte, die große Gefahr für die Provinz verbunden, kriegslustige Menschen und Feinde des römischen Volkes in einer sehr fruchtbaren Gegend mit offenen Gren-
3 zen als Nachbarn zu bekommen. Er übergibt deshalb den Oberbefehl über die angelegte Befestigung dem Legaten Titus Labienus und eilt selbst in großen Tagesstrecken nach Oberitalien. Hier hebt er zwei Legionen aus, führt drei Legionen aus den Winterquartieren bei Aquileia und eilt mit diesen fünf Legionen auf kür-
4 zestem Weg über die Alpen ins jenseitige Gallien. In den Alpen besetzten die Keutronen, Graiokeler und Katurigen beherrschen-
5 de Punkte und versuchten, dem Heer den Weg zu versperren. Caesar schlug sie in mehreren Gefechten und kam von Ocelum, dem letzten Ort der diesseitigen Provinz, nach sechs Tagen ins Gebiet der Vokontier im jenseitigen Gallien; von da führte er das Heer zu den Allobrogern und von diesen zu den Segusiavern. Dies ist der erste Stamm außerhalb der Provinz und jenseits des Rhodanus.

11

1 Die Helvetier hatten ihre Scharen schon durch den Paß und das Land der Sequaner geführt, waren im Gebiet der Häduer ange-
2 langt und verwüsteten deren Felder. Die Häduer, die sich und ihre Habe nicht vor ihnen schützen konnten, schickten Gesandte an
3 Caesar und baten um Hilfe: Sie hätten sich allezeit um das römische Volk höchst verdient gemacht, und es dürfe nicht geschehen, daß fast vor den Augen unseres Heeres ihre Felder verwüstet, die Kinder in die Sklaverei verschleppt und ihre Städte erstürmt wür-
4 den. Gleichzeitig unterrichteten die Ambarrer, Freunde und Blutsverwandte der Häduer, Caesar, ihr Land sei verwüstet und

sie könnten ihre Städte nur mit Mühe vor dem Ansturm der Feinde schützen. Ebenso flüchteten die Allobroger, die jenseits des Rhodanus Dörfer und Besitzungen hatten, zu Caesar und zeigen ihm an, ihnen sei außer dem bloßen Ackerboden nichts mehr geblieben. Diese Klagen brachten Caesar zu dem Entschluß, nicht zuzuwarten, bis die Helvetier alle Habe der Bundesgenossen geplündert hätten und bei den Santonern ankämen.

12

Es gibt einen Fluß, Arar, der durch das Land der Häduer und Sequaner in den Rhodanus fließt mit so unglaublich schwacher Strömung, daß man mit bloßem Auge nicht entscheiden kann, in welche Richtung er fließt. Die Helvetier überquerten ihn eben auf Flößen und zusammengebundenen Kähnen. Als Caesar durch Spähtrupps erfuhr, die Helvetier hätten schon drei Viertel ihrer Masse über den Fluß gesetzt, und nur ein Viertel stehe noch diesseits des Arar, verließ er noch in der dritten Nachtwache mit drei Legionen das Lager und stieß auf den Rest, der den Fluß noch nicht überquert hatte. Diese, die behindert und ahnungslos waren, überfiel er und machte einen großen Teil von ihnen nieder. Der Rest floh und verkroch sich in den nächsten Wäldern. Es handelte sich hier um den sogenannten Tiguriner-Gau; das ganze helvetische Volk besteht nämlich aus vier Teilen oder Gauen. Dieser eine Gau hatte, als er zur Zeit unserer Väter aus seiner Heimat ausgezogen war, den Konsul Lucius Cassius getötet und sein Heer unter das Joch geschickt. So erlitt, durch Zufall oder Fügung der unsterblichen Götter, der Teil des Helvetiervolkes, der dem römischen Volk eine so schlimme Niederlage beigebracht hatte, als erster seine Strafe. Durch diesen Sieg rächte Caesar nicht nur staatliche, sondern auch private Unbill, weil die Tiguriner im gleichen Gefecht neben Cassius auch den Legaten Lucius Piso, den Großvater seines Schwiegervaters L. Piso, getötet hatten.

13

Nach diesem Gefecht ließ Caesar, um die Hauptmacht der Helvetier einzuholen, eine Brücke über den Arar schlagen und führte sein Heer hinüber. Die Helvetier erschraken über seine plötzliche Ankunft, weil sie sahen, daß Caesar an nur einem Tag den Fluß überschritten hatte, über den sie selbst mit knapper Not kaum in zwanzig Tagen gekommen waren. So schickten sie Gesandte zu ihm. Der Sprecher dieser Gesandtschaft war Divico, Anführer der Helvetier im Cassianischen Krieg. Dieser trug Caesar folgendes vor: Schließe das römische Volk mit den Helvetiern Frieden, so

würden sie dorthin ziehen und dort bleiben, wo ihnen Caesar
4 Land zuweise und ihre Ansiedlung wünsche; setze er jedoch den
Krieg gegen sie fort, solle er an die alte Niederlage des römischen
5 Volkes und die bewährte Tapferkeit der Helvetier denken. Wenn
er unvermutet einen einzigen Gau überfallen habe, während die
Männer jenseits des Flusses ihren Landsleuten keine Hilfe bringen konnten, so solle er deswegen keine allzu hohe Meinung von
6 seiner Fähigkeit haben oder gar sie selbst unterschätzen. Sie hätten
von ihren Vätern und Voreltern gelernt, eher mit Tapferkeit als
mit Hinterlist zu kämpfen oder auf heimtückischen Überfall zu
7 bauen. So solle er es nicht dazu kommen lassen, daß der Ort, auf
dem sie stünden, durch eine Niederlage des römischen Volkes und
die Vernichtung seines Heeres berühmt werde und in die Geschichte eingehe.

14

1 Caesar entgegnete ihnen folgendes: Er brauche sich um so weniger zu bedenken, als er sich an die von den helvetischen Gesandten erwähnten Ereignisse sehr wohl erinnere, und sie entrüsteten
ihn um so mehr, als sie ohne Verschulden des römischen Volkes
2 eingetreten seien. Wäre dieses nämlich sich des geringsten Unrechtes bewußt gewesen, hätte es sich leicht vorsehen können;
doch habe es sich auf das Bewußtsein, nichts verschuldet zu haben, weshalb es Angst haben sollte, zu seinem Nachteil verlassen,
3 und nicht geglaubt, sich grundlos fürchten zu sollen. Und wollte
er selbst die alte Schmach vergessen, könne er denn das neuerliche
Unrecht übersehen, daß sie gegen sein Verbot gewaltsam durch
die Provinz ziehen wollten, daß sie die Häduer, die Ambarrer, die
4 Allobroger mißhandelt hätten? Und wenn sie mit ihrem Sieg so
frech prahlten und sich etwas darauf einbildeten, für ihr Unrecht
so lange straflos geblieben zu sein, so verrate das denselben Geist;
5 pflegten doch die unsterblichen Götter, um Schuldige durch den
Wechsel desto schlimmer zu peinigen, Verbrechern, die sie strafen
wollten, manchmal auffallendes Glück und längere Straflosigkeit
6 zu gewähren. Trotz allem jedoch wolle er Frieden mit ihnen
schließen, wenn sie ihm Geiseln stellten, damit er sehen könne, sie
hielten ihr Versprechen, und wenn sie den Häduern und ihren
Verbündeten wie auch den Allobrogern den zugefügten Schaden
7 ersetzten. Divico entgegnete: So seien die Helvetier von ihren
Voreltern erzogen worden, daß sie Geiseln zu nehmen, nicht aber
zu stellen gewohnt seien; dies könne das römische Volk bezeugen.
Mit dieser Antwort entfernte er sich.

15

Am nächsten Tag rücken sie von dort ab. Caesar tut das gleiche und schickt alle seine Reiter voraus, um die Marschrichtung der Feinde zu erkunden; es waren etwa viertausend, die er aus der ganzen Provinz, von den Häduern sowie deren Verbündeten zusammengeholt hatte. Diese verfolgen die Nachhut allzu heftig und geraten auf ungünstigem Gelände mit der helvetischen Reiterei in ein Gefecht, wobei einige wenige unserer Leute fallen. Durch dieses Treffen wurden die Helvetier übermütig, weil sie mit nur fünfhundert Reitern eine solche Übermacht von Reitern geworfen hatten, und begannen mit ziemlicher Kühnheit, wiederholt haltzumachen und mit ihrer Nachhut unsere Männer zum Kampf zu reizen. Caesar hielt jedoch seine Leute vom Kampf zurück, für den Augenblick damit zufrieden, den Feind am Plündern und Verwüsten zu hindern. So zogen sie etwa fünfzehn Tage dahin, wobei zwischen der feindlichen Nachhut und unserer Spitze nur etwa fünf oder sechs Meilen Abstand gewahrt wurde.

16

Unterdessen forderte Caesar täglich von den Häduern dringend das Getreide, das ihm ihr Stamm versprochen habe. Denn wegen des kalten Klimas (Gallien liegt, wie erwähnt, im Norden) war nicht nur das Korn auf den Feldern noch unreif, sondern es gab nicht einmal Grünfutter in ausreichender Menge. Mit dem Getreide aber, das auf dem Arar mit Schiffen nachkam, konnte er sich deshalb nicht so recht versorgen, weil die Helvetier vom Arar abgebogen waren, und mit diesen wollte er Fühlung halten. Die Häduer hielten ihn von Tag zu Tag hin und behaupteten, es werde abgeliefert, angefahren, ja, es sei schon da. Als Caesar sah, daß man ihn immer nur hinhalte und der Tag herankam, an dem er dem Heer Korn zuteilen mußte, rief er die führenden Häduer, von denen sich viele in seinem Lager aufhielten, zusammen, darunter Diviciacus und Liscus, der ihr höchster Beamter war; dieser Beamte heißt bei den Häduern Vergobretus, wird jährlich gewählt und hat Gewalt über Leben und Tod seiner Stammesgenossen; Caesar machte ihnen bittere Vorwürfe, weil sie ihn, der doch nichts kaufen oder von den Feldern holen könne, bei solcher Zeitnot und Nähe der Feinde nicht unterstützten, wo er doch hauptsächlich auf ihre Bitte den Krieg begonnen habe. Mit noch viel härteren Worten beschwerte er sich, daß man ihn im Stich lasse.

17

1 Nun erst brachte Liscus auf Caesars Rede hin vor, was er bisher verschwiegen hatte: Es gebe einige Leute, die bei der Menge höchsten Einfluß besäßen und ohne Amt mächtiger seien als die Obrigkeit selbst. 2 Diese hielten durch aufrührerische und böswillige Reden die breite Masse ab, das fällig Getreide abzuliefern. 3 Könnten sie schon selbst nicht mehr Herren Galliens bleiben, ziehe man 4 wenigstens die Herrschaft von Galliern der von Römern vor, und man könne sicher sein, die Römer würden nach einem Sieg über 5 die Helvetier die Häduer und dazu ganz Gallien knechten. Die gleichen Leute verrieten alle unsere Pläne und die Vorgänge im Lager den Feinden, und es liege außer seiner Macht, sie daran zu 6 hindern. Ja, er wisse, wie gefährlich es für ihn sei, Caesar diese Verschwörung notgedrungen entdeckt zu haben, und deshalb habe er auch geschwiegen, solange er konnte.

18

1 Caesar merkte, daß die Andeutung des Liscus auf Dumnorix, den Bruder des Diviciacus, ziele, entließ jedoch, weil er diese Dinge nicht vor mehreren Zeugen breit verhandeln wollte, sogleich die 2 Versammlung und behielt nur Liscus zurück. Unter vier Augen befragt er ihn über seine Äußerungen in der Versammlung. Jener spricht nun freier und kühner. Auch bei anderen erkundigte sich 3 Caesar insgeheim und fand diese Angaben bestätigt: Eben jener Dumnorix sei ein höchst unternehmender Mann, genieße bei der Menge wegen seiner offenen Hand große Beliebtheit und arbeite auf einen Umsturz hin. Mehrere Jahre habe er die Zölle und übrigen Abgaben der Häduer um einen Spottpreis gepachtet, weil gegen 4 sein Gebot niemand zu steigern wage. Dadurch habe er sein Vermögen vermehrt und große Mittel zu freigebigen Spenden er- 5 worben; er unterhalte auf eigene Kosten eine große Zahl von Rei- 6 tern, die ihn stets umgäben, und besitze nicht nur im eigenen Land, sondern auch bei den Nachbarstämmen großen Einfluß; um dieser Macht willen habe er seine Mutter bei den Biturigen ei- 7 nem Mann von höchstem Adel und Einfluß vermählt; er selbst habe eine Helvetierin zur Frau, während er seine Halbschwester mütterlicherseits und weitere Verwandte in anderen Stämmen 8 verheiratet habe. Wegen dieser Verschwägerung sei er den Helvetiern besonders zugetan und hasse Caesar und die Römer auch aus persönlichen Gründen, weil ihre Ankunft seine Macht gemindert, seinem Bruder Diviciacus aber wieder zur alten Beliebtheit und Ehre verholfen habe. Eine Niederlage der Römer biete ihm 9 beste Aussichten, mit Hilfe der Helvetier König zu werden. Kä-

men aber die Römer an die Herrschaft, verliere er die Hoffnung nicht nur auf das Königtum, sondern auch auf Fortdauer seines jetzigen Einflusses. Caesar fand bei dieser Untersuchung auch heraus, daß bei dem unglücklichen Reitergefecht vor einigen Tagen die Wendung zur Flucht von Dumnorix und seinen Reitern ausgegangen sei (Dumnorix befehligte nämlich die Hilfsreiter der Häduer); deren Flucht habe die übrige Reiterei in Panik versetzt.

19

Als die Untersuchung zu den genannten Verdachtsgründen handfeste Beweise erbrachte, daß er nämlich die Helvetier durch das Gebiet der Sequaner geführt, den Austausch von Geiseln zwischen diesen Stämmen vermittelt und dies alles nicht nur ohne Vollmacht Caesars oder seines Stammes, sondern sogar ohne ihr Wissen getan hatte und zudem vom höchsten Beamten der Häduer verklagt wurde, hielt Caesar dies für Grund genug, gegen ihn entweder selbst vorzugehen oder seinen Stamm vorgehen zu lassen. All diesen Absichten stand allein sein Wissen um die außerordentliche Anhänglichkeit seines Bruders Diviciacus an das römische Volk entgegen, dessen tiefe Ergebenheit gegenüber Caesar, seine große Treue, Rechtlichkeit und beherrschte Art; deshalb fürchtete er, Diviciacus durch eine Bestrafung des Dumnorix zu kränken. So ließ er, bevor er etwas unternahm, Diviciacus zu sich rufen, schickte die üblichen Dolmetscher hinaus und sprach zu ihm mit Hilfe von Gaius Valerius Troucillus, einem hochangesehenen Mann aus der gallischen Provinz, der sein Vertrauen besaß und auf den er sich in jeder Hinsicht völlig verließ; dabei erwähnte er die Anspielungen, die in seiner Gegenwart bei der Versammlung der Gallier auf Dumnorix gemacht wurden, und teilte ihm die Aussagen der einzeln unter vier Augen Befragten über diesen mit. Er bat ihn nachdrücklich, nicht verletzt zu sein, wenn er selbst nach genauer Untersuchung gegen Dumnorix einschreite oder den Stamm damit beauftrage.

20

Diviciacus umschlang Caesar unter heißen Tränen und beschwor ihn, nicht allzu hart gegen seinen Bruder vorzugehen; jene Vorwürfe träfen zu, das wisse er, und niemand empfinde mehr Schmerz darüber als er, schon deshalb, weil jener durch seine Hilfe emporgestiegen sei, als er selbst den größten Einfluß im eigenen Stamm und in ganz Gallien besaß, Dumnorix dagegen wegen seiner Jugend fast ohne Einfluß war – nun aber diese Machtmittel und Hilfsquellen dazu mißbrauche, nicht nur seine Stellung zu

3 untergraben, sondern ihn beinahe zu vernichten. Dennoch leiteten ihn Bruderliebe und Rücksicht auf die öffentliche Meinung.
4 Gehe nämlich Caesar schärfer gegen Dumnorix vor, glaubten alle, dies sei mit seiner Billigung geschehen, da ihn mit Caesar so tiefe Freundschaft verbinde. Dann komme es so weit, daß sich ganz
5 Gallien von ihm abwende. Als er Caesar mit noch mehr Worten unter Tränen so anflehte, ergriff dieser seine Hand, tröstete ihn und bat, nicht weiter in ihn zu dringen. Er bedeute ihm so viel, daß er das Unrecht gegen Rom und die persönliche Kränkung auf sei-
6 nen Wunsch und seine Bitte hin vergebe. Er ruft Dumnorix vor sich und zieht seinen Bruder bei; er zeigt ihm auf, was er ihm vorzuwerfen habe, stellt ihm dar, was er selbst wisse und worüber sein Stamm sich beschwere, fordert ihn auf, in Zukunft jeden Verdacht zu meiden, und erklärt schließlich, er vergebe ihm das Geschehene seinem Bruder Diviciacus zuliebe. Er ließ Dumnorix überwachen, um über seine Handlungen und Gespräche unterrichtet zu sein.

21

1 Am gleichen Tag erfuhr er durch Spähtrupps, die Feinde hätten sich am Fuß eines Berges festgesetzt, acht Meilen vom römischen Lager entfernt; er ließ erkunden, wie der Berg aussehe und wie er auf jeder Seite zu ersteigen sei. Es wurde gemeldet, man komme
2 leicht hinauf. Um die dritte Nachtwache befiehlt er dem Legaten Titus Labienus, mit zwei Legionen unter Führung der Leute, die den Weg schon kannten, zum Kamm des Berges aufzusteigen,
3 und macht ihn mit seinem Plan vertraut. Er selbst marschierte in der vierten Nachtwache auf demselben Weg, den die Feinde genommen hatten, ihnen nach und schickte die ganze Reiterei vor-
4 aus. Publius Considius, der als sehr erfahrener Soldat galt und im Heer des Lucius Sulla und später unter Marcus Crassus gedient hatte, wird mit Kundschaftern vorausgeschickt.

22

1 Als bei Tagesanbruch der Berggipfel von Labienus besetzt und Caesar vom feindlichen Lager höchstens noch tausendfünfhundert Schritte entfernt war und, wie er später von Gefangenen erfuhr, weder sein Anmarsch noch der des Labienus bemerkt worden
2 war, kommt Considius eiligst zu Caesar angesprengt und meldet, der Berg, den Labienus besetzen sollte, sei noch in Feindeshand; dies habe er an gallischen Waffen und Abzeichen er-
3 kannt. Caesar führt sein Heer auf den nächsten Hügel und stellt es kampfbereit auf. Labienus hatte von Caesar Befehl, den Kampf

erst dann zu beginnen, wenn dessen Heer vor dem feindlichen Lager erschienen sei, um die Feinde zur gleichen Zeit von allen Seiten zu überfallen. So hielt er den Berg besetzt, wartete auf die Unseren und ließ sich auf kein Gefecht ein. Erst hoch am Tage erfuhr Caesar durch Späher, daß der Berg von seinen Leuten gehalten werde, die Helvetier abgezogen seien und Considius vor lauter Angst als Beobachtung gemeldet hatte, was er gar nicht sah. So folgte er an diesem Tag dem Feind im üblichen Abstand und schlug drei Meilen von ihm sein Lager auf.

23

Am Tag danach, da überhaupt nur noch zwei Tage übrig waren, bis man Getreide an das Heer ausgeben mußte, und Bibracte, die weitaus größte und reichste Stadt der Häduer, nur mehr 18 Meilen entfernt lag, glaubte er, für den Getreidenachschub sorgen zu müssen, bog von den Helvetiern ab und zog nach Bibracte. Dies wurde den Feinden von entlaufenen Sklaven aus der Abteilung des Lucius Aemilius, eines Dekurio der gallischen Reiter, verraten. Ob nun die Helvetier meinten, die Römer zögen aus Furcht ab, besonders, weil sie tags zuvor trotz der Besetzung der Anhöhen nicht angegriffen hatten, oder ob sie darauf vertrauten, daß man sie aushungern könne: Sie änderten jedenfalls ihren Plan, machten kehrt und fingen an, unsere Nachhut zu bedrängen und herauszufordern.

24

Als Caesar dies merkte, führte er sein Heer auf den nächsten Hügel und schickte die Reiterei vor, um den feindlichen Angriff aufzufangen. Er selbst stellte unterdessen auf halber Höhe seine vier altgedienten Legionen in drei Kampflinien auf; oben am Kamm des Hügels ließ er die zwei im diesseitigen Gallien unlängst ausgehobenen Legionen, dazu alle Hilfstruppen Stellung beziehen und besetzte so den ganzen Berg mit Kämpfern; in der Zwischenzeit ließ er den Troß zusammenbringen und den Platz von der oben aufmarschierten Truppe durch Schanzen sichern. Die Helvetier waren mit all ihren Karren gefolgt und hatten ihr Gepäck zusammengefahren; sie selbst bildeten einen dicht gedrängten Haufen, warfen unsere Reiter und rückten in geschlossener Reihe von unten gegen unsere erste Linie an.

25

Caesar ließ zuerst sein Pferd, dann die aller übrigen Offiziere außer Sichtweite führen, damit bei gleicher Gefahr für alle niemand auf Flucht hoffen könne, feuerte sein Heer an und begann die Schlacht. Die Soldaten schleuderten ihre Speere von oben und durchbrachen mühelos die feindliche Angriffsfront. Als diese zersprengt war, rissen sie das Schwert heraus und stürzten sich auf die Feinde. Den Galliern war im Kampf sehr hinderlich, daß ein Wurfspieß mehrere ihrer Schilde auf einmal durchschlug und zusammenheftete, die Eisenspitze sich verbog und sie den Speer weder herausreißen noch, weil ihr linker Arm behindert war, frei kämpfen konnten, so daß viele erst lange ihren Arm schüttelten, es dann aber vorzogen, den Schild fallen zu lassen und ungeschützt zu fechten. Endlich waren sie von Wunden erschöpft und zogen sich langsam auf einen Berg in etwa einer Meile Entfernung zurück. Als sie die Anhöhe besetzt hatten und die Unseren bergauf nachrückten, griffen die Boier und Tulinger, die mit etwa 15000 Mann die Nachhut des feindlichen Heeres bildeten und die Nachzügler deckten, die Unseren vom Marsch aus auf der ungedeckten Flanke an und umzingelten sie; als dies die auf den Berg zurückgegangenen Helvetier sahen, gingen sie wieder vor und erneuerten den Kampf. Die Römer schwenkten und bildeten zwei Fronten: Das erste und zweite Treffen trat dem geschlagenen und geworfenen Feind entgegen, das dritte wehrte die neu Anrückenden ab.

26

So wurde in einem Zweifrontenkampf lange und erbittert gerungen. Als die Feinde unserem Ansturm nicht mehr standhalten konnten, zogen sich die einen, wie zuvor, auf den Berg zurück, während die anderen geordnet zum Troß und zu den Karren zurückgingen. Denn in der ganzen Schlacht, die doch von Mittag bis Abend dauerte, bekam niemand einen Feind zu sehen, der den Rücken zeigte. Bis tief in die Nacht kämpfte man noch beim Troß; denn sie hatten aus ihren Karren eine Wagenburg gebildet und schleuderten ihre Geschosse von oben herab auf unsere Sturmtruppen; manche steckten zwischen den Karren und Rädern, warfen von unten her Wurfspieße und Speere und verwundeten unsere Männer. Nach langem Kampf erstürmten die Unseren Troß und Lager. Dort wurden die Tochter und einer der Söhne des Orgetorix gefangen. Diese Schlacht überlebten etwa 130000 Menschen, und sie zogen die ganze Nacht hindurch davon. In beständigen Tag- und Nachtmärschen gelangten sie nach drei Tagen ins Gebiet der Lingonen, während die Unseren drei Tage brauchten, um die Verwundeten zu versorgen und die Gefallenen zu bestatten, und sie deshalb nicht verfolgen konnten. Doch schickte Caesar zu den Lingonen Gesandte mit dem schriftlichen Verbot, den Helvetiern mit Korn oder sonst etwas zu helfen. Im Fall einer Hilfe werde er sie wie die Helvetier behandeln. Nach drei Tagen setzte er den Helvetiern mit der ganzen Armee nach.

27

Der Mangel an allem zwang die Helvetier, Gesandte wegen ihrer Unterwerfung an Caesar zu schicken. Diese trafen ihn auf dem Marsch, warfen sich ihm zu Füßen und baten flehend und weinend um Frieden; als er ihnen befahl, an ihrem gegenwärtigen Standort sein Eintreffen abzuwarten, leisteten sie Gehorsam. Nach seiner Ankunft forderte er von ihnen Geiseln, ihre Waffen und die übergelaufenen Sklaven. Während man alles zusammensuchte und beibrachte, verließen nach Einbruch der Nacht etwa 6000 Menschen des Verbigener genannten Gaues, entweder aus Furcht, man könnte sie nach Auslieferung der Waffen hinschlachten, oder in der Hoffnung auf glückliches Entkommen – meinten sie doch, in dieser Masse von Gefangenen könne ihre Flucht verborgen bleiben oder erst gar nicht bemerkt werden – das helvetische Lager und eilten dem Rhein und Germanien zu.

28

Als Caesar dies erfuhr, befahl er den Stämmen, durch deren Gebiet sie zogen, die Fliehenden aufzugreifen und zurückzubringen, wenn sie vor ihm ohne Mitschuld dastehen wollten; die Zurückgebrachten behandelte er als Feinde; die Unterwerfung der übrigen nahm er nach Auslieferung von Geiseln, Waffen und Überläufern an. Die Helvetier, Tulinger, Latobriger ließ er in die verlassene Heimat zurückkehren, und weil sie nach dem Verlust aller Feldfrüchte daheim nichts hatten, um ihren Hunger zu stillen, befahl er den Allobrogern, ihnen Getreide zu liefern; sie selbst mußten ihre niedergebrannten Städte und Dörfer wieder aufbauen. Seine Hauptabsicht dabei war, den Raum, aus dem die Helvetier abgezogen waren, nicht unbesiedelt zu lassen und so zu verhindern, daß die rechtsrheinischen Germanen wegen der guten Böden aus ihrem Gebiet in das der Helvetier überwechselten und so nächste Nachbarn der gallischen Provinz, und zwar der Allobroger, würden. Als die Häduer baten, in ihrem Gebiet die Boier ansiedeln zu dürfen, die als ausnehmend tapfer bekannt waren, gestand er es zu; die Häduer wiesen ihnen Land an und verliehen ihnen später die gleichen Rechte und Freiheiten, die sie selbst besaßen.

29

1 Im Lager der Helvetier fand man Tafeln in griechischer Schrift, die man Caesar überbrachte. Auf diesen Tafeln war die Gesamtzahl der Ausgewanderten unter Angabe der Stammesnamen aufgeführt, die Zahl der Waffenfähigen, dazu gesondert die Kinder, 2 Greise und Frauen. Die Summe all dieser Posten belief sich auf 263 000 Helvetier, 36 000 Tulinger, 14 000 Latobriger, 23 000 Rau- 3 raker, 32 000 Boier; davon waren 92 000 Waffenfähige. Die Gesamtsumme belief sich auf 368 000. Eine auf Caesars Befehl durchgeführte Zählung der nach Hause Zurückgekehrten ergab eine Zahl von 110 000.

30

1 Nach dem Ende des Helvetierkrieges fanden sich aus fast ganz Gallien die führenden Männer der Stämme als Gesandte bei Cae- 2 sar ein, um ihm zu gratulieren und zu erklären: Auch wenn Caesar die Helvetier wegen ihres alten Unrechts am römischen Volk in diesem Krieg bestraft habe, wüßten sie doch, daß dessen Ausgang den Galliern nicht minder nütze als dem römischen Volk. 3 Die Helvetier hätten nämlich trotz ihres großen Wohlstandes die Heimat nur in der Absicht verlassen, ganz Gallien anzugreifen, es zu unterwerfen und als Wohnsitz aus einer großen Fülle den Platz auszuwählen, den sie in ganz Gallien als den blühendsten und fruchtbarsten ansahen. Von den übrigen aber wollten sie Tribut 4 erheben. Sie baten um Erlaubnis, mit Caesars Einwilligung einen Landtag ganz Galliens auf einen bestimmten Termin einzuberufen. Sie hätten einiges, was sie nach gemeinsamer Absprache von 5 ihm erbitten wollten. Sie erhielten die Genehmigung, legten einen Termin für den Landtag fest und verpflichteten einander eidlich, keiner dürfe davon etwas verlauten lassen, es sei denn, er wäre durch gemeinsamen Beschluß ermächtigt.

31

1 Nach Abschluß des Landtages kamen die gleichen Stammesführer, die zuvor bei ihm waren, wieder zu Caesar und baten, mit ihm ohne Zeugen und insgeheim über ihr und aller Schicksal verhan- 2 deln zu dürfen. Dies wurde bewilligt, und sie warfen sich alle unter Tränen Caesar zu Füßen: Sie bäten ebenso dringend darum, ihre Äußerungen geheimzuhalten wie ihren Wunsch zu erfüllen, weil sie im Fall einer Weitergabe den furchtbarsten Martern ent- 3 gegensähen. Für alle führte der Häduer Diviciacus das Wort: In ganz Gallien gebe es zwei Parteien; die eine führten die Häduer an, 4 die andere die Arverner. Nachdem beide viele Jahre erbittert um

die Vormacht gekämpft hätten, sei es dahin gekommen, daß die Arverner und Sequaner Germanen für Sold anwarben. Von diesen seien anfangs etwa 15 000 über den Rhein gekommen; als jedoch diese unkultivierten und rohen Menschen Felder, Kultur und Wohlstand Galliens schätzen gelernt hatten, seien immer mehr gefolgt, und derzeit seien es in Gallien schon 120 000. Mit diesen hätten die Häduer und ihr Anhang wiederholt Krieg geführt, seien mit schweren Verlusten unterlegen, hätten ihren gesamten Adel, den ganzen Rat und alle Reiter eingebüßt. Durch die Niederlagen seien sie gebrochen, und die Häduer, einst durch ihre Tapferkeit, ihre enge Verbindung und Freundschaft mit dem römischen Volk die Vormacht Galliens, seien gezwungen worden, den Sequanern die Edelsten ihres Stammes als Geiseln zu geben. Sie mußten sich auch eidlich verpflichten, weder die Geiseln zurückzufordern noch das römische Volk um Hilfe zu bitten noch jemals gegen die dauernde Beherrschung und Knechtung durch die Germanen auch nur Einspruch zu erheben. Er allein im ganzen Häduerstamm habe sich nie bereit gefunden, zu schwören oder seine Kinder als Geiseln zu stellen. Deshalb mußte er aus seinem Stamm fliehen und habe in Rom beim Senat Hilfe gesucht, denn ihn allein bänden weder Eid noch Geiseln. Doch noch schlimmer als den besiegten Häduern sei es den siegreichen Sequanern ergangen, weil sich der Germanenkönig Ariovist in ihrem Land festgesetzt, ein Drittel der Sequanerflur, der besten von ganz Gallien, weggenommen habe und derzeit die Sequaner vom zweiten Drittel vertreibe, weil vor ein paar Monaten 24000 Haruden zu ihm stießen, für die er Wohnsitze beschaffe. In wenigen Jahren werde es so weit kommen, daß sie alle aus Gallien vertrieben würden und alle Germanen über den Rhein kämen: Der germanische Boden könne es nämlich nicht mit dem gallischen aufnehmen, noch halte die germanische Lebensweise den Vergleich mit der hiesigen aus. Ariovist aber, seitdem er erst einmal ein gallisches Heer besiegt habe (die Schlacht sei bei Magetobriga gewesen), herrsche tyrannisch und grausam, fordere die Kinder des höchsten Adels als Geiseln und verhänge über sie zur Abschreckung die ausgesuchtesten Martern, wenn etwas nicht sofort nach seinem Wink und Willen geschehe. Er sei ein Barbar, jähzornig und unberechenbar, und sie könnten seine Tyrannei nicht länger ertragen. Komme nun keine Hilfe von Caesar und dem römischen Volk, müßten alle Gallier dasselbe tun wie die Helvetier, nämlich auswandern, um eine neue Heimat und andere Wohnsitze, fern von den Germanen, zu suchen und jedes Schicksal, wie es nur komme, ertragen. Erführe Ariovist von dieser Unterredung, so würde er ohne Zweifel alle

16 Geiseln, die bei ihm seien, grausam hinrichten lassen. Caesar sei es, der durch das Ansehen seiner Persönlichkeit und seines Heeres, durch den frisch errungenen Sieg oder den Ruhm des römischen Volkes die Germanen davon abschrecken könne, noch mehr Menschen über den Rhein zu führen, und Caesar könne auch ganz Gallien vor Ariovists Übergriffen bewahren.

32

1 Nach dieser Rede des Diviciacus baten alle Anwesenden unter
2 vielen Tränen Caesar um Hilfe. Es fiel Caesar auf, daß allein von allen die Sequaner sich nicht so verhielten wie die übrigen, sondern traurig mit gesenktem Haupt zu Boden sahen. Darüber ver-
3 wundert, fragte er sie nach dem Grund. Die Sequaner gaben keine Antwort, sondern blieben stumm und traurig wie zuvor. Als er sie nun mehrfach befragte, aber kein Wort aus ihnen herausbringen
4 konnte, antwortete wieder der Häduer Diviciacus: Das Los der Sequaner sei noch jammervoller und härter als das der anderen, weil sie allein nicht einmal insgeheim zu klagen oder Hilfe zu erbitten wagten und den grausamen Ariovist, auch wenn er abwe-
5 send sei, so fürchteten, als wäre er leibhaftig da, weil alle anderen wenigstens fliehen könnten, die Sequaner jedoch, die Ariovist in ihr Land aufgenommen hätten und deren Städte sämtlich in dessen Gewalt seien, die schlimmsten Mißhandlungen über sich ergehen lassen müßten.

33

1 Als Caesar dies hörte, sprach er den Galliern Mut zu und versprach, er werde sich ihrer Sache annehmen und hoffe zuversichtlich, Ariovist werde sich durch Caesars frühere gute Dienste und sein Ansehen von weiteren Übergriffen abbringen lassen. Damit
2 entließ er die Versammlung. Neben den genannten Tatsachen bestimmten ihn viele andere Gründe dazu, die Sache zu überdenken und zu der seinen zu machen, besonders, daß er die Häduer, vom Senat mehrfach als ‚Brüder' und ‚Blutsfreunde' anerkannt, von den Germanen versklavt und geknechtet sah und hörte, daß Geiseln von ihnen in der Gewalt des Ariovist und der Sequaner seien; angesichts der Größe des römischen Reiches sah er dies als schwe-
3 re Schande für seine Person und den Staat an. Daß zudem die Germanen sich langsam daran gewöhnten, den Rhein zu überschreiten, und massenhaft nach Gallien kämen, erschien ihm als Gefahr
4 für das römische Volk, und er glaubte, diese wilden Barbaren würden nach der Besetzung von ganz Gallien ebenso gewaltsam wie einst die Kimbern und Teutonen in die Provinz einfallen und

von dort nach Italien vordringen, da ja nur der Rhodanus das Sequanerland von unserer Provinz trennt: Dieser Gefahr mußte man, so glaubte er, unverzüglich begegnen. Auch war Ariovist derart hochmütig und anmaßend geworden, daß es unerträglich schien.

34

Daher beschloß er, Gesandte an Ariovist zu schicken mit der Aufforderung, einen beliebigen Ort in der Mitte zwischen ihnen für eine Aussprache zu bestimmen: Er wolle mit ihm über politische Probleme und Fragen von höchster Bedeutung für beide Seiten verhandeln. Dieser Gesandtschaft erklärte Ariovist: Wenn er von Caesar etwas brauchte, wäre er zu ihm gekommen; wenn jener von ihm etwas wolle, müsse er sich schon zu ihm bemühen. Überdies wage er nicht, ohne Heer in Gebiete Galliens zu kommen, die Caesar beherrsche, und er könne nicht ohne große Versorgungsschwierigkeiten ein Heer zusammenziehen. Übrigens frage er sich verwundert, was in seinem Gallien, das er im Krieg unterworfen habe, Caesar oder überhaupt das römische Volk zu suchen habe.

35

Auf diese Antwort hin schickte ihm Caesar neue Gesandte mit folgendem Auftrag: Obschon ihm Caesar und das römische Volk einen großen Gefallen erwiesen habe, indem ihn der Senat in Caesars Konsulatsjahr als ‚König und Freund' anerkannte, statte er ihm und dem römischen Volk seinen Dank in der Form ab, daß er der Einladung zu einem Treffen nicht folgen und über gemeinsame Interessen nicht sprechen und beraten wolle. So fordere er folgendes von ihm: Erstens: Er solle keine weiteren Menschenmassen über den Rhein nach Gallien bringen. Zweitens: Er solle die Geiseln der Häduer freigeben und den Sequanern gestatten, den Häduern auch die ihrigen zurückzuschicken. Weiter: Er solle weder die Häduer feindselig behandeln noch sie oder ihre Bundesgenossen überfallen. Bei solchem Verhalten blieben Caesar und das römische Volk ihm zu stetem Dank verbunden und befreundet; wo nicht, werde er Unrecht gegenüber den Häduern keineswegs ungestraft lassen, da der Senat unter der Amtsführung der Konsuln Marcus Messala und Marcus Piso beschlossen habe, jeder Statthalter der Provinz Gallien habe die Häduer und sonstigen Freunde des römischen Volkes zu schützen, soweit es ohne Nachteil für Rom geschehen könne.

36

1 Darauf ließ Ariovist erwidern: Kriegsrecht sei es, daß die Sieger mit den Besiegten nach Belieben verführen; auch das römische Volk sei gewohnt, Besiegte nicht nach fremder Vorschrift, sondern nach eigenem Gutdünken zu behandeln. 2 Wenn er selbst dem römischen Volk nicht vorschreibe, wie es sein Recht ausüben solle, dürfe auch ihn das römische Volk nicht in seinem Recht einschränken. 3 Die Häduer seien ihm, da sie das Kriegsglück versucht, mit den Waffen gekämpft und verloren hätten, tributpflichtig. 4 Caesar begehe schweres Unrecht, da er durch sein Dazwischentreten seine Einkünfte mindere. 5 Er werde den Häduern ihre Geiseln nicht herausgeben, jedoch weder gegen sie noch ihre Verbündeten ohne Ursache Krieg führen, vorausgesetzt, sie hielten ihren Vertrag ein und zahlten jährlich ihren Tribut. Anderenfalls werde ihnen der Ehrentitel ‚Brüder des römischen Volkes' gar nichts nützen. 6 Wenn Caesar ihm drohe, er werde Unrecht an den Häduern nicht hinnehmen, so weise er darauf hin, daß noch keiner sich mit ihm angelegt habe, ohne in sein Verderben zu rennen. 7 Wenn er wolle, könne er ja kämpfen; er werde sehen, was siegegewohnte und waffengeübte Germanen, Männer, die 14 Jahre unter kein Dach kamen, durch ihre Tapferkeit ausrichten könnten.

37

1 Gerade, als Caesar diesen Bescheid erhielt, kamen Gesandte der 2 Häduer und Treverer; die Häduer, um sich zu beklagen, daß die erst vor kurzem nach Gallien herübergeholten Haruden ihr Land verwüsteten; man habe nicht einmal durch die Stellung von Geiseln Frieden von Ariovist erkaufen können; 3 die Treverer aber klagten, hundert Abteilungen der Sueben lagerten am Rheinufer und versuchten, den Fluß zu überschreiten; ihre Anführer seien 4 die Brüder Nasua und Cimberius. Diese Ereignisse beunruhigten Caesar in hohem Maße, und er glaubte, rasch handeln zu müssen, damit sich nicht der frische Zuzug der Sueben mit den bisherigen Scharen des Ariovist verbinde und der Kampf dann um so schwieriger werde. 5 Daher sorgte er möglichst rasch für Getreide und rückte Ariovist in Eilmärschen entgegen.

38

1 Nach einem Marsch von drei Tagen erhielt er Meldung, Ariovist eile mit seinem ganzen Heer nach Vesontio, der größten Stadt der Sequaner, um sie zu erobern, und habe seine Grenzen schon drei 2 Tagesmärsche weit überschritten. Caesar glaubte, er müsse die 3 Besetzung der Stadt um jeden Preis verhindern, lag doch ein riesi-

ger Vorrat jeder Art von Kriegsmaterial in der Stadt, die durch ihre Lage so geschützt war, daß sie eine ausgezeichnete Möglichkeit bot, den Krieg in die Länge zu ziehen. Der Fluß Dubis umzieht nämlich, wie mit dem Zirkel herumgeführt, fast die ganze Stadt; die einzige Stelle von höchstens 1600 Fuß Breite, die der Fluß offenläßt, versperrt ein sehr hoher Berg, dessen Ausläufer auf beiden Seiten das Flußufer berühren. Eine Ringmauer macht den Berg zur Festung und verbindet ihn zugleich mit der Stadt. Dorthin eilte Caesar in Eilmärschen bei Tag und Nacht, nahm die Stadt und legte eine Besatzung hinein.

39

Während er wenige Tage bei Vesontio zur Versorgung mit Getreide und Nachschub verbrachte, ergriff aufgrund der Erkundigungen unserer Leute und des Geredes der Gallier und Händler, die erzählten, die Germanen seien riesengroß, unglaublich tapfer und kriegsgeübt (sie hätten oft im Verkehr mit ihnen nicht einmal ihre wilde Miene und die scharfen Augen ertragen), plötzlich solche Bestürzung das ganze Heer, daß bei allen das klare Denken und der Mut erheblich nachließen. Die Angst ging aus von den Kriegstribunen, Präfekten und anderen Leuten, die Caesar aus Freundschaft von Rom gefolgt waren und nicht viel Kriegserfahrung besaßen. Von diesen bat einer nach dem anderen unter diesem und jenem Vorwand, der ihn angeblich zur Abreise zwang, Caesar um Erlaubnis, abreisen zu dürfen; nur wenige schämten sich und blieben da, um dem Verdacht der Feigheit zu entgehen. Doch konnten sie weder Tapferkeit heucheln noch ab und zu die Tränen zurückhalten; in ihren Zelten versteckt, beklagten sie ihr Schicksal oder jammerten mit Freunden über die gemeinsame Gefahr. Im ganzen Lager wurden überall Testamente versiegelt. Durch das ängstliche Geschwätz dieser Leute gerieten allmählich auch die alterfahrenen Soldaten, die Zenturionen und Reiterführer in Unruhe. Wer von ihnen als nicht so ängstlich gelten wollte, sagte, er fürchte nicht den Feind, wohl aber die Engpässe, durch die der Marsch führe, die riesigen Wälder zwischen ihnen und Ariovist und die Schwierigkeit ausreichenden Getreidenachschubs. Manche hinterbrachten Caesar gar, die Soldaten würden beim Befehl zu Aufbruch und Abmarsch den Gehorsam verweigern und aus Angst nicht marschieren.

40

Als Caesar dies erfuhr, berief er den Kriegsrat, zog die Zenturionen aller Ränge dazu bei und machte ihnen heftige Vorwürfe: Zuerst, weil sie meinten, sie seien berufen, über Richtung oder Absicht des Marsches Fragen zu stellen und nachzudenken. Ariovist habe in Caesars Konsulatsjahr sich eifrigst um die Freundschaft des römischen Volkes bemüht; wie sollte man glauben, er werde so leichtfertig seine Dankespflicht versäumen? Er zumindest glaube sicher, er werde nach Kenntnis seiner Forderungen und Einsicht in die Billigkeit seiner Vorschläge weder seine noch des römischen Volkes Gunst verscherzen. Sollte er aber rasend verrückt sein und Krieg beginnen, was sie denn zu fürchten hätten? Warum sie der eigenen Tapferkeit oder seiner Umsicht mißtrauen wollten? Man habe sich mit diesem Feind schon zur Zeit der Vorfahren gemessen, als beim Sieg über die Kimbern und Teutonen unter Gaius Marius das Heer wohl kaum geringeren Ruhm errang als sein Feldherr; man habe diesen Gegner auch vor einigen Jahren im Krieg gegen die Sklaven kennengelernt, denen doch die von uns übernommene militärische Schulung einigermaßen zustatten kam. Daraus könne man sehen, wie nützlich Unerschrockenheit sei, weil man Feinde, die eine Zeitlang bei schlechter Ausrüstung grundlos Furcht erregt hätten, nachher als bewaffnete und siegreiche Gegner schlug. Schließlich seien dies die gleichen Feinde, mit denen die Helvetier häufig gekämpft und sie meistens nicht nur in ihrem, sondern auch im Feindgebiet besiegt hätten, und dabei hätten doch die Helvetier unserem Heer nicht standhalten können. Sollten Niederlage und Flucht der Gallier jemanden bedenklich machen, werde sich bei näherer Betrachtung finden, daß die Gallier durch den langen Krieg erschöpft waren, Ariovist aber lange Monate hinter Lagermauern und Sümpfen geblieben und jedem Kampf ausgewichen sei; endlich, als die Gallier schon an der Möglichkeit einer Schlacht verzweifelten und sich zerstreuten, habe er sie plötzlich überfallen und mehr durch Berechnung und List als durch Tapferkeit geschlagen. Doch hoffe nicht einmal Ariovist, mit einem Kunstgriff, der gegen unerfahrene Barbaren angegangen sei, unsere Armee zu überlisten. Wer aber seine Furcht hinter der Sorge um die Verpflegung und die Schwierigkeiten beim Marsch verstecke, handle anmaßend, da er anscheinend am Pflichtbewußtsein des Feldherrn zweifle oder ihm Vorschriften mache. Er wisse aber, was er zu tun habe; Getreide lieferten die Sequaner, Leuker, Lingonen, und schon sei auch die Frucht auf den Feldern reif; über den Marschweg könnten sie selbst in Kürze urteilen. Und wenn es heiße, sie würden nicht aufs Wort gehorchen und marschieren, so mache ihm das nicht den geringsten Eindruck; wisse er doch, daß alle Feldherrn, denen ihr Heer den Gehorsam verweigerte, nach einer Niederlage vom Glück verlassen oder durch offenbare Schandtaten der Habgier überführt waren. Seine Uneigennützigkeit sei durch sein bisheriges Leben, sein Glück im Helvetierfeldzug bewiesen. Er werde daher, was er um einige Tage verschieben wollte, sofort ausführen und noch in der nächsten Nacht in der vierten Nachtwache aufbrechen, um möglichst bald zu sehen, ob bei ihnen Ehr- und Pflichtgefühl oder die Angst stärker sei. Und sollte ihm sonst niemand folgen, werde er doch mit der zehnten Legion allein marschieren, der er vertraue und die seine Leibwache sein werde. Diese Legion bevorzugte er besonders und vertraute ihr unbedingt wegen ihrer Tapferkeit.

41

Diese Rede bewirkte bei allen einen erstaunlichen Stimmungsumschwung und entfachte höchste Begeisterung und Kriegslust; vor allem dankte ihm die zehnte Legion durch ihre Kriegstribunen für die großartige Auszeichnung und ließ versichern, sie sei zum Kampf unbedingt entschlossen. Dann berieten sich die übrigen Legionen mit ihren Kriegstribunen und ranghöchsten Zenturionen, um sich durch sie vor Caesar zu rechtfertigen. Niemals seien sie schwankend oder furchtsam gewesen, hätten auch nie gemeint, der Oberbefehl im Krieg liege bei ihnen und nicht beim Feldherrn. Caesar nahm ihre Entschuldigung an, und als der Weg durch Diviciacus, dem er von allen Galliern am meisten traute, erkundet war, so daß er das Heer, freilich auf einem Umweg von über fünfzig Meilen, durch offenes Gelände führen konnte, brach er in der vierten Nachtwache, wie angekündigt, auf. Nach ununterbrochenem Marsch erhielt er nach sechs Tagen von den Kundschaftern Meldung, Ariovists Heer stehe vierundzwanzig Meilen von den Unseren entfernt.

42

Als Ariovist von Caesars Anmarsch erfuhr, schickte er Gesandte an ihn: Was seinen früheren Wunsch nach einer Unterredung angehe, so könne diese seinethalben stattfinden, da Caesar ja näher herangerückt sei und er selbst meine, sich ohne Gefahr einfinden zu können. Caesar wies seinen Vorschlag nicht ab und dachte schon, Ariovist sei wieder zu Vernunft gekommen, da er das, was er vorher, von Caesar gebeten, abschlug, nun freiwillig anbot: Er hoffte lebhaft, jener werde bei den großen Wohltaten Caesars und des römischen Volkes für ihn seinen Starrsinn aufgeben, wenn er seine Forderungen erfahre. Als Termin für die Aussprache wurde der fünfte Tag von da an festgesetzt. Da in der Zwischenzeit vielfach Unterhändler zwischen ihnen hin- und hergingen, verlangte

Ariovist, Caesar dürfe kein Fußvolk zur Besprechung mitbringen; er fürchte, von ihm überlistet und umzingelt zu werden; beide sollten nur Reiter mitbringen; sonst komme er nicht. Da Caesar die Unterredung nicht an einem Vorwand scheitern lassen wollte, aber auch nicht wagte, sein Leben gallischen Reitern anzuvertrauen, hielt er es für das beste, alle Gallier absitzen zu lassen und mit ihren Pferden Männer der zehnten Legion, auf die er sich unbedingt verließ, beritten zu machen, um für alle Fälle eine treu ergebene Leibwache zu haben. Bei Übergabe der Pferde meinte ein Soldat der zehnten Legion nicht ohne Witz, Caesar tue mehr, als er versprach: Versprochen habe er, die zehnte Legion zur Leibgarde zu machen; nun erhebe er sie gar in den Ritterstand.

43

Es lag dort eine weite Ebene und darin ein ziemlich hoher Erdhügel, etwa gleich weit von beiden Lagern entfernt. Dort traf man sich, wie vereinbart, zur Unterredung. Caesar postierte die mitgebrachte berittene Legion zweihundert Schritte von dem Hügel entfernt; in gleichem Abstand stellten sich die Reiter des Ariovist auf. Ariovist forderte, die Besprechung solle zu Pferd stattfinden, und jeder solle nur zehn Begleiter zur Unterredung mitbringen. Als sie zusammentrafen, erwähnte Caesar zunächst seine Freundschaftsdienste und die Auszeichnungen des Senates für Ariovist: Der Senat habe ihm den Königstitel verliehen, ihn als ‚Freund‘ bezeichnet und großzügig beschenkt; er betonte, dies sei nur wenigen zuteil geworden und erfolge in der Regel nur bei großen Verdiensten. Ariovist jedoch habe diese Belohnungen ohne Anspruch oder berechtigte Forderung nur durch seine und des Senates Gefälligkeit und Großzügigkeit erhalten. Er wies auch darauf hin, wie alt und wohlbegründet die Freundschaft Roms mit den Häduern sei, wie viele und ehrenvolle Senatsbeschlüsse zu ihren Gunsten erfolgt seien und wie die Häduer seit jeher die Führung in ganz Gallien innehatten, sogar schon vor ihrer Bemühung um unsere Freundschaft. Das römische Volk wünsche grundsätzlich, seine Verbündeten und Freunde möchten ihre Habe nicht nur behalten, sondern Einfluß, Achtung und Ehre vermehren; daß ihnen aber ihr Besitz aus der Zeit vor der Freundschaft mit den Römern entrissen werde, wer könne dies mitansehen? Dann forderte er dasselbe, was er schon durch Gesandte verlangt hatte: Er dürfe weder die Häduer noch ihre Bundesgenossen angreifen, solle die Geiseln zurückgeben, und wenn er schon keinen Teil der Germanen heimschicken könne, dürfe er wenigstens keine weiteren mehr über den Rhein kommen lassen.

44

Ariovist ging auf Caesars Forderungen nur kurz ein, sprach aber um so mehr von seinen Verdiensten: Er sei nicht aus eigenem Antrieb über den Rhein gegangen, sondern gebeten und gerufen von den Galliern; nicht ohne große Hoffnung auf reichen Gewinn habe er Heimat und Freunde verlassen; er habe Wohnsitze in Gallien, die ihm die Bewohner selbst einräumten, und Geiseln hätten sie freiwillig gestellt; nach Kriegsrecht nehme er den Tribut, den immer die Sieger den Überwundenen auferlegten. Nicht er habe die Gallier angegriffen, sondern diese ihn; alle gallischen Stämme seien ausgezogen, ihn zu bekämpfen, und hätten im Feld gegen ihn gestanden; alle diese Verbände habe er in nur einer Schlacht besiegt und geschlagen. Wollten sie es wieder versuchen, sei er nochmals zur Schlacht bereit; wollten sie Frieden, sei es unbillig, den Tribut zu verweigern, den sie bisher freiwillig zahlten. Die Freundschaft mit Rom müsse ihm Ehre und Vorteil, nicht Schaden bringen, und in dieser Hoffnung habe er sie gesucht. Wenn auf Wunsch des römischen Volkes die Tributzahlung aufhöre und ihm Unterworfene abspenstig gemacht würden, kündige er die Freundschaft mit dem römischen Volk ebenso gern auf, wie er sie gesucht habe. Wenn er eine größere Zahl von Germanen nach Gallien herüberhole, geschehe dies zu seinem Schutz, nicht, um Gallien anzugreifen. Beweis dafür sei, daß er nur auf Bitten gekommen sei und den Krieg nicht begonnen, sondern sich nur gewehrt habe. Er sei eher in Gallien gewesen als das römische Volk; noch nie habe bisher ein Heer des römischen Volkes die Grenze der Provinz Gallien überschritten. Was er eigentlich wolle? Wozu er in sein Gebiet komme? Dieses Gallien hier sei seine Provinz so wie jenes die unsere. Wie es ihm selbst nicht hingehen dürfe, wenn er in unser Gebiet einfiele, so unbillig sei es von uns, ihn in seinem Recht zu stören. Wenn Caesar sage, der Senat habe die Häduer ‚Brüder' genannt, so sei er nicht so ungebildet oder unkundig, nicht zu wissen, daß im letzten Allobrogerkrieg die Häduer weder den Römern halfen noch in den jüngsten Auseinandersetzungen mit ihm und den Sequanern Hilfe von Rom erfuhren. Er müsse vermuten, Caesar heuchle diese Freundschaft, sein Heer stehe nur in Gallien, um ihn zu überfallen. Ziehe sich Caesar nicht zurück und führe er sein Heer aus dieser Gegend nicht weg, so werde er ihn nicht als Freund, sondern als Feind betrachten. Wenn er ihn übrigens töte, erweise er vielen Großen und Mächtigen in Rom einen Gefallen (das wisse er von ihnen selbst durch ihre Boten), und er könne sich alle diese Leute geneigt und zu Freunden machen, wenn Caesar falle. Ziehe er jedoch ab und lasse ihm den unange-

45

1 Caesar sprach noch lange, um zu begründen, weshalb er sich seiner Aufgabe nicht entziehen könne: Weder seine noch des römischen Volkes Gewohnheit ließen es zu, hochverdiente Bundesgenossen im Stich zu lassen; auch glaube er keineswegs, Gallien
2 gehöre eher Ariovist als dem römischen Volk. Quintus Fabius Maximus habe die Arverner und Rutener besiegt, doch habe ihnen das römische Volk verziehen und ihr Land weder zur Provinz ge-
3 macht noch mit Tribut belastet. Wolle man also auf die ältesten Ansprüche sehen, so sei eine Herrschaft des römischen Volkes in Gallien völlig legitim; achte man auf das Urteil des Senats, müsse Gallien frei bleiben, das Rom im Krieg zwar besiegt, jedoch unabhängig belassen habe.

46

1 Während der Aussprache erhielt Caesar Meldung, Ariovists Reiter rückten näher zum Hügel vor, ritten auch nahe an die Unseren
2 heran und würfen Steine und Geschosse nach ihnen. Caesar brach das Gespräch ab, ritt zu den Seinen zurück und verbot, auch nur
3 ein Geschoß auf die Feinde zurückzuwerfen. Er sah zwar wohl, ein Kampf mit der Reiterei werde ohne jede Gefahr für die auserlesene Legion ablaufen, doch wollte er es nicht dazu kommen lassen, daß die Feinde bei einer Niederlage sagen könnten, man habe sie gegen Treu und Glauben bei der Unterhandlung überfallen.
4 Als sich im ganzen Heer herumsprach, wie anmaßend Ariovist bei der Verhandlung den Römern ganz Gallien verboten habe, daß seine Reiter die Unseren angriffen und dieser Vertragsbruch zum Ende der Verhandlungen führte, stiegen Eifer und Kampflust unserer Männer noch an.

47

1 Zwei Tage danach schickte Ariovist Gesandte an Caesar: Er wolle über die Fragen, die unter ihnen erörtert, jedoch nicht entschieden wurden, weiter mit ihm sprechen; er möge also erneut einen Termin für eine Verhandlung bestimmen oder, falls er das nicht
2 wolle, einen seiner Legaten zu ihm schicken. Für eine Verhandlung sah Caesar keinen Grund, um so weniger, als tags zuvor die Germanen nicht abzuhalten waren, auf unsere Leute Geschosse
3 zu schleudern. Einen seiner Legaten würde er, wie er meinte, nur

unter großer Gefahr schicken und diesen Wilden vorwerfen. Er hielt es für das beste, Gaius Valerius Procillus zu schicken, den Sohn des Gaius Valerius Caburus, einen sehr tüchtigen und gebildeten jungen Mann (der Vater hatte von Gaius Valerius Flaccus das Bürgerrecht erhalten), und zwar wegen seiner Zuverlässigkeit und Kenntnis der gallischen Sprache, die Ariovist aus langer Gewohnheit geläufig sprach; auch gab es für die Germanen keinen Grund, sich an ihm zu vergreifen. Mit ihm schickte er Marcus Metius, einen Gastfreund des Ariovist. Er trug ihnen auf, zu hören, was Ariovist wolle, und es ihm zu berichten. Als jedoch Ariovist die beiden bei sich im Lager sah, schrie er sie vor den Augen seines Heeres an: Wozu sie zu ihm kämen? Um zu spionieren? Als sie etwas sagen wollten, ließ er sie nicht zu Wort kommen, sondern in Ketten legen.

48

Am gleichen Tag rückte Ariovist vor und bezog sechs Meilen von Caesars Standort am Fuß eines Berges Lager. Am nächsten Tag führte er seine Truppen an Caesars Lager vorbei und schlug zwei Meilen jenseits davon Lager in der Absicht, Caesar vom Getreidenachschub aus dem Sequaner- und Häduerland abzuschneiden. Die nächsten fünf Tage hintereinander führte Caesar sein Heer vor das Lager und stellte es zum Gefecht auf, damit Ariovist, wenn er eine Schlacht wolle, Gelegenheit dazu habe. Ariovist jedoch hielt in dieser ganzen Zeit sein Fußvolk im Lager und ließ nur täglich seine Reiter zu Gefechten ausrücken. Die Germanen hatten folgende Kampfart, in der sie sehr geübt waren: Sie nahmen 6000 Reiter und ebenso viele behende und tapfere Kämpfer zu Fuß, die sich jeder Reiter aus dem ganzen Heer einzeln als Helfer auswählte; mit diesen zusammen kämpften die Reiter, auf sie zogen sie sich zurück, und diese wieder gingen geschlossen vor, wenn es scharf herging; war einer schwer verwundet und stürzte vom Pferd, so umringten sie ihn, und bei ausholendem Vorstoß oder schnellem Rückzug waren sie so geübt und schnell, daß sie sich an die Mähnen der Pferde hängten und mit diesen Schritt hielten.

49

Als Caesar sah, daß Ariovist im Lager blieb, suchte er jenseits der Stelle, an der die Germanen saßen, etwa sechshundert Schritte von ihnen einen günstigen Lagerplatz und rückte in drei Treffen geordnet dorthin. Die erste und zweite Linie ließ er unter Waffen bleiben, die dritte das Lager bauen. Dieser Platz war, wie erwähnt,

vom Feind etwa sechshundert Schritte entfernt. Dorthin schickte Ariovist etwa 16 000 kampfbereite Männer mit der ganzen Reiterei, um die Unseren zu erschrecken und an der Schanzarbeit zu
4 hindern. Caesar blieb dennoch bei seinem Entschluß: Zwei Linien sollten den Feind abweisen, die dritte den Lagerbau vollenden.
5 Als das Lager befestigt war, ließ er dort zwei Legionen und einen Teil der Hilfstruppen; die vier übrigen Legionen führte er ins größere Lager zurück.

50

1 Am nächsten Tag führte Caesar seine Streitkräfte wie bisher, nun aber aus beiden Lagern, heraus, rückte ein Stück vor das größere Lager, stellte das Heer zum Kampf auf und bot den Feinden die
2 Schlacht an. Als er sah, daß sie auch jetzt nicht herauskamen, führte er gegen Mittag sein Heer ins Lager zurück. Nun endlich entsandte Ariovist einen Teil seiner Truppen zum Sturm auf das klei-
3 nere Lager. Auf beiden Seiten kämpfte man heftig bis zum Abend. Bei Sonnenuntergang führte Ariovist seine Truppe, die viele
4 Wunden ausgeteilt und empfangen hatte, ins Lager zurück. Als Caesar Gefangene fragte, weshalb Ariovist einer Entscheidungsschlacht ausweiche, erfuhr er folgenden Grund: Bei den Germanen herrsche der Brauch, daß ihre Ehefrauen durch Losorakel klärten, ob es ratsam sei, eine Schlacht zu liefern oder
5 nicht; diese hätten behauptet, das Schicksal versage den Germanen den Sieg, wenn sie sich vor Neumond auf einen Kampf einließen.

51

1 Tags darauf ließ Caesar in jedem Lager eine Besatzung zurück, die ausreichend erschien, und stellte alle Hilfstruppen im Blickfeld der Feinde vor dem kleineren Lager auf (war er doch gegenüber der feindlichen Masse an Zahl der Legionäre unterlegen) und benützte so diese Soldaten der Hilfstruppen zur Täuschung; er selbst rückte in drei Treffen kampfbereit ans feindliche Lager her-
2 an. Nun endlich führten die Germanen ihre Streitkräfte notgedrungen aus dem Lager, stellten sie nach Stämmen in gleichen Abständen auf, die Haruden, Markomannen, Triboker, Vangionen, Nemeten, Sedusier, Sueben, und umgaben ihr ganzes Heer mit
3 Wagen und Karren, um keine Hoffnung auf Flucht zu lassen. Auf die Wagen setzten sie die Frauen, die sie beim Auszug in den Kampf mit ausgestreckten Händen unter Tränen beschworen, sie nicht in römische Sklaverei fallen zu lassen.

52

Caesar unterstellte jede Legion einem Legaten und dem Quästor, damit jeder Soldat an ihnen Zeugen seiner Tapferkeit habe; er selbst begann die Schlacht mit seinem rechten Flügel, weil er die Feinde diesem gegenüber am schwächsten fand. So hitzig stürmten die Unseren auf das Zeichen hin gegen den Feind an und so plötzlich und rasch rannten die Feinde vor, daß kein Raum blieb, die Wurfspieße auf sie zu schleudern. Man ließ sie daher fallen und griff im Nahkampf zum Schwert. Doch bildeten die Germanen nach ihrer Gewohnheit rasch eine feste Linie und begegneten so dem Schwertangriff. Mehrfach sprangen Leute von uns in die geschlossene Reihe, rissen die Schilde mit den Händen herab und verletzten die Feinde von oben her. Während das Heer der Feinde auf deren linkem Flügel geworfen und in die Flucht gejagt wurde, brachte ihr rechter Flügel durch seine Masse unser Heer schwer ins Gedränge. Als dies der junge Reiterführer Publius Crassus sah, der einen besseren Überblick hatte als die Männer im Kampfgetümmel, schickte er die dritte Linie unseren bedrängten Leuten zu Hilfe.

53

So wurde der Kampf wieder aufgenommen, alle Feinde wandten sich zur Flucht und machten nicht eher halt, als bis sie zum Rhein kamen, etwa fünf Meilen vom Schlachtort entfernt. Einige wenige suchten dort im Vertrauen auf ihre Kräfte hinüberzuschwimmen oder fanden Kähne und retteten sich. Unter diesen befand sich Ariovist, der einen Kahn am Ufer angebunden fand und mit ihm entfloh. Alle anderen wurden von unseren Reitern eingeholt und niedergemacht. Ariovist hatte zwei Frauen, eine Suebin, die er von zu Hause mitgebracht hatte, und eine zweite aus Noricum, die Schwester des Königs Voccio, die er von ihrem Bruder geschickt bekommen und in Gallien geheiratet hatte; beide kamen auf der Flucht um. Von den beiden Töchtern wurde eine getötet, die andere gefangen. Auf Gaius Valerius Procillus, den seine Wächter auf der Flucht mit drei Ketten gefesselt fortschleppten, traf Caesar selbst, als er die Feinde mit der Reiterei verfolgte. Diese Rettung machte Caesar nicht weniger Freude als der Sieg selbst, weil er einen der ehrenhaftesten Männer der gallischen Provinz, seinen Vertrauten und Gastfreund, den Feinden entrissen und sich wiedergeschenkt sah. So ließ das Glück nicht durch dessen Tod auf seine große Freude und Genugtuung einen Schatten fallen. Procillus berichtete, man habe dreimal vor seinen Augen gelost, ob man ihn sogleich dem Feuertod überantworten

oder für später aufsparen solle; durch das glücklich gefallene Los
8 lebe er noch. Auch Marcus Metius fand man und brachte ihn zu
Caesar.

54

1 Als die Nachricht von dieser Schlacht über den Rhein gelangte, traten die Sueben, die zum Rheinufer gekommen waren, den Rückmarsch an. Die Stämme, die zunächst am Rhein wohnen, sahen ihre Betroffenheit, setzten ihnen nach und machten sie gro-
2 ßenteils nieder. So hatte Caesar in einem Sommer zwei bedeutende Kriege siegreich beendet und führte nun sein Heer etwas eher, als es die Jahreszeit forderte, in die Winterquartiere bei den Se-
3 quanern. Labienus erhielt den Oberbefehl im Winterlager. Caesar selbst ging in das diesseitige Gallien, um Gerichtstage abzuhalten.

ZWEITES BUCH

1

Während sich Caesar, wie berichtet, im diesseitigen Gallien aufhielt, gelangten vielfach Aufstandsgerüchte zu ihm, und auch Labienus schrieb, alle Belger, die wir als den dritten Teil Galliens bezeichneten, unternähmen eine Verschwörung gegen das römische Volk und tauschten Geiseln aus. Gründe für die Verschwörung seien folgende: Erstens fürchteten sie, nach der Unterwerfung ganz Galliens könne unser Heer auch zu ihnen kommen; zweitens würden sie von einigen Galliern aufgehetzt, und zwar zum Teil von solchen, die keine Germanen länger in Gallien dulden wollten, doch ebenso empört waren, daß das römische Heer dort überwintere und sich einniste; zum Teil strebten sie aus Unbeständigkeit und Leichtsinn neue Herrschaftsverhältnisse an; und weil in Gallien die Mächtigen und Leute, die genug Mittel hatten, Menschen an sich zu binden, gemeinhin die Königsherrschaft übernahmen, ging auch von manchen Unruhe aus, die unter unserer Herrschaft ihr Ziel weniger leicht erreichen konnten.

2

Diese Nachrichten und Berichte veranlaßten Caesar, zwei neue Legionen in Oberitalien auszuheben und den Legaten Quintus Pedius zu entsenden, um sie nach Beginn des Sommers ins jenseitige Gallien zu führen. Er selbst ging zum Heer ab, sobald es genug Grünfutter gab. Den Senonen und allen gallischen Grenznachbarn der Belger trug er auf, zu erkunden, was bei diesen vorgehe, und es ihm zu berichten. Alle meldeten gleichlautend, man biete Truppen auf und ziehe ein Heer zusammen. Da nun hielt er es für richtig, ohne Zögern bei ihnen einzumarschieren. Er sorgte für Getreide, brach nach elf Tagen auf und erreichte in etwa 15 Tagen das Gebiet der Belger.

3

Als er dort unvermutet und über alles Erwarten schnell eintraf, schickten die Remer, die nächsten belgischen Nachbarn des eigentlichen Gallien, ihre führenden Männer, Iccius und Andecumborius, als Gesandte zu ihm mit der Erklärung, sie ergäben sich und all das Ihre dem römischen Volk auf Gnade und Ungnade, hätten weder mit den übrigen Belgern gemeinsame Sache gemacht noch sich irgendwie an einer Verschwörung gegen Rom beteiligt; sie wollten Geiseln stellen, Gehorsam leisten, ihnen ihre Städte

4 öffnen und Korn und sonstigen Nachschub liefern; alle übrigen Belger stünden unter Waffen, die Germanen rechts des Rheins
5 hätten sich ihnen angeschlossen, und so groß sei die Wut aller, daß nicht einmal die Suessionen, ihre Brüder und Blutsverwandten, die gleiches Recht und Gesetz wie sie, ja gleiche Führung und Verwaltung hätten, davon abzubringen waren, sich den Rebellen anzuschließen.

4

1 Als er sie fragte, welche Stämme unter Waffen stünden und wie
2 groß und wie kampfstark sie seien, erfuhr er folgendes: Die meisten Belger stammten von den Germanen ab, seien vor langer Zeit über den Rhein gekommen und hätten sich wegen des fruchtbaren Bodens hier angesiedelt; sie hätten die dort ansässigen Gallier vertrieben und, als zur Zeit unserer Väter ganz Gallien heimgesucht wurde, als einzige die Teutonen und die Kimbern am Einbruch in
3 ihr Land gehindert; deshalb hielten sie sich in Erinnerung an diese
4 Erfolge für große Helden und wollten hoch hinaus. Die Remer behaupteten auch, ihre Anzahl genau zu kennen, weil sie als Freunde und Verwandte genau wüßten, welche Mannschaft jeder Stamm auf dem gemeinsamen Landtag der Belger für diesen Krieg
5 versprochen habe. Den größten Einfluß hätten bei ihnen die Bellovaker durch Tapferkeit, Ansehen und Volkszahl. Sie könnten 100 000 Bewaffnete stellen, hätten davon 60 000 ausgesuchte Kämpfer versprochen und beanspruchten dafür den Oberbefehl
6 im ganzen Krieg. Die Suessionen, ihre Nachbarn, besäßen die aus-
7 gedehntesten Felder und die fruchtbarsten Böden. Noch zu unserer Zeit sei Diviciacus ihr König gewesen, der mächtigste Mann von ganz Gallien, der über die meisten dieser Länder, ja über Britannien geherrscht habe; nun sei Galba König, und ihm werde wegen seiner Rechtlichkeit und Klugheit von allen einhellig der
8 Oberbefehl im ganzen Krieg übertragen; die Suessionen besäßen zwölf Städte und hätten 50 000 Bewaffnete zugesagt; ebenso viele die Nervier, die als die wildesten unter ihnen gälten und am weite-
9 sten entfernt lebten; 15 000 die Atrebaten, die Ambianer 10 000, die Moriner 25 000, die Menapier 9000, die Kaleter 10 000, die Veliokassen und Viromanduer ebenso viele, die Atuatuker 19 000;
10 die Kondruser, Eburonen, Käroser, Kämaner, die gemeinschaftlich Germanen heißen, schätzten sie auf 40 000.

5

1 Caesar bestärkte die Remer in ihrer Haltung, redete ihnen freundlich zu, beschied den ganzen Stammesrat zu sich und ließ sich die

Kinder der führenden Männer als Geiseln bringen. Sie erfüllten alle Forderungen genau und pünktlich. Er selbst redete dem Häduer Diviciacus eindringlich zu und stellte ihm dar, wie wichtig es für den Staat und das Heil aller sei, die feindlichen Scharen zu trennen, um nicht mit der ganzen Übermacht auf einmal kämpfen zu müssen. Dies gelinge, wenn die Häduer mit ihrem Heer ins Gebiet der Bellovaker einfielen und ihre Felder plünderten. Mit diesem Auftrag entließ er ihn. Als er sah, daß ihm die vereinigte belgische Streitmacht entgegenzog, und durch ausgesandte Kundschafter und von den Remern erfuhr, sie seien nicht mehr weit entfernt, ging er mit dem Heer eilig über die Axona, den Grenzfluß der Remer, und schlug drüben Lager. So deckte er eine Lagerseite mit dem Flußufer, sicherte auch alles hinter sich vor dem Feind und sorgte für gefahrlosen Nachschub von den Remern und den übrigen Stämmen. Über den Fluß führte eine Brücke. Diese besetzte er und ließ auf dem linken Flußufer den Legaten Quintus Titurius Sabinus mit sechs Kohorten zurück; er befestigte auch das Lager mit einem 12 Fuß hohen Wall und einem 18 Fuß breiten Graben.

6

Eine Stadt der Remer namens Bibrax war von diesem Lager acht Meilen entfernt. Diese Stadt griffen die Belger sogleich vom Marsch aus heftig an, und nur mit Mühe hielt man diesen Tag hindurch stand. Gallier und Belger haben dieselbe Art der Belagerung: Man nähert sich in dichten Massen der ganzen Befestigung und wirft überall Steine auf die Mauer, bis sie von Verteidigern entblößt ist; dann bilden sie eine ‚Schildkröte‘, setzen die Tore in Brand und untergraben die Mauer. Dies geschah damals mit Leichtigkeit, denn eine derart große Schar warf auf einmal Steine und Geschosse, daß sich niemand auf der Mauer halten konnte. Als die Nacht dem Ansturm ein Ende setzte, schickte der Remer Iccius, ein hochadeliger und angesehener Mann in seinem Stamm, der damals Bürgermeister war und an der Friedensgesandtschaft zu Caesar teilgenommen hatte, einen Boten an Caesar: Schicke man ihm nicht Hilfe, könne er sich nicht länger halten.

7

Kurz nach Mitternacht sandte Caesar mit den Boten des Iccius als Führern numidische und kretische Bogenschützen den Belagerten zu Hilfe, dazu balearische Schleuderer. Ihre Ankunft steigerte bei den Remern mit der Hoffnung auf einen Erfolg der Verteidigung auch den Kampfgeist, während sie den Feinden aus gleichem

3 Grund die Hoffnung auf Eroberung der Stadt benahm. Sie blieben daher nur noch kurz bei der Stadt, verwüsteten das Land der Remer, steckten alle erreichbaren Weiler und Gehöfte in Brand, zogen mit dem ganzen Heer zum Lager Caesars und schlugen nicht
4 ganz zwei Meilen davor ihr Lager auf. Rauch und Wachtfeuer ließen erkennen, daß dieses eine Breite von mehr als acht Meilen hatte.

8

1 Caesar beschloß, vorerst wegen der Überzahl der Feinde und ihres Rufes ausnehmender Tapferkeit eine Schlacht zu vermeiden.
2 Doch erprobte er täglich durch Reitergefechte die Kampfkraft der Feinde und den Wagemut unserer Männer und erkannte, daß die
3 Unseren durchaus gleichwertig waren. Das Gelände vor dem Lager war von Natur aus günstig und geeignet, das Heer aufzustellen, weil sich der Hügel, auf dem das Lager stand, nur wenig aus der Ebene erhob und zum Feind hin so breit war, daß ein kampfbereit aufgestelltes Heer gut auf ihm Platz fand. An beiden Flanken fiel der Hügel steil ab, während er vorne sanft abgedacht war
4 und langsam zur Ebene hinablief. An beiden Seiten des Hügels ließ er einen Quergraben von etwa 400 Schritt Länge vorziehen und am Ende der Gräben Schanzen anlegen, in denen er Geschütze aufstellte; die Feinde sollten nicht mit ihrer Überzahl sein Heer umgehen und die Männer während des Kampfes einschließen
5 können. Dann ließ er die zwei kürzlich aufgehobenen Legionen im Lager zurück, um sie im Fall der Not als Entsatz heranzuführen. Die übrigen sechs Legionen stellte er vor dem Lager zur Schlacht auf. Auch der Feind hatte seine Streitmacht herausgeführt und aufgestellt.

9

1 Zwischen unserem und dem feindlichen Heer lag ein kleiner Sumpf. Der Feind wartete ab, ob ihn unsere Leute überschritten; andererseits standen die Unseren für den Fall in Bereitschaft, den Gegner anzugreifen, wenn er durchzuwaten versuchte und dabei
2 nicht kämpfen könnte. In der Zwischenzeit kämpften die Reiter zwischen beiden Fronten. Als nun keine Seite den Sumpf durchschreiten wollte, führte Caesar nach dem für uns recht erfolgrei-
3 chen Reitergefecht sein Heer ins Lager zurück. Die Gegner zogen sogleich von dort zur Axona, die, wie erwähnt, hinter unserem
4 Lager floß. Dort fanden sie Furten und versuchten, einen Teil ihrer Streitkräfte überzusetzen, um womöglich das Kastell, das der Legat Quintus Titurius befehligte, zu erobern und die Brücke ab-

zureißen; wo nicht, wollten sie das Land der Remer verwüsten, auf das sich unsere Kriegführung weitgehend stützte, und so unserem Heer die Zufuhr abschneiden.

10

Caesar führte, von Titurius benachrichtigt, seine ganze Reiterei und die leichtbewaffneten Numider, dazu die Schleuderer und Bogenschützen über die Brücke und eilte zum Feind. Am Fluß wurde heiß gekämpft. Unsere Männer griffen die Feinde, die im Fluß behindert waren, an und töteten viele von ihnen; die übrigen, die über deren Leichen hinweg mit größter Kühnheit übersetzen wollten, trieben sie mit einem Geschoßhagel zurück, und die ersten, die herüberkamen, wurden von unserer Reiterei umzingelt und niedergemacht. Als sich die Feinde beim Angriff auf die Stadt und beim Übergang über den Fluß in ihrer Hoffnung getäuscht sahen und erkannten, daß unsere Leute keineswegs auf ein ungünstiges Gelände zum Kampf vorrückten, und als ihnen zudem das Getreide ausging, hielten sie Kriegsrat und kamen zum Schluß, es sei am besten, alle gingen nach Hause zurück und kämen dem Stamm, in dessen Gebiet die Römer zuerst einfielen, von allen Seiten zu Hilfe. Sie wollten lieber auf eigenem als auf fremdem Gebiet kämpfen und die heimischen Getreidevorräte ausnützen. Zu diesem Entschluß bewog sie neben anderen Gründen auch die Nachricht, Diviciacus und die Häduer rückten zum Gebiet der Bellovaker heran. Diese ließen sich nun nicht dazu bewegen, länger dazubleiben und die Ihren ohne Hilfe zu lassen.

11

Nach diesem Beschluß verließen sie um die zweite Nachtwache mit viel Lärm und Getöse ihr Lager ohne bestimmte Ordnung oder Führung – jeder wollte der erste auf dem Weg sein und eilte nach Hause – und bewirkten dadurch, daß ihr Aufbruch einer Flucht höchst ähnlich sah. Caesar erhielt durch die Kundschafter sofort Meldung, fürchtete aber eine Falle, weil er die Ursache ihres Abzugs noch nicht durchschaute, und hielt Heer und Reiterei im Lager. Als am frühen Morgen der Sachverhalt durch Spähtrupps bestätigt war, schickte er die ganze Reiterei unter Führung der Legaten Quintus Pedius und Lucius Aurunculeius Cotta voraus, um die Nachhut aufzuhalten. Den Legaten Titus Labienus ließ er mit drei Legionen folgen. Die Reiter griffen die feindlichen Nachzügler an, verfolgten sie viele Meilen weit und hieben eine Menge auf der Flucht nieder; die Nachhut des Zuges aber, auf die man stieß, blieb stehen und hielt dem Angriff unserer Soldaten

⁵ tapfer stand. Die Vordersten dagegen, die außer Gefahr schienen und die weder Zwang noch Befehlsgewalt zusammenhielt, lösten ihre Reihen gänzlich auf, als sie das Geschrei hörten, und suchten ⁶ sich fliehend zu retten. So töteten unsere Leute ohne jede Gefahr eine ganze Masse von ihnen, solange der Tag anhielt, beendeten jedoch bei Sonnenuntergang die Verfolgung und gingen befehlsgemäß ins Lager zurück.

12

¹ Am nächsten Tag führte Caesar, bevor sich der Feind von der panischen Flucht erholen konnte, sein Heer ins Gebiet der Suessionen, der Grenznachbarn der Remer, und zog in einem starken Ta² gesmarsch vor die Stadt Noviodunum. Er versuchte, die Stadt aus dem Anmarsch heraus einzunehmen, weil er hörte, sie sei ohne Besatzung, doch konnte er sie trotz der wenigen Verteidiger nicht ³ erobern, weil der Graben zu breit und die Mauer zu hoch war. Als das Lager befestigt war, ließ er Schutzdächer vortreiben und die ⁴ sonstigen Anstalten zur Belagerung treffen. Inzwischen strömte in der nächsten Nacht die ganze Masse der Suessionen in die Stadt. ⁵ Als die Schutzdächer rasch an die Stadt herangeführt, der Damm aufgeschüttet und die Türme errichtet waren, wurden die Gallier durch die Größe der Werke, die sie bisher nie gesehen und von denen sie nie gehört hatten, und durch die Schnelligkeit der Römer tief beeindruckt und schickten Gesandte an Caesar, um sich zu ergeben. Auf Fürsprache der Remer erreichten sie Begnadigung.

13

¹ Caesar ließ sich die Vornehmsten des Stammes und zwei Söhne des Königs Galba selbst als Geiseln, dazu alle Waffen in der Stadt ausliefern, nahm die Unterwerfung der Suessionen an und führte ² das Heer ins Gebiet der Bellovaker. Diese hatten sich mit Hab und Gut in die Stadt Bratuspantium geflüchtet; doch als Caesar mit seinem Heer noch etwa fünf Meilen entfernt stand, kamen alle älteren Männer aus der Stadt heraus, erhoben die Hände zu Caesar und gaben zu verstehen, sie ergäben sich ihm auf Gnade und Ungnade und kämpften nicht mit Waffen gegen das römische Volk. ³ In gleicher Weise baten, als er vor die Stadt gerückt war und dort Lager schlug, Kinder und Frauen von der Mauer herab nach ihrer Sitte mit ausgestreckten Armen die Römer um Frieden.

14

¹ Für diese sprach Diviciacus (er hatte nach dem Abzug der Belger die Streitkräfte der Häduer entlassen und war zu Caesar zurück-

gekehrt): Die Bellovaker seien von jeher Anhänger und Freunde des Häduerstammes gewesen; ihre Führer hätten ihnen eingeredet, Caesar knechte die Häduer und füge ihnen jede Art von unwürdiger und schimpflicher Behandlung zu, und sie so zum Abfall von den Häduern und zum Krieg gegen Rom verleitet. Die Anstifter zu diesem Entschluß seien nach Britannien geflohen, wohl wissend, welches Unheil sie über ihren Stamm brachten. Nicht nur die Bellovaker bäten, er möge seine gewohnte Milde und Güte bei ihnen walten lassen, sondern auch die Häduer. Dadurch werde er den Einfluß der Häduer bei allen Belgern heben, mit deren Hilfe und Macht diese, wenn es Krieg gebe, durchzuhalten gewohnt seien.

15

Caesar erklärte, aus Rücksicht auf das Ansehen des Diviciacus und der Häduer werde er sie in seinen Schutz nehmen und glimpflich behandeln; weil der Stamm aber bei den Belgern großen Einfluß besaß und ungemein volkreich war, forderte er 600 Geiseln. Nach deren Übergabe und der Auslieferung der Waffen aus der Stadt zog er von dort in das Gebiet der Ambianer, die sich mit all ihrem Besitz ohne weiteres ergaben. Ihre Nachbarn waren die Nervier. Auf seine Erkundigung nach deren Art und Sitte erfuhr Caesar: Kaufleute hätten bei ihnen keinen Zutritt; sie ließen auch weder Wein noch andere Luxuswaren einführen, weil sie meinten, dadurch würden sie schlaff und ihre Tapferkeit lasse nach; sie seien wilde Menschen von großem Mut und beschimpften und verhöhnten die übrigen Belger, die sich dem römischen Volk unterworfen und die ererbte Tapferkeit preisgegeben hätten; ihr Entschluß stehe fest: Sie würden weder Gesandte schicken noch irgendein Friedensangebot annehmen.

16

Nach einem Marsch von drei Tagen durch ihr Gebiet erfuhr er von Gefangenen, der Fluß Sabis sei von seinem Lager nur mehr 10 Meilen entfernt. Jenseits des Flusses hätten alle Nervier Stellung bezogen und erwarteten dort die Ankunft der Römer gemeinsam mit ihren Nachbarn, den Atrebaten und Viromanduern (beide nämlich hatten sie beredet, das Kriegsglück mit ihnen zu versuchen); sie erwarteten noch Zuzug von den Atuatukern, die schon auf dem Marsch seien; die Frauen und die altershalber Kriegsuntauglichen hätten sie rasch an einem Platz untergebracht, der für ein Heer wegen der Sümpfe unzugänglich sei.

17

1 Auf diese Nachricht schickte er Kundschafter und Zenturionen
2 zur Auswahl eines geeigneten Lagerplatzes voraus. Eine Anzahl von unterworfenen Belgern und sonstigen Galliern begleitete Caesar auf dem Marsch; einige davon, die die Marschordnung unseres Heeres in diesen Tagen erkundet hatten, verschwanden, wie man später von Gefangenen erfuhr, nachts zu den Nerviern und erklärten ihnen, zwischen zwei Legionen ziehe immer ein großer Troß, und es sei ein leichtes, die erste Legion bei ihrer Ankunft am Lagerplatz anzugreifen, wenn sie noch bepackt sei und die übri-
3 gen Legionen noch weit zurück stünden; sei diese erst einmal geschlagen und ihr Troß geplündert, hätten die übrigen keinen Mut
4 mehr zum Widerstand. Diesen Rat der Überläufer empfahl auch die Tatsache, daß die Reiter der Nervier seit jeher nicht viel taugten (heute noch liegt ihnen nichts an Reitern, sondern ihre ganze Stärke beruht auf den Kämpfern zu Fuß); um daher die Beutezüge ihrer berittenen Nachbarn leichter abzuwehren, sägen sie junge Bäume an, biegen sie herunter und bewirken durch die vielen in die Breite nachwachsenden Äste, auch mit zwischengepflanztem Brombeer- und Dorngesträuch, daß diese Gehege Befestigungen mit der Wirkung von Mauern bilden, die nicht nur ein Durchkommen, sondern selbst einen Durchblick unmöglich machen.
5 Da unser Heer durch solche Hecken im Marsch behindert wurde, glaubten die Nervier, an ihrem Plan festhalten zu sollen.

18

1 Das Gelände für den Lagerplatz, das unsere Leute ausgesucht hatten, war so beschaffen: Eine Anhöhe fiel in stetiger Neigung zum
2 oben erwähnten Fluß Sabis ab. Gegenüber am anderen Ufer stieg ein Hügel in gleicher Neigung wieder empor, unten auf etwa zweihundert Schritt Breite offen, oben aber bewaldet, so daß man
3 kaum in die Tiefe hineinsehen konnte. In diesen Wäldern hielten sich die Feinde versteckt. Auf dem offenen Gelände längs des Flusses sah man einzelne Reiterposten. Der Fluß war etwa drei Fuß tief.

19

1 Caesar ließ die Reiterei vorausmarschieren und folgte mit dem Haupteer. Doch war seine Marschordnung anders, als die Belger
2 den Nerviern geschildert hatten. Weil er nämlich in Feindnähe kam, ließ Caesar, wie gewohnt, sechs Legionen kampfbereit voran-
3 ziehen; erst nach ihnen kam der gesamte Troß des Heeres; dann schlossen die zwei erst kürzlich ausgehobenen Legionen den

ganzen Zug und deckten den Troß. Unsere Reiter überquerten 4
mit den Schleuderern und Bogenschützen den Fluß und begannen
ein Gefecht mit der feindlichen Reiterei. Während jene wieder- 5
holt in die Waldstücke zu ihren Leuten zurückgingen und dann
wieder aus dem Wald heraus unsere Männer angriffen, diese aber
nicht wagten, die Zurückweichenden weiter als bis zum Rand des
hier liegenden offenen Feldes zu verfolgen, hatten inzwischen die
sechs Legionen, die als Spitze herangekommen waren, das Lager
abgesteckt und den Bau der Befestigung begonnen. Als nun die 6
Spitze unseres Heerestrosses den im Wald versteckten Feinden in
Sicht kam (dies hatten sie als Zeitpunkt für den Überfall vereinbart), stürzten sie in gleicher Ordnung, wie sie sich im Wald zum
Kampf aufgestellt und einander angefeuert hatten, plötzlich mit
allen Truppen hervor und fielen über unsere Reiter her. Als diese 7
mit Leichtigkeit geworfen und verjagt waren, stürmten sie unglaublich schnell zum Fluß herab, so daß man beinahe gleichzeitig
Feinde am Waldrand, im Fluß und schon im Handgemenge mit
uns sah. Mit gleicher Schnelligkeit jagten sie aber auch die Höhe 8
hinauf zu unserem Lager und zu den Soldaten, die an der Befestigung arbeiteten.

20

Caesar hätte alles auf einmal tun müssen: die Fahne aufstecken, die 1
das Zeichen gab, zu den Waffen zu eilen, das Signal mit der Tuba
geben lassen, Soldaten von der Schanzarbeit ab- und die Männer
zurückrufen, die sich etwas entfernt hatten, um Baustoff für den
Wall zu holen, die Aufstellung anordnen, die Soldaten anfeuern
und den Befehl zum Angriff geben. An den meisten dieser Aufga- 2
ben hinderten ihn Zeitnot und Ansturm der Feinde. Doch kam in 3
dieser Bedrängnis zweierlei zustatten: einmal Geschick und Erfahrung der Soldaten, die aus früheren Kämpfen ebensogut selbst
wußten, was sie zu tun hatten, und keine fremden Befehle brauchten, und zweitens, daß Caesar allen Legaten verboten hatte, vor
Fertigstellung des Lagers die Schanzarbeiten und ihre Legion zu
verlassen. Diese warteten bei der Nähe und Raschheit der Feinde 4
nicht erst auf Caesars Befehle, sondern ordneten selbständig an,
was sie für notwendig hielten.

21

Caesar gab die allernötigsten Befehle, eilte, um die Soldaten zu er- 1
mahnen, zum erstbesten Abschnitt hinab und traf auf die zehnte
Legion. Er feuerte die Soldaten nur mit der kurzen Rede an, sie 2
sollten an ihre alte Tapferkeit denken, nicht kopflos werden und

3 dem feindlichen Ansturm tapfer standhalten. Dann befahl er, weil die Feinde bereits auf Wurfweite heran waren, den Beginn des
4 Kampfes. Als er darauf zu einem anderen Abschnitt eilte, um auch dort die Truppe anzufeuern, fand er sie bereits in vollem Gefecht.
5 Die Zeit aber war so knapp und der Feind griff so ungestüm an, daß nicht nur zum Anlegen der Dienstzeichen, sondern sogar zum Aufsetzen der Helme und zum Abziehen der Schildhüllen
6 die Zeit fehlte. Jeder Soldat stellte sich dort auf, wohin er zufällig vom Schanzen kam und zuerst ein Feldzeichen sah, um nicht beim Suchen nach seiner Einheit Zeit zum Kampf zu verlieren.

22

1 Das Heer war mehr aufgestellt, wie es das Gelände, der abschüssige Hügel und die Not der Stunde als Kriegskunst und Dienstvorschrift geboten. Getrennt voneinander mußten die Legionen hier und dort dem Feind widerstehen; weil die erwähnten dichten Verhaue die Sicht behinderten, war es unmöglich, Reserven mit bestimmtem Auftrag einzusetzen oder dort einzugreifen, wo gerade Not am Mann war, und so war einheitliche Führung unmöglich.
2 Bei so ungünstiger Lage nahm der Kampf einen unterschiedlichen Verlauf.

23

1 Die Männer der neunten und zehnten Legion, die den linken Flügel des Heeres bildeten, warfen ihre Speere, trieben die vom ermüdenden Lauf atemlosen und von Wunden mitgenommenen Atrebaten (ihnen war nämlich dieser Abschnitt zugefallen) schnell von der Höhe in den Fluß, folgten ihnen, als sie versuchten, über diesen zu fliehen, und machten mit dem Schwert einen großen Teil von ihnen, der sich nur schlecht wehren konnte, nie-
2 der; dann gingen sie selbst ohne Zögern über den Fluß, rückten an eine ungünstige Stelle vor, warfen aber die Feinde, die sich
3 nochmals zur Wehr setzten, in einem zweiten Ansturm. Auch an einem anderen Abschnitt schlugen zwei einzelne Legionen, die elfte und achte, die Viromanduer, an die sie geraten waren, aus erhöhter Stellung zurück und fochten mit ihnen unmittelbar am
4 Flußufer. Da jedoch das Lager vorn und auf der linken Seite fast ganz ungedeckt war (auf dem rechten Flügel stand die zwölfte Legion, nicht weit davon die siebte), richteten alle Nervier in dichtem Schwarm unter Führung ihres Oberfeldherrn Boduognatus
5 ihren Ansturm auf diese Stelle; ein Teil von ihnen begann, auf der offenen Flanke die Legionen zu umgehen, der andere, die Höhe des Lagers zu gewinnen.

24

Im gleichen Augenblick wollten sich unsere Reiter und das beigegebene leichte Fußvolk, die, wie berichtet, beim ersten Ansturm der Feinde geschlagen wurden, ins Lager zurückziehen, stießen aber auf die anrückenden Feinde und rissen wieder nach der anderen Seite aus; auch die Troßknechte, die vom rückwärtigen Tor und vom Kamm der Höhe die Unseren als Sieger über den Fluß hatten setzen sehen, schwärmten zum Beutemachen aus; wie sie jedoch sich umsahen und den Feind im eigenen Lager erblickten, stürzten sie Hals über Kopf davon. Zugleich erhob sich beim eben eintreffenden Troß Geschrei und Lärm, und die Leute stürzten in Panik nach allen Seiten auseinander. Dieses ganze Geschehen machte auf die Reiter der Treverer, die bei den Galliern im Ruf ganz besonderer Tapferkeit stehen und die als Hilfstruppe von ihrem Stamm zu Caesar gekommen waren, gewaltigen Eindruck. Als sie nämlich sahen, wie die feindliche Masse unser Lager überschwemmte, die Legionen in Bedrängnis und so gut wie eingekreist waren, die Troßknechte, Reiter, Schleuderer, Numider zerstreut und zersprengt nach allen Richtungen davonstoben, hielten sie uns für rettungslos verloren und ritten nach Hause. Dort meldeten sie ihrem Stamm, die Römer seien völlig geschlagen, Lager und Gepäck in der Hand des Feindes.

25

Caesar eilte gleich nach seiner Ansprache an die zehnte Legion zum rechten Flügel; dort fand er die Seinen in Not, die Feldzeichen an einen Ort zusammengedrängt und die Soldaten der zwölften Legion so eingepfercht, daß sie einander beim Kampf behinderten; alle Zenturionen der vierten Kohorte und der Adlerträger waren tot, das Feldzeichen verloren, fast alle Zenturionen der übrigen Kohorten verwundet oder tot, unter ihnen der rangälteste, Publius Sextius Baculus, ein höchst mutiger Mann, so vielfach und schwer verwundet, daß er nicht mehr aufrecht stehen konnte; die übrigen Soldaten hatten allen Schwung verloren, und einige Versprengte aus dem letzten Glied verließen bereits die Schlacht und gingen vor den Geschossen in Deckung. Die Feinde stürmten unaufhörlich frontal von unten herauf und drängten auf beiden Seiten an. Da Caesar sah, daß die Lage gefährlich und keine Reserve da war, um sie in die Schlacht zu werfen, entriß er einem Soldaten im letzten Glied den Schild, weil er selbst ohne Schild herbeigeeilt war, drang an die Front vor, rief die Zenturionen einzeln beim Namen, feuerte die übrigen Soldaten an und befahl, vorzugehen und die Manipel weiter auseinanderzuziehen,

3 damit man leichter mit dem Schwert fechten konnte. Sein Erscheinen gab den Soldaten wieder Hoffnung und frischen Mut, und da jeder für seine Person auch in größter Gefahr unter den Augen des Feldherrn sein Bestes geben wollte, wurde der feindliche Ansturm nun ein wenig aufgehalten.

26

1 Als Caesar sah, daß auch die daneben stehende siebte Legion vom Feind bedrängt war, befahl er den Kriegstribunen, die Legionen allmählich aneinanderzuschließen und den Feind in zwei Rich-
2 tungen anzugreifen. Da sie sich nun gegenseitig Hilfe brachten und keinen Angriff der Feinde von hinten mehr zu fürchten hatten, leisteten sie entschlossener Widerstand und kämpften mit
3 größerem Mut. Inzwischen kamen die Soldaten der zwei Legionen, die als Nachhut das große Gepäck deckten, auf die Nachricht von dem Überfall im Laufschritt auf den Kamm der Höhe und
4 den Feinden in Sicht; zudem hatte Labienus das Lager der Feinde erobert, sah von oben her die Vorgänge in unserem Lager und
5 schickte den Unseren die zehnte Legion zu Hilfe. Als diese Soldaten an der Flucht der Reiter und Troßknechte sahen, wie schlimm die Sache stand und in welcher Gefahr Lager, Legionen und Feldherr schwebten, eilten sie so rasch wie möglich herbei.

27

1 Ihr Eintreffen änderte die Lage völlig, so daß die Unseren den Kampf erneuerten, selbst die schwer verwundet Daliegenden
2 sich auf ihre Schilde stützten und die Troßknechte, als sie die Feinde voller Bestürzung sahen, sogar ohne Waffen auf Bewaffnete losgingen. Die Reiter warfen sich, um die Schande ihrer Flucht durch Tapferkeit zu tilgen, überall ins Gefecht, um es den
3 Legionssoldaten zuvorzutun. Die Feinde aber bewiesen auch in fast hoffnungsloser Lage solchen Mut, daß die nächsten auf die Leiber ihrer gefallenen Vordermänner traten und von den Lei-
4 chen herab kämpften, und als auch sie gefallen waren und die Leichen sich türmten, die Überlebenden von dort wie von einem Wall ihre Geschosse auf die Unseren warfen und aufgefangene
5 Wurfspieße zurückschleuderten, so daß man das Urteil fällen mußte, daß diese tapferen Menschen nicht unbegründet gewagt hatten, einen so breiten Fluß zu überschreiten, hochragende Ufer zu erklimmen, auf höchst ungünstigem Gelände bergauf anzugreifen, Schwierigkeiten, die ihre Begeisterung mühelos überwunden hatte.

28

Als in diesem Kampf Stamm und Gemeinwesen der Nervier fast völlig aufgerieben waren, glaubten die Älteren, die man, wie berichtet, mit den Kindern und Frauen ins Watt und in Sümpfe verbracht hatte, auf die Kunde von der Schlacht, nichts mehr könne nun die Sieger aufhalten, nichts die Besiegten schützen. So schickten sie nach einstimmigem Beschluß aller Überlebenden Gesandte an Caesar, ergaben sich ihm und erwähnten bei Schilderung des Unglücks ihres Stammes, von 600 seien nur drei Ratsherren, von 60 000 Männern kaum 500 Waffenfähige übriggeblieben. Caesar ließ ihnen volle Schonung angedeihen; man sollte sehen, er habe Mitleid mit Unglücklichen und Bittflehenden gehabt. Er ließ sie auch im Besitz ihres Landes und ihrer Städte und verbot den Nachbarn und deren Abhängigen, sie zu belästigen oder zu mißhandeln.

29

Als die oben erwähnten Atuatuker, die mit gesamter Macht den Nerviern zu Hilfe eilten, von dieser Schlacht erfuhren, kehrten sie mitten auf dem Weg um, gingen in ihr Gebiet zurück, verließen alle Städte und festen Plätze und schafften ihren ganzen Besitz in eine durch ihre Lage hervorragend geschützte Stadt. Der Ort hatte rundum sehr hohe Felswände und gutes Blickfeld nach unten; auf einer Seite blieb ein leicht ansteigender Zugang in einer Breite von höchstens 200 Fuß; diese Stelle hatten sie mit einer sehr hohen Doppelmauer befestigt, dazu schwere Felsstücke und vorn zugespitzte Balken auf die Mauer geschafft. Sie selbst waren Nachkommen der Kimbern und Teutonen, die auf ihrem Zug in unsere Provinz und nach Italien ihr Hab und Gut, das sie nicht mit sich führen oder tragen konnten, diesseits des Rheines in Sicherheit brachten und eine Schutzwache von 6000 Mann dabei zurückließen. Diese hatten sich nach dem Untergang ihrer Stämme viele Jahre lang mit ihren Nachbarn herumgeschlagen, indem sie bald angriffen, bald sich gegen Überfälle verteidigten, und sich bei einem Friedensschluß nach allseitiger Übereinkunft diesen Raum zum Wohnsitz gewählt.

30

Gleich beim Anrücken unseres Heeres unternahmen sie häufig Ausfälle und kämpften in kleinen Gefechten mit unseren Leuten; später, als sie mit einem Ringwall von 15 000 Fuß und vielen Stützpunkten umschlossen waren, blieben sie in der Stadt. Als sie dann sahen, wie Schutzdächer vorgeschoben, der Damm angelegt und weiter weg von ihnen ein Turm gebaut wurde, spotteten sie zuerst von der Mauer herab und verhöhnten uns, weil man dieses große Bauwerk in solcher Entfernung aufrichte. Mit welchen Händen oder Kräften wollten denn Leutchen unserer Größe (denn gewöhnlich machen sich alle die riesigen Gallier über unseren kleinen Wuchs lustig) einen so schweren Turm an die Mauer heranbringen?

31

1 Als sie aber sahen, wie der Turm sich wirklich bewegte und zur Mauer vorrückte, erschreckte sie der nie gesehene und ungewohnte Anblick tief, und sie schickten an Caesar Friedensgesandte, 2 die folgendes vortrugen: Die Römer müßten im Bund mit den Göttern Krieg führen, da sie Bauwerke dieser Höhe so rasch fort- 3 bewegen und damit aus der Nähe kämpfen könnten. Sie gäben 4 sich und ihre gesamte Habe in ihre Gewalt. Nur eines erbäten sie sich dringend aus: Wenn er in seiner Milde und Güte, die sie immer schon von anderen rühmen hörten, beschließe, die Atuatuker 5 zu schonen, möge er ihnen nicht die Waffen nehmen. Fast alle Nachbarn seien ihre Feinde und Neider ihrer Tapferkeit, gegen 6 die sie sich ohne Waffen nicht wehren könnten. Lieber wollten sie, wenn es dahin käme, jedes Schicksal vom römischen Volk erdulden, als sich von jenen qualvoll töten zu lassen, über die sie immer geherrscht hätten.

32

1 Caesars Antwort war: Er wolle ihren Stamm mehr nach seiner Gewohnheit, als weil sie es verdient hätten, schonen, wenn sie sich vor dem ersten Stoß des Sturmbocks an ihre Mauer ergäben; doch nehme er die Ergebung nur unter der Bedingung einer Übergabe 2 der Waffen an. Er wolle aber das gleiche wie bei den Nerviern tun und ihren Nachbarn verbieten, römischen Untertanen ein Un- 3 recht zuzufügen. Auf diesen Bescheid erklärten die Atuatuker, sie 4 wollten seine Befehle vollziehen. Sie warfen eine große Menge Waffen von der Mauer in den Stadtgraben, so daß die Waffenhaufen fast bis zur Höhe von Mauer und Damm reichten, und doch verbargen sie, wie sich später zeigte, etwa noch ein Drittel ihrer Waffen und behielten sie in der Stadt zurück. Sie öffneten ihre Tore und genossen an diesem Tag Frieden.

33

1 Gegen Abend ließ Caesar die Tore schließen und die Soldaten aus der Stadt rufen, damit die Einwohner nicht nachts unter Übergrif-

fen der Soldaten leiden mußten. Die Atuatuker hatten aber, wie man später erfuhr, schon vorher ihren Plan gefaßt. Weil sie glaubten, nach der Übergabe würden wir die Posten einziehen oder wenigstens den Wachdienst nachlässiger durchführen, unternahmen sie mit ganzer Macht in der dritten Nachtwache dort, wo unsere Befestigung am leichtesten ersteigbar schien, plötzlich einen Ausfall aus der Stadt. Teils benützten sie die zurückbehaltenen und versteckten Waffen, teils Schilde aus Rinde oder Flechtwerk, die sie in der knappen Zeit hastig mit Fellen überzogen. Rasch wurde, wie Caesar zuvor schon befohlen hatte, mit Feuerzeichen Alarm gegeben, und aus den nächsten Schanzen eilten Einheiten herbei. Die Feinde kämpften so verbissen, wie tapfere Männer, wenn es ums Ganze geht, an ungünstigem Platz gegen Feinde streiten mußten, die von Wall und Türmen herabschossen; denn allein auf ihrer Tapferkeit beruhte ihre ganze Hoffnung. Nach einem Verlust von etwa 4000 Mann wurde der Rest in die Stadt zurückgetrieben. Am nächsten Tag wurden die Tore aufgebrochen, wobei niemand mehr an Widerstand dachte; dann ließ Caesar unsere Soldaten in die Stadt eindringen und verkaufte die Beute aus dieser Stadt im ganzen. Von den Aufkäufern wurde ihm eine Kopfzahl von 53 000 abgerechnet.

34
Gleichzeitig erhielt er von Publius Crassus, den er mit einer Legion gegen die Veneter, Uneller, Osismer, Koriosoliten, Essuvier, Aulerker, Redonen geschickt hatte (alles Seevölker am Ozean) die Meldung, alle diese Stämme seien nun unter Gewalt und Herrschaft Roms.

35
Als diese glücklichen Unternehmen ganz Gallien zur Ruhe gebracht hatten, war der Eindruck dieses Krieges bei den Barbaren so überwältigend, daß sogar Völker jenseits des Rheins Gesandte an Caesar schickten und versprachen, Geiseln zu stellen und seine Befehle auszuführen. Da Caesar nach Italien und Illyricum eilen mußte, beschied er diese Gesandtschaften zu Beginn des nächsten Sommers wieder zu sich. Er selbst führte die Legionen zu den Karnuten, Anden, Turonern und weiteren Stämmen in der Nachbarschaft des Kriegsschauplatzes in die Winterlager und trat seine Reise nach Italien an.

Für diese Erfolge wurde aufgrund von Caesars Bericht ein Dankfest von fünfzehn Tagen beschlossen, eine Ehrung, die bis dahin noch niemand erfahren hatte.

DRITTES BUCH

1

1 Bei seiner Abreise nach Italien entsandte Caesar Servius Galba mit der zwölften Legion und einem Teil der Reiterei gegen die Nantuaten, Veragrer und Seduner, die vom Gebiet der Allobroger, dem Lemanner See und dem Rhodanus bis zu den Hochalpen wohnen.
2 Grund für diesen Auftrag war die Absicht, den Weg durch die Alpen, den die Kaufleute bisher nur mit großer Gefahr und hohen
3 Wegzöllen benützen konnten, freizumachen. Er gab Galba Vollmacht, wenn es ihm notwendig scheine, seine Legion dort über-
4 wintern zu lassen. Galba bestand eine Anzahl erfolgreicher Gefechte, eroberte mehrere feindliche Stützpunkte, und als man ihm von allen Seiten Gesandte schickte, Geiseln stellte und Frieden machte, beschloß er, zwei Kohorten zu den Nantuaten zu verlegen, selbst aber mit den übrigen Kohorten der Legion in Octodu-
5 rus, einem Dorf der Veragrer, zu überwintern. Dieser Flecken liegt am Rande einer nicht sehr großen Talebene und wird rings-
6 um von hohen Bergen eingeschlossen. Weil ein Fluß das Dorf in zwei Hälften teilt, beließ er den einen Teil der Siedlung den Galliern zum Überwintern, ließ den anderen von diesen räumen und wies ihn seinen Kohorten zu. Diesen Platz schützte er mit Wall und Graben.

2

1 Als schon mehrere Tage im Winterlager vergangen waren und Galba Getreide dorthin schaffen ließ, erfuhr er plötzlich durch Kundschafter, daß alle Gallier aus der ihnen eingeräumten Hälfte des Dorfes in der Nacht verschwunden und die hohen Berge ringsum von einer Unmasse Seduner und Veragrer besetzt seien.
2 Die Gallier hatten sich aus mehreren Gründen plötzlich entschlossen, den Krieg zu erneuern und die Legion zu überfallen:
3 erstens, weil sie die eine Legion, die durch Abordnung zweier Kohorten und mehrerer Soldaten (einzeln zur Beschaffung von Nachschub abgeschickt) nicht ihre Sollstärke besaß, wegen ihrer
4 Schwäche nicht ernst nahmen; zweitens auch, weil sie wegen der Ungunst des Geländes meinten, man könne nicht einmal ihren ersten Ansturm aushalten, wenn sie von den Bergen ins Tal stürm-
5 ten und ihre Geschosse schleuderten. Hinzu kam der Groll über die Wegnahme ihrer Kinder als Geiseln und die Überzeugung, die Römer wollten die Alpenhöhen nicht nur wegen des Durchzuges, sondern zu dauerndem Besitz erobern und die ganze Gegend der benachbarten Provinz zuschlagen.

3

Auf diese Meldung hin berief Galba rasch den Kriegsrat. Weder waren nämlich die Winterquartiere noch die Verschanzungen fertiggestellt noch genügend Vorsorge für Getreide und sonstigen Nachschub getroffen, da er nach der Kapitulation und der Auslieferung der Geiseln keine Feindseligkeiten mehr befürchtet hatte. Dann begann er die Ansichten zu erfragen. Da eine so große Gefahr plötzlich und unvermutet eingetreten war und man fast alle Höhen massenhaft von Bewaffneten besetzt sah, auch weder Hilfe noch auf den versperrten Straßen Nachschub erhalten konnte, verzweifelte man fast schon an der Rettung. Mehrere stimmten dafür, das Gepäck im Stich zu lassen, einen Ausfall zu unternehmen und sich auf dem gleichen Weg durchzuschlagen, auf dem man hergekommen war. Die Mehrheit jedoch war dafür, diese Maßregel für den äußersten Fall aufzusparen, vorerst den Gang der Dinge abzuwarten und das Lager zu verteidigen.

4

Nach einer kurzen Spanne, die gerade ausreichte, das Beschlossene anzuordnen und auszuführen, rannten die Feinde auf ein Zeichen hin überall herunter und warfen Steine und Gere gegen den Wall. Unsere Männer hielten anfangs bei noch frischer Kraft tapfer stand, warfen von der Höhe des Walles kein Geschoß, das nicht traf, und wo ein Teil des Lagers ohne Verteidiger und in Bedrängnis schien, stürzten sie hin und brachten Hilfe; doch waren sie dadurch im Nachteil, daß Feinde, die vom langen Kampf ermüdet waren, das Gefecht verließen und andere mit frischer Kraft nachrückten; die Unseren konnten bei ihrer geringen Zahl nichts dergleichen tun, und so durfte kein Ermüdeter den Kampf verlassen, ja nicht einmal ein Verwundeter konnte seinen Posten räumen und zurückgehen.

5

Als der Kampf schon über sechs Stunden ohne Unterbrechung andauerte, den Unseren nicht nur die Kraft, sondern auch die Geschosse ausgingen, die Feinde immer schärfer anstürmten und bei starker Erschöpfung unserer Männer den Palisadenwall abzureißen und die Gräben auszufüllen begannen, stand die Sache schon auf Messers Schneide. Da rannte Publius Sextius Baculus, der ranghöchste Zenturio (in der Nervierschlacht, wie berichtet, mehrfach verwundet) und mit ihm der Kriegstribun Gaius Volusenus, ein Mann von großer Umsicht und Tapferkeit, zu Galba

und stellten ihm vor, es gebe nur mehr eine Hoffnung auf Rettung,
3 nämlich als das äußerste Mittel einen Ausfall zu versuchen. Also
ruft er die Zenturionen zusammen und läßt die Soldaten rasch anweisen, das Gefecht ein wenig zu unterbrechen, sich nur gegen die
Geschosse zu decken und von der Anstrengung zu erholen; dann
sollten sie auf sein Zeichen aus dem Lager vorbrechen und alle
Rettung von ihrer Tapferkeit erwarten.

6

1 Die Soldaten führen den Befehl aus und lassen bei ihrem plötzlichen Ausfall aus allen Toren dem Feind keine Zeit zu erkennen,
2 was vorgeht, oder sich zu sammeln. So ändert sich das Glück, sie
kesseln die Feinde ein, die schon hofften, das Lager zu erobern,
und machen von mehr als 30 000 Barbaren – so viele waren, wie
feststeht, zum Lager gekommen – mehr als ein Drittel nieder, jagen die übrigen in panische Flucht und lassen sie nicht einmal auf
3 den Höhen haltmachen. Als so die ganze feindliche Truppe geschlagen und entwaffnet war, zogen sich unsere Leute in die Befe-
4 stigung zurück. Weil Galba nach dieser Schlacht das Glück nicht
nochmals versuchen wollte und bedachte, daß er ganz andere Verhältnisse vorfand, als er beim Zug ins Winterlager erwartet hatte,
ließ er am nächsten Tag alle Gebäude des Dorfes anzünden und
trat, namentlich aus Mangel an Getreide und Nachschub, den
5 Rückmarsch in die Provinz an. Er führte seine Legion, ohne daß
ihn ein Feind hinderte oder den Weg versperrte, wohlbehalten zu
den Nantuaten und von dort zu den Allobrogern, wo er Winterquartier bezog.

7

1 Caesar durfte nach seinem Erfolg mit gutem Grund glauben, Gallien sei befriedet, da die Belger besiegt, die Germanen vertrieben,
die Seduner in den Alpen geschlagen waren; er war mit Einbruch
des Winters nach Illyricum gereist, um auch dort Land und Leute
näher kennenzulernen. Da brach plötzlich Krieg in Gallien aus.
2 Der Anlaß dazu war folgender: Der junge Publius Crassus lag mit
der siebten Legion nahe am Ozean beim Stamm der Anden im
3 Winterlager. Da dort Mangel an Getreide herrschte, hatte er mehrere Präfekten und Militärtribunen zu den Nachbarstämmen ge-
4 schickt, um Getreide und Nachschub zu besorgen, unter ihnen
Titus Terrasidius zu den Unellern und Esuviern, Marcus Trebius
Gallus zu den Koriosoliten und Quintus Velanius mit Titus Sillius zu den Venetern.

8

Die Veneter besitzen an der ganzen Meeresküste den allergrößten Einfluß, weil sie sehr viele Schiffe haben, mit denen sie regelmäßig nach Britannien fahren und zudem die übrigen an Kenntnis und Erfahrung im Seewesen übertreffen; da sie zudem die wenigen Häfen an jener stürmischen und offenen Küste besitzen, sind ihnen fast alle dortigen Seefahrer zollpflichtig. Die Veneter nun gaben mit der Festnahme der Gesandten, des Sillius, Velanius und wen sie sonst fassen konnten, das Signal, weil sie hofften, sie gegen ihre eigenen, dem Crassus gestellten Geiseln auszutauschen. Diesem Anstoß folgten mit der üblichen Eile und Überstürzung gallischer Entschlüsse ihre Nachbarn und hielten in gleicher Absicht Trebius und Terrasidius fest. Dann schickten sie rasch Boten aus und verschworen sich durch ihre führenden Männer, in allem gemeinschaftlich zu handeln und alle Folgen dieses Schrittes zu tragen. Auch riefen sie die übrigen Stämme auf, lieber die ererbte Freiheit zu behaupten und sich gegen das römische Joch zu wehren. Als sie die ganze Meeresküste rasch gewonnen hatten, schickten sie gemeinsam eine Gesandtschaft an Publius Crassus mit dem Verlangen, wenn er seine Leute wiederhaben wolle, ihnen ihre Geiseln zurückzuschicken.

9

Caesar erhielt durch Crassus Meldung von diesen Vorgängen und ließ, da er noch zu weit entfernt war, vorerst Kriegsschiffe auf dem Fluß Liger bauen, der in den Ozean mündet, Ruderer aus der Provinz aufbringen und Matrosen und Steuerleute anheuern. Nach rascher Durchführung dieser Vorbereitungen eilte er selbst, sobald es die Jahreszeit zuließ, zur Armee. Als die Veneter und übrigen Stämme hörten, Caesar sei da, und zugleich begriffen, welchen Frevel sie begangen hatten, als sie Gesandte, deren Name bei allen Völkern seit jeher als heilig und unverletzlich gilt, festnahmen und in Ketten legten, begannen sie, angesichts der großen Gefahr zum Krieg zu rüsten und namentlich allen Flottenbedarf zu beschaffen. Dabei war ihre Zuversicht um so größer, als sie sich auf die Natur ihrer Küstengegend verließen. Denn sie wußten, die Marschwege seien durch Buchten durchschnitten und die Navigation sei schwierig, da uns die Küsten unbekannt und die Zahl der Häfen gering war; sie rechneten auch bestimmt damit, unsere Streitkräfte könnten sich aus Getreidemangel nicht lange bei ihnen halten; und sollte auch alles ganz anders kommen, so bliebe ihnen immer noch die Überlegenheit ihrer Flotte, während die Römer keine Möglichkeit hätten, an Schiffe zu kommen, und von der Ge-

gend, wo sie Krieg führen müßten, von den Sandbänken, Häfen,
7 Inseln keine Ahnung besäßen; auch wußten sie wohl, daß Seefahrt
auf einem Binnenmeer und auf dem unendlichen Ozean himmel-
8 weit verschieden sind. Nach diesem Plan befestigen sie ihre Städte,
9 bringen Getreide vom Land herein und ziehen an der venetischen
Küste, wo Caesar jedenfalls den Feldzug eröffnen würde, mög-
10 lichst viele Schiffe zusammen. Als Bundesgenossen für diesen
Krieg gewannen sie die Osismer, Lexovier, Namneten, Ambiliater, Moriner, Diablinten und Menapier; auch holten sie Hilfsvölker vom gegenüberliegenden Britannien herüber.

10

1 Zwar lagen die eben geschilderten Schwierigkeiten der Kriegs-
führung vor, doch trieben Caesar viele Gründe zu diesem Krieg:
2 die unberechtigte Festnahme römischer Ritter, der Aufstand nach
Kapitulation, der Abfall trotz Stellung von Geiseln, die Verschwörung so vieler Stämme und besonders die Erwägung, wenn
er hier Nachsicht übe, würden alle anderen Völkerschaften glau-
3 ben, sie könnten es ebenso treiben. Weil er also wußte, daß fast alle Gallier rebellisch sind, leicht und rasch zu den Waffen greifen
und alle Menschen von Natur aus die Freiheit lieben und Sklaverei hassen, hielt er es für richtig, ehe noch mehr Stämme der Verschwörung beiträten, sein Heer zu teilen und weiter auseinanderzuziehen.

11

1 Also schickte er den Legaten Titus Labienus mit Reiterei zu den
2 Treverern, die unmittelbar am Rhein wohnen. Er gab ihm Auftrag, die Remer und die übrigen Belger aufzusuchen, sie im Zaum
zu halten und die Germanen, die angeblich von den Galliern zu
Hilfe gerufen waren, zurückzuwerfen, falls sie mit Gewalt auf
3 Schiffen über den Fluß gehen wollten. Publius Crassus befahl er,
mit zwölf Legionskohorten und einer großen Zahl Reiter nach
Aquitanien zu gehen, um die Entsendung von Hilfstruppen aus
diesen Völkerschaften nach Gallien und die Verbindung so großer
4 Völker zu verhindern. Den Legaten Quintus Titurius Sabinus
beorderte er mit drei Legionen zu den Unellern, Koriosoliten und
5 Lexoviern, um deren Vereinigung zu unterbinden. Dem jungen
Decimus Brutus übertrug er die Führung der Flotte und der gallischen Schiffe, die er von den Piktonen, Santonern und anderen be-
friedeten Gebieten aufgeboten hatte, und befahl ihm, möglichst
schnell gegen die Veneter auszulaufen. Er selbst marschierte dorthin mit Fußtruppen.

12

Die Städte der Veneter lagen zumeist am Ende kleiner Landzungen und Vorgebirge und konnten weder zu Fuß erreicht werden, wenn die Flut vom offenen Meer herankam, was bei ihnen zweimal täglich alle zwölf Stunden geschieht, noch mit Schiffen, weil diese bei wieder eintretender Ebbe auf den Untiefen Schaden litten. Beide Hindernisse erschwerten die Belagerung der Städte. Und wenn das Meer durch einen mächtigen Damm ausgesperrt war, der bis zu ihrer Mauerhöhe anstieg, und sie wirklich einmal durch das riesige Belagerungswerk den Mut verloren und an ihrer Rettung verzweifelten, so fuhr eine große Menge von Schiffen, die sie in Überfülle besaßen, heran; dann verluden sie ihr ganzes Hab und Gut und zogen sich in die nächsten Städte zurück; dort verteidigten sie sich aufs neue durch dieselben Vorteile der Lage. Dieses Spiel trieben sie einen großen Teil des Sommers hindurch um so leichter, als Stürme unsere Schiffe behinderten und sich die Schiffahrt auf dem weiten offenen Meer bei den mächtigen Gezeiten und dem fast völligen Mangel an Häfen als sehr schwierig erwies.

13

Die gegnerischen Schiffe hatten nämlich folgende Bauart und Ausrüstung: Die Kiele waren erheblich flacher als bei unseren Schiffen, um bei Untiefen und Ebbe fahren zu können; Bug und Heck sehr hochragend, hohem Wellengang und Stürmen angepaßt; die Schiffe ganz aus Eichenholz, um aller Gewalt und jedem Anprall zu trotzen; die Querbalken aus fußdicken Kanthölzern, befestigt mit Eisennägeln von Daumendicke; die Anker hingen nicht an Tauen, sondern an Ketten; statt der Segel haben sie Felle und dünn gegerbte Häute, entweder aus Mangel an Leinen und Unkenntnis seines Gebrauches oder, was wahrscheinlicher ist, in der Meinung, Leinensegel könnten den schweren Stürmen des Ozeans und den mächtigen Windböen nicht standhalten und seien zur Lenkung so schwerer Schiffe ungeeignet. Zusammenstöße mit diesen Schiffen verliefen für unsere Flotte so, daß sie nur durch Schnelligkeit und Ruderkraft überlegen war, alle sonstigen Vorteile aber wegen der Meeresverhältnisse und der Macht der Stürme ganz auf seiten der Gegner lagen. Denn unsere Schiffe konnten ihnen weder mit dem Rammsporn schaden – dafür waren sie zu fest gebaut –, noch konnte man sie wegen ihrer Höhe wirksam beschießen; aus dem gleichen Grund konnte man sie mit Enterhaken nur schlecht festhalten. Wenn sie erst noch vor dem Wind lagen, hielten ihre Schiffe einen Sturm leichter aus, liefen ohne Gefahr über Untiefen und hatten bei Ebbe Felsen und Riffe nicht zu fürchten; vor all diesen Gefahren mußte man bei unseren Schiffen sehr auf der Hut sein.

14

1 Als Caesar mehrere Städte erobert hatte, jedoch einsehen mußte, man nehme so große Mühe ohne Erfolg auf sich, die Flucht der Feinde sei auch bei Einnahme ihrer Städte nicht zu verhindern und man könne ihnen nichts anhaben, beschloß er, auf die Flotte 2 zu warten. Sobald die Flotte eintraf und dem Feind in Sicht kam, liefen etwa 220 ihrer Schiffe, kampfbereit und hervorragend ausgerüstet, aus dem Hafen, nahmen den unseren gegenüber Aufstellung, 3 und weder Brutus, der Befehlshaber unserer Flotte, noch die Militärtribunen und Zenturionen, die auf den einzelnen Schiffen kommandierten, wußten so recht, was sie tun oder welche Taktik 4 sie anwenden sollten. Daß man den Schiffen nämlich mit dem Rammsporn nichts anhaben konnte, wußten sie schon; stellte man aber Türme auf, so waren die Hecks der Barbarenschiffe immer noch höher, so daß es beim Beschuß von unten keine rechten Erfolge gab, wogegen die Geschosse der Gallier um so verheerender 5 wirkten. Ein einziges Mittel, das unsere Leute vorbereitet hatten, leistete gute Dienste, nämlich messerscharfe Sicheln, in lange Stangen eingelassen und daran befestigt, etwa Mauersicheln ähn6 lich. Wenn man damit die Taue faßte, mit denen die Segelstangen an den Mastbäumen befestigt waren, und dann anzog, rissen diese 7 durch den Ruderdruck des Schiffes. Natürlich stürzten dann die Rahen herab, und da der ganze Vorteil der gallischen Schiffe auf Segeln und Takelwerk beruht, verloren die Fahrzeuge bei deren 8 Verlust augenblicklich ihre Manövrierfähigkeit. Der weitere Erfolg hing von der Tapferkeit ab, in der unsere Männer weit überlegen waren, um so mehr, als der Kampf vor Caesars und des gesamten Heeres Augen stattfand, so daß keine auch nur etwas herausragende 9 Waffentat verborgen blieb. Denn alle Hügel und Höhen, von denen man auf die nahe See hinabsah, hatte unser Heer besetzt.

15

1 Nachdem, wie berichtet, die Rahen herabgerissen waren und um jedes Schiff zwei oder drei unserer Einheiten lagen, enterten die 2 Soldaten mit Ungestüm die feindlichen Schiffe. Als die Barbaren dies sahen und mehrere Schiffe verloren hatten, ohne ein Gegen3 mittel zu finden, suchten sie sich fliehend zu retten. Doch als ihre Schiffe schon in den Wind gedreht waren, fiel plötzlich eine solche

Windstille und Flaute ein, daß sie nicht von der Stelle konnten. Dieser Umstand kam uns bei der Durchführung des Unternehmens sehr zustatten, holten doch unsere Leute ein Schiff nach dem anderen ein und eroberten es, so daß sich nur ganz wenige von der gesamten Flottenmannschaft der Feinde bei Einbruch der Nacht an Land retten konnten; der Kampf dauerte etwa von der vierten Stunde bis Sonnenuntergang.

16
Mit dieser Schlacht fand der Krieg mit den Venetern und den Stämmen der ganzen Meeresküste sein siegreiches Ende. Denn ihre ganze junge Mannschaft, aber auch alle älteren Leute, die ein wenig Einsicht und Ansehen besaßen, waren hier versammelt. Besonders aber hatten sie auch alle Schiffe, die es irgend gab, hierhin geholt. Nach ihrem Verlust hatten die übrigen keine Möglichkeit mehr, sich zurückzuziehen oder die Städte zu verteidigen. So ergaben sie sich mit all ihrer Habe Caesar auf Gnade und Ungnade. Caesar glaubte, sie strenger bestrafen zu müssen, damit die Barbaren in Zukunft das Gesandtenrecht sorgsamer achteten. Daher ließ er den ganzen Ältestenrat hinrichten und die übrigen als Sklaven verkaufen.

17
Während dieser Kämpfe bei den Venetern kam Quintus Titurius Sabinus mit den ihm von Caesar unterstellten Truppen im Gebiet der Uneller an. Deren Häuptling war Viridovix, zugleich Anführer aller abgefallenen Stämme, aus denen er ein richtiges Heer und weitere große Verbände aufgestellt hatte; eben in den letzten Tagen hatten die Aulerker, Eburoviken und Lexovier ihren Rat getötet, weil er dem Krieg nicht zustimmen wollte, ihre Tore verschlossen und sich mit Viridovix vereinigt. Auch war aus ganz Gallien eine große Menge verkommener Menschen und Räuber zusammengeströmt, durch Beutegier und Kriegslust vom Feldbau und der täglichen Arbeit weggelockt. Sabinus blieb an einem in jeder Hinsicht geeigneten Ort im Lager, während Viridovix ihm gegenüber im Abstand von nur zwei Meilen Stellung bezog, täglich seine Truppen herausführte und die Schlacht anbot, so daß Sabinus schon nicht nur von den Feinden verachtet, sondern auch von den eigenen Leuten ziemlich heruntergerissen wurde; ja, er erweckte den Eindruck solcher Furcht, daß die Feinde schon wagten, an unseren Lagerwall heranzukommen. Dies aber war seine Absicht, denn er meinte, mit einer solchen Überzahl von Feinden, zumal in Abwesenheit des Oberfeldherrn, als Legat nur dann

kämpfen zu dürfen, wenn das Gelände günstig oder die Umstände besonders vorteilhaft wären.

18

1 Als er nun diesen Eindruck von Furchtsamkeit verbreitet hatte, suchte er sich aus den gallischen Hilfstruppen einen anstelligen
2 und schlauen Burschen aus. Diesen gewann er mit großen Belohnungen und Versprechungen dafür, zu den Feinden überzulaufen,
3 und erklärte ihm, was er tun solle. Der Mensch kam als Überläufer zu den Galliern, schilderte ihnen die Furcht der Römer, erzählte von den Schwierigkeiten Caesars bei den Venetern und gab
4 vor, Sabinus werde spätestens in der kommenden Nacht heimlich
5 abziehen und Caesar zu Hilfe eilen. Als sie dies hörten, schrieen alle, man dürfe sich eine so gute Gelegenheit nicht entgehen lassen
6 und müsse das Lager angreifen. Viele Gründe trieben die Gallier zu diesem Entschluß: das Zögern des Sabinus in den letzten Tagen, die bestimmte Mitteilung des Überläufers, ihr Mangel an Verpflegung, für die sie nicht gehörig gesorgt hatten, die Hoffnung, die die Kriegführung der Veneter erweckte, und schließlich
7 der Umstand, daß man immer gern glaubt, was man wünscht. Dadurch verführt, entließen sie Viridovix und die übrigen Führer erst aus dem Kriegsrat, als sie erlaubt hatten, die Waffen zu ergreifen
8 fen und auf unser Lager loszugehen. Nach diesem Zugeständnis sammelten sie in bester Stimmung, als sei der Sieg schon sicher, Reisig und Buschwerk, um damit die Gräben der Römer aufzufüllen, und zogen vor das Lager.

19

1 Unser Lager stand auf einer Anhöhe, die etwa tausend Schritte weit allmählich von unten anstieg. Diese stürmten sie in vollem Lauf hinauf, um den Römern möglichst wenig Zeit zu lassen, sich zu sammeln und zu bewaffnen, und so kamen sie völlig atemlos
2 an. Sabinus feuerte seine Truppe an und gab ihr, die schon voll Kampflust war, das Zeichen zur Schlacht. Während die Feinde durch die Lasten, die sie schleppten, noch behindert waren, be-
3 fiehlt er plötzlich einen Ausfall aus zwei Lagertoren. Das günstige Gelände, Ungeschick und Erschöpfung der Feinde, die Tapferkeit unserer Soldaten und ihre Übung aus früheren Kämpfen bewirkten, daß die Gallier nicht einmal dem ersten Ansturm unserer Männer standhielten, sondern sich sofort zur Flucht wand-
4 ten. Unsere Soldaten mit ihren frischen Kräften holten die Erschöpften ein und erschlugen eine große Anzahl von ihnen; den Rest verfolgten die Reiter, und es blieben nur wenige übrig, de-

nen die Flucht gelang. So erfuhren gleichzeitig Sabinus von der Seeschlacht und Caesar vom Sieg des Sabinus, und alle Stämme ergaben sich sofort Titurius. Denn die Gallier sind zwar leidenschaftlich und mutig, wenn sie einen Krieg anfangen, doch ebenso nachgiebig und ohne Kraft zum Widerstand nach Niederlagen.

20

Etwa gleichzeitig war Publius Crassus in Aquitanien eingetroffen, das, wie eingangs gesagt, nach Ausdehnung und Bevölkerung als ein Drittel Galliens gelten darf. Er wußte, er habe an einem Schauplatz Krieg zu führen, wo vor wenigen Jahren das Heer des Legaten Lucius Valerius Praeconinus geschlagen und dieser selbst getötet wurde und aus dem der Prokonsul Lucius Manlius unter Verlust seines Trosses fliehen mußte; so war ihm klar, daß hier größte Vorsicht nötig sei. Daher sorgte er für Nachschub an Getreide, bot Fußvolk und Reiterei auf, berief zudem viele tapfere Veteranen aus Tolosa, Carcaso und Narbo, angrenzenden Städten der Provinz Gallien, namentlich zu sich und führte sein Heer ins Land der Sotiaten; auf die Nachricht von seinem Anmarsch zogen die Sotiaten starke Verbände zusammen, griffen mit der Reiterei, ihrer stärksten Waffe, unser Heer auf dem Marsch an und lieferten zunächst ein Reitertreffen, führten jedoch, als ihre Reiter geschlagen waren und die Unseren nachsetzten, plötzlich ihre Fußtruppen heraus, die in einem Tal im Hinterhalt lagen. Diese griffen unsere Reiter an, die sich zerstreut hatten, und der Kampf begann von neuem.

21

Man kämpfte lange und heiß, da die Sotiaten im Bewußtsein ihrer früheren Siege meinten, die Rettung ganz Aquitaniens hänge von ihrer Tapferkeit ab. Die Unseren dagegen wollten beweisen, was sie ohne ihren Feldherrn und die übrigen Legionen unter einem so jungen Anführer zu leisten vermöchten. Schließlich wandten sich die Feinde, erschöpft von Wunden, zur Flucht. Weil eine große Anzahl von ihnen gefallen war, griff Crassus vom Marsch aus die Stadt der Sotiaten an. Da sich diese tapfer wehrten, ließ er Schutzdächer und Türme heranbringen. Die Feinde versuchten es bald mit einem Ausfall, bald mit Stollen, die sie zu unserem Damm und den Schutzdächern vorantrieben (darin besitzen die Aquitanier ausgezeichnete Erfahrung, weil sie vielerorts Kupferbergbau treiben), doch als sie die Wachsamkeit unserer Männer davon überzeugte, daß sie damit nichts ausrichten könnten, schickten sie

Gesandte an Crassus und baten, er möge ihre Unterwerfung annehmen. Crassus ging darauf ein und befahl ihnen, die Waffen auszuliefern, was sie auch taten.

22

1 Während unser ganzes Heer seine Aufmerksamkeit auf diesen Vorgang richtete, versuchte in einem anderen Teil der Stadt der Oberfeldherr Adiatuanus einen Ausfall mit 600 auf Leben und 2 Tod verschworenen Männern, die sie ‚Soldurier' nennen; diese haben folgendes Verhältnis: Sie genießen alle Freuden des Lebens mit den Männern, denen sie sich als Freunde geweiht haben; im Fall ihres gewaltsamen Todes jedoch teilen sie auch dieses Los mit 3 ihnen oder nehmen sich selbst das Leben. Seit Menschengedenken fand sich niemand, der sich nach dem Tod seines eidlich erkore- 4 nen Freundes zu sterben geweigert hätte. Mit diesen also versuchte Adiatuanus einen Ausfall. Doch erhob sich Geschrei an dieser Stelle der Befestigung, die Soldaten eilten zu den Waffen, und Adiatuanus wurde nach heftigem Kampf in die Stadt zurückgeschlagen, erreichte jedoch von Crassus, daß er sich unter den bisherigen Bedingungen ergeben durfte.

23

1 Nach Empfang der Waffen und Geiseln rückte Crassus ins Gebiet 2 der Vokaten und Tarusaten vor. Jetzt aber wurden die Barbaren unruhig, die erfahren hatten, daß er eine Stadt, die durch Lage und Befestigung geschützt war, wenige Tage nach seinem Eintreffen erobert hatte, schickten Gesandte nach allen Seiten, verschworen 3 sich, tauschten Geiseln und stellten Streitkräfte auf. Man schickte sogar zu den Stämmen, die im diesseitigen Spanien an Aquitanien 4 grenzen, und holte von dort Hilfstruppen und Führer. Nach deren Eintreffen begannen sie den Krieg mit starkem Nachdruck 5 und einer großen Menschenmasse. Als Führer wurden aber die Menschen gewählt, die all die Jahre mit Quintus Sertorius zusam- 6 mengewesen waren und als höchst erfahrene Soldaten galten. Diese begannen, ganz nach römischem Kriegsbrauch, geeignete Plätze zu besetzen, feste Lager anzulegen und den Unseren die Zufuhr 7 abzuschneiden. Crassus erkannte nun, daß er seine Streitkräfte wegen ihrer geringen Zahl nur schwer aufteilen konnte, der Feind dagegen herumstreifte, die Straßen versperrte und dabei im Lager ausreichenden Schutz zurückließ; er sah auch, daß dadurch seine Versorgung mit Getreide und Nachschubgütern immer schwieriger wurde, ja, daß sich der Feind von Tag zu Tag verstärkte. So glaubte er, nicht zögern zu dürfen, eine Hauptschlacht zu wagen.

Als sein Vorschlag im Kriegsrat allgemeine Zustimmung fand, bestimmte er den folgenden Tag für die Schlacht.

24

Bei Tagesanbruch führte er sein ganzes Heer heraus und stellte es in zwei Treffen auf, wobei er die Hilfstruppen in die Mitte nahm; so wartete er ab, wozu sich die Feinde entschlössen. Wenn diese auch wegen ihrer Übermacht, ihres alten Kriegsruhmes und unserer Schwäche den Sieg für sicher hielten, meinten sie dennoch, es sei noch sicherer, durch Blockade der Verbindungswege unseren Nachschub zu unterbinden und so ohne Verluste den Sieg zu gewinnen; auch wollten sie die Römer angreifen, wenn diese aus Getreidemangel den Rückzug antraten, auf dem Marsch behindert und durch die Last des Gepäcks ohne rechten Kampfgeist wären. Dieser Plan fand die Billigung aller Anführer, und so blieben sie trotz des Aufmarsches der römischen Truppen ruhig im Lager. Als Crassus ihr Vorhaben durchschaute und der Feind durch Zaudern und scheinbare Furcht unsere Soldaten noch kampflustiger gemacht hatte und alles schrie, man dürfe nicht mehr länger zögern, das Lager der Feinde anzugreifen, feuerte er seine Leute an und ging unter allgemeiner Begeisterung zum feindlichen Lager vor.

25

Während dort die einen die Gräben ausfüllten, andere durch einen Hagel von Geschossen die Verteidiger von Wall und Schanzen trieben, auch die Hilfstruppen, deren Kampfwert Crassus nicht sehr hoch einschätzte, Steine und Geschosse für den Kampf nachreichten, Rasenstücke zu einem Damm herbeitrugen und so den Anschein von Kämpfern erweckten, während ebenso die Feinde hartnäckig und mutig fochten und ihre Geschosse vom Wall herab ihre Wirkung taten, umgingen die Reiter das feindliche Lager und meldeten Crassus, beim Hintertor sei das Lager weniger gründlich angelegt und biete leichten Zugang.

26

Crassus forderte die Reiterführer auf, ihre Leute durch das Versprechen hoher Belohnungen anzuspornen, und gab ihnen Anweisungen, was sie zu tun hätten. Jene holten nach seinem Befehl die Kohorten, die zum Schutz des Lagers zurückgelassen und noch frisch bei Kräften waren, heraus und nahmen einen ziemlich weiten Umweg, um vom feindlichen Lager nicht gesehen zu werden; während nun aller Augen und Aufmerksamkeit auf den

Kampf gerichtet waren, kamen sie rasch zu den erwähnten Befestigungen, rissen sie ein und standen eher im Lager der Feinde, als diese sie richtig sehen oder erkennen konnten, was vorging. Als aber das Geschrei von dort ertönte, begannen die Unseren mit erneuter Kraft und, wie zumeist, wenn der Sieg winkt, heftiger anzugreifen. Die Feinde wurden eingekesselt, gaben alles verloren, wollten über die Wälle hinabspringen und sich durch Flucht retten. Doch holte sie die Reiterei auf dem völlig offenen Feld ein und ließ von den 50 000, die, wie man wußte, aus Aquitanien und Kantabrien zusammengekommen waren, kaum den vierten Teil am Leben und kehrte erst tief in der Nacht ins Lager zurück.

27

1 Auf die Nachricht von dieser Schlacht ergab sich der größte Teil Aquitaniens Crassus und schickte freiwillig Geiseln. Zu diesen Völkern gehörten die Tarbeller, Bigerrionen, Ptianier, Vokaten, Tarusaten, Elusaten, Gaten, Ausker, Garunner, Sibulaten, Kokosaten. 2 Nur wenige entlegene Stämme unterließen es im Vertrauen auf die Jahreszeit, weil der Winter vor der Tür stand.

28

1 Etwa zur gleichen Zeit führte Caesar, wenn auch der Sommer schon fast vorüber war, sein Heer doch zu den Morinern und Menapiern, die nach der Unterwerfung von ganz Gallien als einzige noch unter Waffen standen und ihm noch nie Friedensgesandte geschickt hatten. Er meinte, dieser Krieg lasse sich rasch beendigen. Doch führten diese Stämme den Krieg mit ganz anderer 2 Taktik als die übrigen Gallier. Weil sie nämlich sahen, daß sogar die größten Völker in offener Feldschlacht geschlagen und überwunden waren, sie aber zusammenhängende Wälder und Sümpfe hatten, zogen sie sich mit ihrer ganzen Habe dorthin 3 zurück. Als Caesar an den Rand dieser Wälder kam und die Befestigung des Lagers begonnen hatte, ohne daß sich bis dahin ein Feind sehen ließ, und die Unseren bei der Arbeit zerstreut waren, flogen sie plötzlich an allen Seiten des Waldes hervor und überfielen 4 unsere Leute. Die Männer griffen rasch zu den Waffen und trieben den Feind in die Wälder zurück. Sie machten mehrere nieder, verfolgten die anderen an schwer zugänglichen Stellen, verloren dabei jedoch einige Leute.

29

1 An allen folgenden Tagen ließ Caesar Waldstücke niederhauen, und damit nicht unsere Soldaten waffenlos und unversehens ei-

nem Flankenangriff ausgesetzt wären, ließ er alle gefällten Bäume mit der Krone zum Feind hin aufstapeln und so auf beiden Seiten Verhaue bilden. In wenigen Tagen hatte man mit unglaublicher Schnelligkeit einen großen Teil des Waldes gefällt, und schon waren das Vieh und die hintersten Gepäckwagen der Feinde in unserer Hand, während diese sich ins dichtere Gehölz zurückzogen. Doch kam so schlimmes Wetter auf, daß man, der Not gehorchend, mit der Arbeit aufhören mußte und bei den anhaltenden Regenfällen die Soldaten nicht mehr länger unter Fellzelten lagern lassen konnte. So ließ Caesar alle Felder verwüsten und die Dörfer und Gehöfte anzünden; dann führte er das Heer zurück und legte es in Winterquartiere zu den Aulerkern und Lexoviern sowie zu den übrigen Stämmen, die eben noch Krieg geführt hatten.

VIERTES BUCH

1

1 Im folgenden Winter, im Konsulatsjahr des Gnaeus Pompeius und Marcus Crassus, überschritten die germanischen Usipeter und ebenso die Tenktherer in großer Masse den Rhein, nicht weit 2 von seiner Einmündung ins Meer. Der Grund für ihren Übergang war, daß sie von den Sueben seit mehreren Jahren bedrängt, angegriffen und am Feldbau gehindert wurden.
3 Die Sueben sind der weitaus größte und streitbarste Stamm al-4 ler Germanen. Sie sollen hundert Gaue haben, aus denen sie jährlich je tausend Bewaffnete zu Kriegszügen über ihre Grenze 5 schicken. Der Rest, der im Lande bleibt, ernährt sich und die Fortgeschickten. Im nächsten Jahr stehen dann diese unter Waffen, 6 während die anderen zu Hause bleiben. So verlernen sie weder 7 den Feldbau noch Kenntnis und Übung im Kriegführen. Eigentlichen Privatbesitz an Feldern gibt es aber bei ihnen nicht, und es 8 darf auch niemand länger als ein Jahr dasselbe Feld bebauen. Sie leben auch weniger von Getreide als hauptsächlich von Milch und 9 Fleisch und sind leidenschaftliche Jäger. Diese Lebensweise mit ihrer Art der Ernährung, der täglichen Übung und dem freien Leben (sie werden von Jugend an weder an Zucht noch Zwang gewöhnt und tun nichts gegen ihren Willen) macht sie stark und un-10 geheuer groß. Auch sind sie gewohnt, selbst in ihrem kalten Klima als Kleidung nur Felle zu tragen, die so kurz sind, daß der größte Teil des Körpers unbedeckt bleibt, und in Flüssen zu baden.

2

1 Kaufleute lassen sie mehr deshalb herein, um Abnehmer für ihre 2 Kriegsbeute zu haben, als um etwas einführen zu lassen. Selbst Pferde, an denen die Gallier so viel Freude haben und die sie teuer bezahlen, lassen die Germanen nicht einführen, sondern gewöhnen ihre einheimischen kleinen und unansehnlichen Tiere 3 durch tägliche Übung an höchste Ausdauer. Bei Reiterschlachten springen sie oft vom Pferd, kämpfen zu Fuß, gewöhnen die Pferde daran, nicht wegzulaufen, und ziehen sich, wenn es nötig 4 wird, rasch zu ihnen zurück. Nach ihrer Sitte ist nichts schimpf-5 licher und unmännlicher, als einen Sattel zu benützen. Daher wagen sie, auch wenn sie noch so wenige sind, jede Anzahl von 6 Reitern auf Sätteln anzugreifen. Wein lassen sie überhaupt nicht herein, weil sie glauben, dieser mache die Menschen schlaff und kraftlos.

3

Sie halten es für den größten Ruhm eines Volkes, wenn dessen Flur möglichst weit von Einöden umgeben ist; dies sei Beweis dafür, daß eine Vielzahl von Stämmen ihrer Macht nicht gewachsen sei. So sollen auf der einen Seite des Suebenlandes etwa 600 Meilen weit Felder unbebaut liegen. Auf der anderen Seite sind die Ubier ihre Nachbarn, früher ein für germanische Begriffe großer und blühender Stamm. Diese Ubier sind etwas kultivierter als andere Germanen, weil sie am Rhein wohnen, häufig Kaufleute bei sich haben und durch die Nachbarschaft gallische Sitten annahmen. Die Sueben konnten diesen großen und mächtigen Stamm, obschon sie es in vielen Kriegen oft versuchten, nicht aus seinem Land vertreiben, doch machten sie ihn zinspflichtig und minderten seine Macht bedeutend.

4

Ebenso stand es mit den erwähnten Usipetern und Tenktherern; diese hielten mehrere Jahre dem Druck der Sueben stand, wurden aber endlich aus ihrem Land vertrieben, zogen drei Jahre lang hier und dort in Germanien herum und kamen schließlich zum Rhein in die Gegend, wo die Menapier wohnten und auf beiden Ufern des Flusses Felder, Höfe und Dörfer hatten. Die Menapier würden aber durch den Anmarsch einer solchen Menge erschreckt, verließen ihre rechtsrheinischen Gehöfte, stellten Wachen diesseits des Rheines auf und hinderten die Germanen immer wieder am Übergang. Diese versuchten zwar alles mögliche, doch da sie aus Mangel an Schiffen den Übergang nicht mit Gewalt schafften und wegen der menapischen Posten auch nicht heimlich hinüberkamen, gingen sie zum Schein in ihre Wohnsitze und ihr Gebiet zurück, kehrten nach dreitägigem Marsch wieder um, legten die ganze Strecke mit ihrer Reiterei in einer Nacht zurück und überfielen die völlig ahnungslosen Menapier, die ohne Furcht über den Rhein in ihre Dörfer zurückgekehrt waren, nachdem ihre Kundschafter den Abzug der Germanen festgestellt hatten. Die Germanen töteten sie, nahmen ihre Schiffe, und bevor die Menapier links des Rheines etwas davon erfuhren, setzten sie über den Fluß, nahmen alle ihre Gebäude in Besitz und lebten den Rest des Winters von Vorräten der Menapier.

5

Auf die Nachricht von diesen Vorgängen war Caesar in Sorge wegen der Unzuverlässigkeit der Gallier, die rasche Entschlüsse fassen und immer wieder zu Umsturz neigen; er glaubte daher, nichts

2 ihren Entschlüssen überlassen zu dürfen. Es ist nämlich gallische Gewohnheit, Wanderer auch gegen ihren Willen anzuhalten und zu fragen, was ein jeder über dieses und jenes von anderen gehört oder gesehen habe. In den Städten umringt das Volk die Kaufleute und zwingt sie zu berichten, woher sie kommen und was sie
3 dort gesehen haben. Aufgrund solcher Kunde vom Hörensagen fassen sie oft über die wichtigsten Dinge Beschlüsse, die sie natürlich sogleich bereuen müssen, da sie nach ungewissen Gerüchten handeln und ihnen die meisten den gewünschten Bären aufbinden.

6

1 Da Caesar diese Gewohnheit kannte, ging er früher als gewohnt zur Armee, um in keinen schwereren Krieg verwickelt zu werden.
2 Bei seiner Ankunft fand er seinen Verdacht bestätigt: Einige Stäm-
3 me hatten Gesandte zu den Germanen geschickt und sie eingeladen, vom Rhein aus vorzurücken; sie würden alles, was sie forder-
4 ten, bereitstellen. Diese Aussicht verführte die Germanen dazu, ihre Streifzüge auszudehnen, und sie waren schon ins Land der Eburonen und Kondruser vorgedrungen, die von den Treverern
5 abhängig sind. Caesar berief die führenden Männer Galliens, hielt es jedoch für besser, sein Wissen zurückzuhalten, sprach ihnen freundlich zu und machte Mut, ließ sich Reiterei stellen und gab seinen Entschluß bekannt, die Germanen anzugreifen.

7

1 Als die Versorgung mit Getreide geregelt und Reiter gemustert
2 waren, zog er in den Raum, wo die Germanen stehen sollten. Als er von diesen nur mehr wenige Tagemärsche entfernt war, kamen
3 Gesandte von ihnen mit folgender Botschaft: Die Germanen würden zwar Feindseligkeiten gegen das römische Volk nicht eröffnen, scheuten aber auch den Kampf nicht, wenn man sie herausfordere; sei es doch von den Vätern ererbter Brauch der Germanen, jedem zu widerstehen, der sie angreife, und nicht um Gnade
4 zu flehen. Soviel jedoch wollten sie sagen: Sie seien nicht freiwillig hierhergekommen, sondern aus ihrer Heimat vertrieben; wollten die Römer mit ihnen auskommen, könnten sie ihnen nützliche Freunde sein; sie möchten ihnen Felder zuweisen oder die Flur
5 lassen, die sie mit Waffen erobert hätten; sie wichen allein den Sueben, denen nicht einmal die unsterblichen Götter gewachsen seien; sonst aber gebe es niemanden auf Erden, den sie nicht schlagen könnten.

8

Caesar erwiderte darauf, was ihm angemessen schien; dabei lief seine Rede auf folgendes hinaus: Er könne ihr Freund nicht sein, wenn sie in Gallien blieben; es sei auch nicht in Ordnung, daß ein Stamm, der sein eigenes Land nicht schützen konnte, eine fremde Flur besetze; auch gebe es in Gallien kein Land, das man zumal einer solchen Masse ohne Schädigung anderer zuteilen könne; doch dürften sie, wenn sie es wünschten, sich im Land der Ubier ansiedeln, deren Gesandte bei ihm seien, wegen der Übergriffe der Sueben klagten und seine Hilfe erbäten; er wolle dies bei den Ubiern erwirken.

9

Die Gesandten erklärten, sie wollten seinen Bescheid ihrem Stamm überbringen und nach gründlicher Beratung in drei Tagen zu Caesar zurückkehren. In der Zwischenzeit, so verlangten sie, solle er mit dem Heer nicht weiter gegen sie vorrücken. Caesar erklärte, auch das könne er nicht zugestehen, wußte er doch, daß sie einige Tage vorher den Großteil ihrer Reiterei zum Plündern und Getreideholen zu den Ambivariten über die Maas geschickt hatten; er glaubte, sie warteten nur auf diese Abteilung und wünschten deswegen Aufschub.

10

Die Maas entspringt im Vogesengebirge im Land der Lingonen, nimmt später einen Arm des Rheins auf, den Vacalus, bildet so die Bataverinsel und mündet nicht mehr als 80 Meilen vom Ozean entfernt in den Rhein. Der Rhein aber entspringt bei den Lepontiern, einem Alpenvolk, und fließt auf seinem langen Lauf rasch durch das Gebiet der Nantuaten, Helvetier, Sequaner, Mediomatriker, Triboker, Treverer, teilt sich nicht weit vom Ozean in mehrere Arme und bildet viele riesige Inseln, auf denen großenteils wilde, barbarische Völker wohnen (manche davon sollen nur von Fischen und Vogeleiern leben), und fließt dann in vielen Armen in den Ozean.

11

Als Caesar vom Feind nur noch 12 Meilen entfernt war, kamen die Gesandten, wie vereinbart, zu ihm zurück. Sie trafen ihn auf dem Marsch an und baten dringend, nicht mehr weiter vorzurücken. Als er ihnen dies abschlug, verlangten sie, er solle zu den Reitern der Vorhut Boten senden und ihnen alle Feindseligkeiten untersagen, ihnen selbst aber ermöglichen, Gesandte zu den Ubiern zu

3 schicken. Wenn deren Führer und Rat sich eidlich verpflichteten, wollten sie Caesars Vorschlag annehmen; zu alledem solle er ih-
4 nen drei Tage Zeit lassen. Caesar glaubte zwar, dieses ziele alles darauf ab, daß in den drei Tagen ihre abwesenden Reiter zurückkehrten; doch versprach er, an diesem Tag nur noch vier Meilen
5 vorzurücken, um Wasser zu haben; dort sollten sie sich am nächsten Tag möglichst zahlreich einfinden, damit er über ihr Verlan-
6 gen endgültig entscheiden könne. Inzwischen schickte er zu den Präfekten, die mit der ganzen Reiterei als Vorhut vorauszogen, Boten mit der Anordnung, die Feinde nicht anzugreifen, im Fall eines Angriffes aber standzuhalten, bis er selbst mit der Hauptmacht herangekommen sei.

12

1 Sobald jedoch die Feinde unsere Reiter in ihrer Stärke von 5000 Mann erblickten, überfielen sie, obschon sie selbst nur 800 hatten (die Reiter, die jenseits der Maas Getreide holten, waren noch nicht wieder zurück), unsere Leute. Diese hatten nichts gefürchtet, weil die germanischen Gesandten Caesar eben erst verlassen hatten und für diesen Tag nach deren Wunsch Waffenstillstand
2 herrschte. So warfen die Feinde rasch die Unseren. Als diese aber erneut Widerstand leisteten, sprangen sie, wie gewohnt, ab, stachen die Pferde der Unseren von unten in den Bauch, brachten mehrere unserer Leute zu Fall, warfen den Rest in die Flucht und jagten die Erschreckten so vor sich her, daß sie erst zu fliehen auf-
3 hörten, als unsere Hauptmacht in Sicht kam. In diesem Kampf fie-
4 len vierundsiebzig unserer Reiter, darunter ein sehr tapferer Mann, der Aquitaner Piso, Sproß einer hochangesehenen Familie, dessen Großvater König über sein Volk gewesen war und den Titel
5 ‚Freund‘ von unserem Senat erhalten hatte. Piso eilte seinem vom Feind umringten Bruder zu Hilfe und rettete ihn zwar, stürzte jedoch von seinem verwundeten Tier und wehrte sich, solange er konnte, auf das tapferste; als er aber, umzingelt und mit Wunden
6 bedeckt, zusammenbrach und dies sein Bruder, der dem Kampfgetümmel schon entronnen war, von weitem sah, spornte er sein Pferd, stürzte sich auf die Feinde und fand gleichfalls den Tod.

13

1 Nach diesem Überfall glaubte Caesar, er dürfe nun nicht mehr Gesandte anhören oder Vorschläge annehmen von Leuten, die voller List und Tücke Frieden erbeten und dann ohne Grund die
2 Feindseligkeiten eröffnet hatten; abzuwarten aber, bis das feindliche Heer sich verstärkte und die Reiterei zurückkehrte, hielt er für

geradezu verrückt, und da er den Wankelmut der Gallier kannte, sah er deutlich, wieviel Achtung der Feind bei diesen schon durch das eine Gefecht erworben hatte. Er durfte ihnen, das sah er deutlich, keine Zeit mehr lassen, Pläne zu schmieden. Als er zu dieser Überzeugung gekommen war und den Legaten und dem Quästor seinen Entschluß mitgeteilt hatte, mit der Schlacht keinen Tag länger zu warten, traf es sich sehr glücklich, daß am nächsten Morgen mit derselben Hinterhältigkeit und Heuchelei die Germanen in großer Zahl mit allen Führern und Ältesten an der Spitze zu ihm ins Lager kamen, um, wie es hieß, sich zu rechtfertigen, daß sie gegen Abrede und eigenes Gesuch am Vortag angegriffen hätten, zugleich aber auch, um womöglich durch Lug und Trug Waffenstillstand zu erreichen. Caesar war hoch erfreut, sie in die Hand zu bekommen, befahl, sie festzuhalten, und führte das ganze Heer aus dem Lager, ließ aber die Reiterei die Nachhut bilden, weil er annahm, sie sei durch die gestrige Niederlage demoralisiert.

14

Er stellte sein Heer in drei Linien auf, legte rasch einen Weg von acht Meilen zurück und stand vor dem feindlichen Lager, bevor die Germanen merken konnten, was vor sich ging. Sie wurden nun plötzlich aus aller Fassung gebracht, und weil ihnen durch unseren schnellen Anmarsch und die Entfernung der Ihrigen keine Zeit blieb, sich zu beraten oder die Waffen zu ergreifen, wußten sie in der Bestürzung nicht, was besser sei: das Heer gegen den Feind zu führen, das Lager zu verteidigen oder sich fliehend zu retten. Da sich ihre Angst durch Lärm und Herumlaufen verriet, brachen unsere Soldaten, erbittert über den Treuebruch vom Vortag, in ihr Lager ein. Wer sich noch rasch bewaffnen konnte, leistete den Unseren eine Zeitlang Widerstand und kämpfte zwischen Karren und Gepäck. Der übrige Haufen jedoch, besonders Kinder und Frauen (denn sie waren mit all den Ihrigen ausgewandert und über den Rhein gegangen), begann nach allen Seiten zu fliehen. Zu ihrer Verfolgung schickte Caesar die Reiterei aus.

15

Die Germanen, die das Geschrei in ihrem Rücken hörten und sahen, wie die Ihren fielen, warfen die Waffen weg, ließen die Feldzeichen im Stich und stürzten aus dem Lager. Als sie zur Mündung der Maas in den Rhein gelangten, mußten sie jedoch verzweifelt die Flucht aufgeben. Eine große Zahl von ihnen wurde niedergehauen, der Rest stürzte sich in den Fluß und ging dort zugrunde, von Angst, Entkräftung und der reißenden Strömung er-

3 schöpft. Die Unseren kehrten ohne einen Mann Verlust bei nur ganz wenigen Verwundeten aus einem so schrecklichen Krieg (die
4 Zahl der Feinde betrug 430000) ins Lager zurück. Caesar gewähr-
5 te den im Lager festgehaltenen Germanen freien Abzug. Diese fürchteten jedoch, von den Galliern, deren Land sie verheert hatten, grausam getötet zu werden, und erklärten, sie wollten bei ihm bleiben. Caesar ließ ihnen darin freie Entscheidung.

16

1 Am Ende des Germanenkrieges entschloß sich Caesar aus vielen Gründen, den Rhein zu überschreiten. Der Hauptgrund war sein Wunsch, auch die Germanen, die, wie er sah, sich so leicht verleiten ließen, in Gallien einzufallen, sollten um ihre Habe bangen müssen, wenn sie sähen, das Heer des römischen Volkes habe
2 Macht und Mut genug, über den Rhein zu gehen. Hinzu kam folgendes: Der Teil der Reiterei der Usipeter und Tenktherer, der, wie berichtet, zum Plündern und Getreideholen die Maas überschritt und nicht an der Schlacht teilnahm, hatte sich nach der Flucht seiner Landsleute über den Rhein ins Land der Sugambrer
3 zurückgezogen und sich mit diesen vereinigt. Als Caesar zu diesen Gesandte schickte mit der Forderung, man solle ihm diese Leute ausliefern, die ihn und Gallien angegriffen hätten, gaben sie zur Antwort: Roms Herrschaft finde am Rhein ihre Grenze;
4 wenn er es als untragbar ansehe, daß Germanen gegen seinen Willen nach Gallien hinüberkämen, weshalb er dann irgendeine Be-
5 fehls- oder Amtsgewalt jenseits des Rheines beanspruche? Auch baten die Ubier, die als einziges rechtsrheinisches Volk Gesandte an Caesar geschickt, Freundschaft geschlossen und Geiseln gestellt hatten, dringend um Hilfe gegen die Sueben, die sie hart be-
6 drängten; wenn ihn Staatsgeschäfte hinderten, solle er wenigstens sein Heer über den Rhein schicken; dies genüge ihnen als Hilfe
7 und Trost für die Zukunft. So groß nämlich seien Ruhm und Ansehen seines Heeres nach dem Sieg über Ariovist und der letzten Schlacht sogar bei den fernsten Völkerschaften der Germanen, daß sie schon durch den Ruf ihrer Freundschaft zum römischen
8 Volk sicher sein könnten. Sie sagten auch zu, eine große Zahl von Schiffen zu stellen, um das Heer überzusetzen.

17

1 Caesar war aus den erwähnten Gründen entschlossen, über den Rhein zu gehen, doch meinte er, ein Übergang mit Schiffen biete weder genügend Sicherheit noch sei er mit seiner und des römi-
2 schen Volkes Würde vereinbar. Wenn sich also ein Brückenschlag

wegen Breite, reißender Strömung und Tiefe des Flusses auch als äußerst schwierig erwies, meinte er doch, er müsse ihn versuchen oder das Heer anders überhaupt nicht über den Fluß setzen. Die Brücke baute er in folgender neuer Art: Er ließ immer ein Paar Jochpfähle von eineinhalb Fuß Dicke, unten etwas zugespitzt und in der Länge der Flußtiefe angepaßt, in einem Abstand von zwei Fuß miteinander verbinden. Diese wurden mit Hilfe von schrägen Schienen heruntergelassen, im Flußbett festgemacht und eingerammt, jedoch nicht senkrecht wie Jochpfähle, sondern schräg wie Dachsparren, und zwar flußabwärts geneigt. Jedem dieser Paare gegenüber wurde ein gleiches, auf dieselbe Weise verbundenes Paar in einem Abstand von 40 Fuß flußabwärts eingerammt, das sich gegen den mächtigen Strömungsdruck stemmte. Diese Doppelpfähle wurden mit einem Querbalken von zwei Fuß Dicke verbunden, der von oben zwischen die beiden Pfähle eines jeden Paares (ihr Abstand betrug je zwei Fuß) eingelassen wurde und durch zwei Bolzen an jedem Ende die Pfahlpaare auseinanderhielt. Indem so die Pfahlpaare durch die Querbalken auseinandergehalten und gegen eine Bewegung nach beiden Richtungen gesichert waren, erhielt der ganze Bau von Natur eine solche Festigkeit, daß er desto besser zusammenhielt, je heftiger der Strom anprallte. Die fertigen Joche wurden durch Streckbalken verbunden und diese mit Stangen und Flechtwerk bedeckt. Zudem wurden stromabwärts weitere Pfähle schräg eingetrieben, die wie Mauerbrecher die Jochpfähle stützten und, mit dem ganzen Bau verbunden, den Wasserdruck auffingen. Auch oberhalb der Brücke wurden in einiger Entfernung weitere Pfähle eingetrieben, um den Anprall von Baumstämmen oder Schiffen, die etwa die Barbaren zur Zerstörung der Brücke abwärts treiben ließen, zu mildern und die Brücke zu sichern.

18

Zehn Tage, nachdem man begonnen hatte, das Holz heranzuschaffen, war der ganze Bau vollendet, und das Heer rückte hinüber. Caesar hinterließ an jedem Brückenkopf eine starke Sicherungstruppe und zog dann ins Gebiet der Sugambrer. Auf dem Marsch kamen von mehreren Stämmen Gesandte zu ihm, die Frieden und Freundschaft erbaten. Er antwortete freundlich und ließ sich Geiseln stellen. Die Sugambrer aber hatten sich gleich bei Beginn des Brückenbaues fluchtbereit gemacht und auf die Mahnung jener Tenktherer und Usipeter, die bei ihnen waren, ihr Land verlassen, alle Habe mitgenommen und sich in einsamen Wäldern versteckt.

19

1 Caesar blieb einige Tage in ihrem Land, ließ alle ihre Dörfer und Gehöfte niederbrennen und das Getreide abmähen, ging dann ins Gebiet der Ubier zurück, versprach ihnen seine Hilfe, falls die
2 Sueben sie angreifen sollten, und erfuhr folgendes von ihnen: Als die Sueben durch Kundschafter vom Bau der Brücke erfuhren, hielten sie nach ihrem Brauch eine Versammlung ab und schickten überall hin Boten: Man solle die Siedlungen verlassen, die Kinder, Frauen und allen Besitz in den Wäldern bergen und alle Wehr-
3 fähigen an einem Punkt sammeln; als Standort habe man etwa die Mitte des ganzen Suebenlandes gewählt. Hier wollten sie den Anmarsch der Römer erwarten und seien zum Kampf entschlossen.
4 Dies wurde Caesar berichtet; da jedoch alles erreicht war, wozu er mit dem Heer über den Rhein gegangen war, nämlich: den Germanen Furcht einzujagen, an den Sugambrern Rache zu nehmen, die Ubier aus ihrer Bedrängnis zu befreien, glaubte er, nach einem Aufenthalt von achtzehn Tagen jenseits des Rheines für Ansehen und Vorteil des römischen Volkes genug erreicht zu haben. Er ging nach Gallien zurück und ließ die Brücke abreißen.

20

1 Wenn auch der Sommer bald zu Ende ging und in ganz Gallien wegen seiner nördlichen Lage der Winter früher einfällt, wollte Caesar doch noch nach Britannien gehen, weil er wußte, daß in fast allen gallischen Kriegen unsere Feinde von dort Hilfe erhalten
2 hatten; und sollte auch die Jahreszeit für einen Feldzug nicht ausreichen, hielt er es doch für sehr nützlich, auf der Insel zu landen, ihre Bewohner selbst kennenzulernen, das Land und größere Hä-
3 fen und Landungsplätze zu erkunden. Von alledem wußten die Gallier fast nichts; denn außer Kaufleuten geht niemand ohne zwingenden Grund hinüber, und selbst diese kennen nur die See-
4 küste und die Gegend unmittelbar gegenüber von Gallien. Wenn er daher auch von allen Seiten Kaufleute zu sich entbot, konnte er doch nicht erfahren, wie groß die Insel sei, welche oder wie große Stämme sie bewohnten, welche Kriegführung und welche Einrichtungen sie hätten, ja nicht einmal, welche Häfen eine Flotte von Kriegsschiffen aufnehmen könnten.

21

1 Um all dies vor Beginn der gefährlichen Unternehmung zu erkunden, schickte er Gaius Volusenus, den er für geeignet hielt, mit
2 einem Kriegsschiff voraus. Er trug ihm auf, nach Erkundung aller
3 Umstände möglichst rasch zu ihm zurückzukehren. Er selbst zog

mit dem ganzen Heer zu den Morinern, weil von dort die Überfahrt nach Britannien am kürzesten ist. Dort ließ er die Schiffe der ganzen Nachbarschaft und die im letzten Sommer zum Krieg gegen die Veneter gebaute Flotte sammeln. Da inzwischen sein Plan bekannt und den Britanniern durch Kaufleute hinterbracht war, kamen von mehreren Stämmen der Insel Gesandte mit dem Erbieten zu ihm, Geiseln zu stellen und dem Befehl des römischen Volkes zu gehorchen. Caesar hörte sie an, gab ihnen freundliche Zusicherungen, forderte sie auf, bei dieser Gesinnung zu bleiben, entließ sie wieder nach Hause und gab ihnen Commius mit, den er selbst nach dem Sieg über die Atrebaten bei diesen zum König gemacht hatte, dessen Mut und Einsicht er schätzte, den er für treu ergeben hielt und der in dieser Gegend sehr angesehen war. Er trug ihm auf, möglichst viele Stämme zu besuchen und sie aufzufordern, sich freiwillig unter den Schutz des römischen Volkes zu stellen, und Caesars baldiges Erscheinen anzukündigen. Volusenus erkundete die dortigen Küsten, soweit ihm dies möglich war, da er nicht wagte, das Schiff zu verlassen und sich so den Barbaren auszuliefern; er kehrte nach vier Tagen zu Caesar zurück und meldete ihm das Ergebnis seiner Erkundung.

22

Während sich Caesar dort aufhielt, um die Flotte auszurüsten, stellten sich Gesandte eines großen Teiles der Moriner bei ihm ein, um sich für ihr früheres Verhalten zu entschuldigen, da sie als rohe und mit unserem Brauch nicht vertraute Wilde Krieg gegen das römische Volk geführt hätten; auch sollten sie für die Zukunft Gehorsam versprechen. Caesar hielt dies für ein günstiges Ereignis, da er weder einen Feind im Rücken hinterlassen wollte noch wegen der fortgeschrittenen Jahreszeit Krieg führen konnte; er hielt auch so untergeordnete Dinge nicht für wichtiger als das Unternehmen Britannien. Er forderte daher eine große Anzahl Geiseln von ihnen. Als diese beigebracht waren, nahm er sie in seinen Schutz auf. Als etwa 80 Lastschiffe aufgetrieben und so nach seiner Ansicht genug Schiffe für den Transport von zwei Legionen vereinigt waren, teilte er die zusätzlichen Kriegsschiffe dem Quästor, den Legaten und Präfekten zu. Dazu kamen noch 18 Lastschiffe, die acht Meilen vom Sammelplatz entfernt durch Sturm gehindert waren, denselben Hafen anzulaufen; diese bestimmte er für die Reiter. Das übrige Heer übergab er den Legaten Quintus Titurius Sabinus und Lucius Aurunculeius Cotta, um es gegen die Menapier und die Gaue der Moriner zu führen, die ihm keine Gesandten geschickt hatten; der Legat Publius Sulpicius Rufus sollte mit einer ausreichend erscheinenden Besatzung den Hafen sichern.

23

1 Als er nach diesen Anordnungen brauchbares Fahrtwetter bekommen hatte, segelte er um die dritte Nachtwache ab und befahl den Reitern, zu dem mehr nördlich gelegenen Hafen zu ziehen, an
2 Bord zu gehen und nachzukommen. Während diese ziemlich langsam zu Werke gingen, kam er selbst um die vierte Tagesstunde mit den ersten Schiffen in die nächste Nähe von Britannien und sah dort auf allen Anhöhen feindliche Streitkräfte bewaffnet auf-
3 gestellt. Das Meer bildete dort eine Bucht, die von Bergen so eng eingeschlossen war, daß man den Strand von oben herab be-
4 schießen konnte. Da Caesar diese Stelle als völlig ungeeignet für eine Landung ansah, blieb er bis zur neunten Stunde vor Anker
5 liegen und wartete, bis die übrigen Schiffe dort eintrafen. Inzwischen rief er die Legaten und Militärtribunen zu sich, gab ihnen den Bericht des Volusenus und seinen Plan bekannt und schärfte ihnen ein, alle Befehle auf den ersten Wink und auf das pünktlichste zu vollziehen, wie es im Krieg und besonders im Seekrieg not-
6 wendig sei, wo es rasch und wechselhaft zugehe. Als er sie entlassen hatte und gleichzeitig Wind und Flut günstig waren, gab er das Zeichen, lichtete die Anker, fuhr etwa sieben Meilen von der ersten Stelle weiter und ließ die Schiffe an offenem und flachem Strand ankern.

24

1 Die Barbaren erkannten jedoch die Absicht der Römer, schickten ihre Reiter und die Streitwagen, ihre Hauptwaffe bei Gefechten, voraus, folgten mit dem Rest ihrer Streitmacht und wollten die
2 Ausschiffung der Unseren verhindern. Die Lage wurde deshalb äußerst schwierig, weil die Schiffe wegen ihrer Größe nur im tiefen Wasser ankern konnten; die Soldaten aber mußten an unbekanntem Strand, an den Händen behindert, unter der großen, drückenden Last der Waffen zugleich von den Schiffen springen,
3 im Wasser Fuß fassen und mit den Feinden kämpfen. Diese standen auf dem Trockenen oder waren ein wenig ins Wasser vorgerückt, am ganzen Körper frei und wohlvertraut mit dem Strand; sie schleuderten kühn ihre Geschosse und trieben ihre wohlabge-
4 richteten Pferde heran. Dies alles verwirrte unsere Soldaten, und weil sie diese Art von Krieg noch nie erlebt hatten, kämpften sie nicht mit demselben Feuer und gleicher Kampfeslust wie sonst bei Gefechten zu Lande.

25

Als Caesar dies sah, ließ er die Kriegsschiffe, deren Anblick den Barbaren ungewohnt und die auch leichter zu manövrieren waren, ein wenig von den Lastschiffen abziehen, rasch vorwärts rudern, an der offenen Flanke des Gegners Aufstellung nehmen und von dort aus mit Schleudern, Pfeilen, Geschützen die Feinde zurücktreiben und abdrängen. Dieses Manöver half den Unseren sehr. Die Barbaren erschraken nämlich durch den Anblick der Schiffe, den Schlag der Ruder und die ungewohnte Waffe der Geschütze, machten halt und wichen ein klein wenig zurück. Als jedoch unsere Männer noch zauderten, besonders wegen der Tiefe des Wassers, beschwor der Adlerträger der zehnten Legion die Götter, sein Handeln möge der Legion Glück bringen, und rief: „Hinab ins Wasser, Kameraden, wenn ihr nicht den Adler dem Feind ausliefern wollt! Ich wenigstens will meine Pflicht gegenüber Staat und Feldherrn getan haben." So rief er laut, sprang vom Schiff und ging mit dem Adler auf den Feind los. Da forderten die Unseren einander auf, eine solche Schande nicht zuzulassen, und sprangen geschlossen vom Schiff herab. Als die Leute auf den nächsten Schiffen sie sahen, folgten sie und rückten gegen den Feind vor.

26

Beide Seiten kämpften heftig. Allerdings gerieten die Unseren in große Verwirrung, da sie weder Reihe und Glied halten noch festen Fuß fassen noch ihren Feldzeichen folgen konnten, vielmehr jeder, wie er vom Schiff herunter war, dem ersten besten Feldzeichen folgte. Sobald aber die Feinde, die alle Untiefen kannten, vom Strand aus einzelne Soldaten aus dem Schiff steigen sahen, die noch nicht kampfbereit waren, griffen sie diese im Galopp an, umringten auch kleine Gruppen mit Übermacht; andere beschossen unsere ganze Linie auf der offenen Flanke. Als Caesar dies merkte, ließ er die Beiboote der Kriegsschiffe und die Aufklärungsschiffe bemannen und schickte allen Verstärkung, die er in Bedrängnis sah. Sobald aber unsere Leute erst einmal auf dem Trockenen standen und die ganzen Einheiten sich gesammelt hatten, gingen sie geordnet gegen den Feind vor und schlugen ihn in die Flucht; doch konnten sie ihm nicht auf dem Fuß folgen, weil die Reiter ihren Kurs nicht gehalten und die Insel nicht erreicht hatten. Dies allein fehlte Caesar zu seinem bewährten Glück.

27

1 Sobald sich die geschlagenen Feinde von der Flucht erholt hatten, schickten sie gleich Gesandte mit der Bitte um Frieden an Caesar und versprachen, Geiseln zu stellen und seine Befehle zu erfüllen.
2 Zusammen mit ihnen erschien der Atrebate Commius, den Cae-
3 sar, wie oben gesagt, nach Britannien vorausgeschickt hatte. Ihn hatten sie, als er aus dem Schiff stieg, um ihnen als Gesandter Caesars Aufträge zu überbringen, festgenommen und in Fesseln ge-
4 legt; nun, nach der Niederlage, ließen sie ihn frei, schoben bei ihrer Friedensbitte die Schuld für dieses Vergehen auf die Menge,
5 wegen deren Unwissenheit sie um Vergebung baten. Caesar hielt ihnen vor, daß sie freiwillig Gesandte nach dem Festland geschickt und Frieden von ihm erbeten, ihn nun aber grundlos angegriffen hätten; er erklärte jedoch, er vergebe ihrer Unwissenheit,
6 und befahl, Geiseln zu stellen. Einen Teil davon stellten sie sofort; den Rest, der von weiter her kommen müsse, versprachen sie in
7 wenigen Tagen zu bringen. Unterdessen schickten sie ihre Leute auf die Felder zurück; ihre führenden Männer fanden sich von allen Seiten ein und empfahlen Caesar sich und ihre Stämme.

28

1 So war schon Frieden geschlossen, als drei Tage nach Caesars An-
2 kunft in Britannien die 18 erwähnten Schiffe mit den Reitern an Bord bei sanfter Brise aus dem nördlichen Hafen ausliefen. Als sie sich Britannien näherten und vom Lager aus zu sehen waren, brach plötzlich ein solcher Sturm los, daß kein Schiff Kurs halten konnte, sondern die einen zum Heimathafen zurückliefen, die anderen am unteren Westteil der Insel unter großer Gefahr antrie-
3 ben. Obschon sie vor Anker gingen, schlugen sie voll Wasser, mußten in die Nacht hinein auf hohe See hinausfahren und das Festland ansteuern.

29

1 In eben dieser Nacht trat Vollmond ein, der am Ozean regelmäßig
2 Springfluten bringt, was unsere Leute freilich nicht wußten. So schlugen gleichzeitig die Kriegsschiffe, mit denen Caesar das Heer übergesetzt und die er aufs Trockene hatte ziehen lassen, voll Wasser, und der Sturm beschädigte die vor Anker liegenden Lastschiffe, wobei die Unseren außerstande waren, etwas dagegen
3 zu tun oder Abhilfe zu schaffen. Da nun mehrere Schiffe zerschellt und die übrigen durch den Verlust von Tauwerk, Ankern und sonstiger Ausrüstung seeuntüchtig waren, ergriff, wie natür-
4 lich, das ganze Heer große Niedergeschlagenheit. Es gab ja keine

anderen Schiffe zur Rückkehr, es fehlte an allem Notwendigen zur Reparatur der Fahrzeuge, und weil es für alle eine ausgemachte Sache war, daß man in Gallien überwintern müsse, war hier auch kein Getreide für den Winter eingelagert.

30

Als die britannischen Führer, die nach der Schlacht zu Caesar kamen, unsere Lage erkannten, besprachen sie sich, und weil sie sahen, daß den Römern Reiter, Schiffe und Getreide fehlten, auch die geringe Anzahl der Soldaten aus dem kleinen Umfang des Lagers erschlossen (das Lager war auch deshalb noch kleiner als üblich, weil Caesar die Legionen ohne Gepäck übergesetzt hatte), hielten sie es für das beste, sich zu erheben, die Unseren vom Nachschub abzuschneiden und die Blockade in den Winter fortzusetzen; glaubten sie doch fest, niemand mehr werde nach Britannien übersetzen, um es anzugreifen, wenn sie diesen Gegner besiegt oder seine Rückkehr verhindert hätten. Also verschworen sie sich aufs neue, schlichen nach und nach aus dem Lager und holten ihre Leute heimlich von den Feldern zurück.

31

Zwar wußte Caesar noch nichts Sicheres über ihre Pläne, doch erwartete er bei dem Unfall seiner Schiffe und dem Ausbleiben der Geiseln gerade das, was dann wirklich geschah. So traf er für alle Fälle Vorkehrungen. Täglich brachte er Getreide von den Feldern ins Lager, besserte mit Holz und Beschlägen der am schlimmsten beschädigten Schiffe die übrigen aus und ließ etwa fehlendes Material dazu vom Festland herüberschaffen. Da die Soldaten mit höchstem Eifer arbeiteten, gelang es ihm, bei einem Verlust von zwölf Schiffen die übrigen wieder voll seetüchtig zu machen.

32

Während dieser Arbeiten war, wie üblich, eine Legion zum Getreideholen geschickt, nämlich die siebte; noch lag ja kein Verdacht auf neue Feindseligkeiten vor, da ein Teil der Britannier auf den Feldern blieb, ein anderer Teil sogar im Lager aus- und einging. Doch meldeten die Wachen vor den Lagertoren Caesar, in der Richtung, nach der die Legion marschiert sei, zeige sich eine ungewöhnlich große Staubwolke. Caesar ahnte den Sachverhalt, den Ausbruch des Barbarenaufstandes, und nahm die Wachkohorten mit sich nach dieser Gegend; von den übrigen sollten zwei Kohorten statt ihrer aufziehen, die restlichen vier sich bewaffnen

3 und ihm eiligst folgen. In ziemlicher Entfernung vom Lager fand er seine Soldaten vom Feind bedrängt; sie hielten nur mit Mühe stand, und auf die zusammengedrängte Legion ging von allen Sei-
4 ten ein Geschoßhagel nieder. Weil nämlich sonst überall das Getreide abgemäht und nur mehr ein Feld übrig war, hatten sich die Feinde in der Voraussicht, unsere Leute würden dorthin kom-
5 men, nachts in den Wäldern versteckt. Als nun die Soldaten die Waffen abgelegt, sich zerstreut hatten und mit Mähen beschäftigt waren, fielen sie plötzlich über sie her, töteten einige, überraschten die übrigen so, daß sie keine rechte Ordnung fanden, und kreisten sie zugleich mit Reiterei und Kampfwagen ein.

33

1 Sie kämpfen von ihren Streitwagen aus in folgender Art: Zuerst fahren sie überall herum, werfen Geschosse und bringen zumeist schon durch die Angst vor den Pferden und durch das Getöse der Räder Verwirrung in die Reihen; und sind sie in Reiterabteilungen eingedrungen, springen sie von den Wagen und kämpfen zu Fuß.
2 Indes fahren die Wagenlenker ein wenig vom Kampfplatz zurück und stellen die Wagen so auf, daß die Kämpfer, wenn sie ein überlegener Feind bedrängt, leicht zu den Ihren zurückgehen können.
3 Sie sind also im Gefecht zugleich so beweglich wie Reiter und so standfest wie Fußtruppen, und durch tägliche Übung und Gewohnheit bringen sie es so weit, daß sie gewöhnlich auf abfallendem und abschüssigem Gelände die Pferde in vollem Lauf parieren, zu knapper Wendung umlenken, auf der Deichsel vorlaufen, sich auf das Joch stellen und von dort ganz rasch wieder auf den Wagen zurückspringen.

34

1 Caesar brachte unseren durch die ungewohnte Kampfart verwirrten Soldaten gerade zur rechten Zeit Hilfe. Denn bei seinem Erscheinen kam der Feind zum Stehen, und unsere Männer erholten
2 sich von ihrem Schrecken. Dennoch hielt Caesar den Zeitpunkt nicht für günstig, eine Schlacht anzubieten und zu schlagen, blieb vorerst in Stellung und führte die Legionen nach einer Weile ins
3 Lager zurück. Da während dieser Maßnahmen alle unsere Leute in Anspruch genommen waren, machten sich die übrigen Britan-
4 nier auf den Feldern davon. Nun folgten mehrere Tage nacheinander Stürme, die unsere Soldaten im Lager festhielten und den
5 Feind am Angriff hinderten. Doch schickten die Barbaren inzwischen überallhin Boten, machten öffentlich bekannt, wie schwach unsere Armee sei, und verkündeten, welche Gelegenheit sich bie-

te, Beute zu machen und die Freiheit für immer zu gewinnen, wenn man die Römer aus dem Lager treibe. Bei solcher Aussicht sammelte sich schnell eine große Menge von Fußtruppen und strömte zum Lager.

35

Caesar sah zwar voraus, es werde auch diesmal so kommen wie an den vorangegangenen Tagen, daß nämlich die geschlagenen Feinde sich durch ihre Schnelligkeit der Verfolgung entziehen würden, doch hatte er jetzt wenigstens etwa 30 Reiter, die der oben erwähnte Atrebate Commius herübergebracht hatte, und stellte die Legionen vor dem Lager kampfbereit auf. Nach Beginn der Schlacht konnten die Feinde dem Ansturm unserer Soldaten nicht allzulange standhalten und wandten sich zur Flucht. Unsere Männer verfolgten sie, solange sie Kraft zum Laufen hatten, machten eine ziemliche Anzahl von ihnen nieder, steckten weit und breit alle Gehöfte in Brand und gingen dann ins Lager zurück.

36

Noch am gleichen Tag kamen Gesandte vom Feind zu Caesar und baten um Frieden. Caesar verdoppelte die früher festgesetzte Zahl der Geiseln und befahl, sie aufs Festland zu bringen; denn da die Tagundnachtgleiche bevorstand, wollte er die beschädigten Schiffe einer Fahrt in den Winterstürmen nicht aussetzen. Als günstiges Wetter eintrat, ließ er die Schiffe kurz nach Mitternacht auslaufen. Sie erreichten alle wohlbehalten das Festland. Nur konnten zwei Lastschiffe nicht dieselben Häfen wie die anderen anlaufen und wurden ein wenig nach Süden abgetrieben.

37

Als etwa 300 aus diesen Schiffen an Land gesetzte Soldaten zum Lager marschierten, umringten die Moriner, die Caesar bei der Fahrt nach Britannien als befriedet zurückgelassen hatte, voller Hoffnung auf Beute die Soldaten (vorerst mit einer nicht sehr großen Anzahl) und verlangten, sie sollten die Waffen strecken, wenn ihnen ihr Leben lieb sei. Als die Soldaten einen Igel bildeten und sich zur Wehr setzten, kamen auf das Geschrei hin rasch etwa 6000 Moriner zusammen. Auf die Meldung davon schickte Caesar den Seinen die ganze Reiterei aus dem Lager zu Hilfe. Unsere Soldaten hielten inzwischen dem Angriff der Feinde stand, kämpften über vier Stunden mit höchster Tapferkeit und töteten mehrere Feinde, wobei von ihnen nur wenige verwundet wurden. Als dann jedoch unsere Reiter in Sicht kamen, warfen die Feinde die Waffen weg und flohen, wobei sehr viele von ihnen niedergemacht wurden.

38

1 Caesar sandte am nächsten Tag den Legaten Titus Labienus mit den aus Britannien zurückgeführten Legionen gegen die Moriner,
2 die sich empört hatten. Da deren Sümpfe ausgetrocknet waren und ihnen die Zuflucht fehlte, die sie im letzten Jahr hatten, fielen
3 sie fast alle Labienus in die Hände. Die Legaten Quintus Titurius und Lucius Cotta, die Legionen ins Gebiet der Menapier geführt hatten, verwüsteten deren ganze Flur, mähten das Getreide ab und brannten die Gehöfte nieder. Weil sich aber die Menapier alle in dichten Wäldern versteckt hielten, gingen die Legaten wieder
4 zu Caesar zurück. Caesar ließ alle Legionen im Land der Belger überwintern. Nur zwei Stämme aus Britannien schickten dorthin Geiseln, die übrigen unterließen es.
5 Auf Caesars Bericht über die Erfolge dieses Jahres beschloß der Senat ein zwanzigtägiges Dankfest.

FÜNFTES BUCH

1

Im Konsulatsjahr des Lucius Domitius und Appius Claudius verließ Caesar die Winterquartiere, ging, wie jedes Jahr üblich, nach Italien und befahl den Legaten, denen er die Legionen unterstellt hatte, im Winter möglichst viele neue Schiffe bauen zu lassen und die alten auszubessern. Maße und Form dieser Schiffe gab er ihnen vor. Um sie rascher beladen und an Land ziehen zu können, ließ er sie flacher als die Schiffe bauen, die wir gewöhnlich im Mittelmeer benutzen; diese flache Bauweise war eher möglich, weil er aus Erfahrung wußte, daß wegen des häufigen Wechsels der Gezeiten die Wellen dort weniger hoch gehen; dafür baute er die Schiffe etwas breiter als auf den übrigen Meeren, um Lasten und viele Zugtiere befördern zu können. Es sollten alles Schnellsegler sein, wozu die flache Bauweise sehr vorteilhaft ist. Die Ausrüstung der Schiffe ließ er aus Spanien kommen. Sobald er Gerichtstage im diesseitigen Gallien abgehalten hatte, ging er nach Illyrien, weil er hörte, daß die Pirusten das Grenzgebiet der Provinz durch Einfälle verwüsteten. Dort angekommen, befahl er den Stämmen, Soldaten zu stellen und an einen bestimmten Platz zu schicken. Auf die Nachricht davon schickten die Pirusten Gesandte an ihn, um ihm darzulegen, keiner dieser Überfälle gehe auf einen Beschluß des Stammes zurück, und sie erklärten sich bereit, den Schaden auf jede Weise wiedergutzumachen. Caesar hörte ihre Rede an, forderte Geiseln und befahl, diese zu einem bestimmten Termin zu liefern; widrigenfalls werde er Krieg gegen ihren Stamm führen. Die Geiseln wurden befehlsgemäß und termingerecht überstellt, worauf er Schiedsleute zwischen den Stämmen einsetzte, um den Streitwert zu schätzen und die Höhe der Entschädigung zu bestimmen.

2

Als er diese Maßregeln getroffen und die Gerichtstage durchgeführt hatte, kehrte er ins diesseitige Gallien zurück und ging von dort zum Heer. Hier besichtigte er reihum alle Winterlager und fand dank dem einzigartigen Einsatz unserer Truppe trotz größten Mangels an allem Material etwa 600 Schiffe der angegebenen Bauart und 28 Kriegsschiffe so weit ausgerüstet, daß sie in nur wenigen Tagen auslaufen konnten. Er sprach den Mannschaften und den Verantwortlichen für den Schiffsbau hohe Anerkennung aus, traf die nötigen Anordnungen und befahl, alles solle sich im Hafen Itius sammeln, von wo aus nach seiner Feststellung

die beste Überfahrt nach Britannien war, das hier etwa 30 Meilen vom Festland entfernt ist. Zu diesem Zweck ließ er so viele Sol-
4 daten zurück, wie ihm nötig erschien. Er selbst zog mit vier Legionen ohne Gepäck und 800 Reitern ins Land der Treverer, weil diese weder zu den Landtagen kamen noch seine Befehle ausführten, auch angeblich die rechtsrheinischen Germanen aufhetzten.

3

1 Dieser Stamm besitzt in ganz Gallien bei weitem die stärkste Reiterei, hat auch zahlreiche Fußtruppen und grenzt, wie oben be-
2 schrieben, an den Rhein. In diesem Stamm stritten zwei Männer
3 um die Vorherrschaft, Indutiomarus und Cingetorix. Von diesen kam Cingetorix sofort auf die Nachricht vom Anmarsch Caesars und der Legionen zu ihm und beteuerte, er und alle die Seinen würden ihre Verpflichtungen erfüllen und nicht von der Freundschaft mit dem römischen Volk abfallen, berichtete ihm auch die
4 Vorgänge bei den Treverern. Indutiomarus hingegen begann, Reiterei und Fußvolk zusammenzuziehen und zum Krieg zu rüsten. Die altershalber nicht Waffenfähigen versteckte er im Ardenner Wald (dieser ist ungeheuer groß und verläuft mitten durch das
5 Trevererland vom Rhein bis zum Gebiet der Remer). Als jedoch einige führende Männer aus diesem Stamm, durch ihre Verwandtschaft mit Cingetorix veranlaßt und erschrocken über den Anmarsch unseres Heeres, zu Caesar kamen und für sich selbst Fürbitte bei ihm einlegten, da sie den gesamten Stamm nicht vertreten könnten, bekam Indutiomarus Angst, alle könnten von ihm abfal-
6 len, und schickte Gesandte zu Caesar: Er habe von den Seinen nicht fortgehen und zu ihm kommen wollen, um seinen Stamm dadurch besser im Zaum zu halten; die Menge sollte sich nicht aus
7 Unverstand vergehen, wenn sich der ganze Adel entfernt habe. So habe er den Stamm in der Hand und wolle, wenn Caesar es erlaube, zu ihm ins Lager kommen und ihm sein Schicksal und das seines Stammes anvertrauen.

4

1 Caesar durchschaute zwar, weshalb Indutiomarus so sprach und was ihn von seinem früheren Plan abschreckte; um jedoch nicht den Sommer bei den Treverern verbringen zu müssen, wo doch alles für den Krieg in Britannien vorbereitet war, bestellte er In-
2 dutiomarus mit 200 Geiseln zu sich. Als diese eintrafen, unter ihnen sein Sohn und die ganze Verwandtschaft, die Caesar namentlich verlangt hatte, beruhigte er Indutiomarus und forderte ihn

auf, seine Schuldigkeit zu tun; trotzdem berief er alle Häuptlinge
der Treverer zu sich und suchte sie einzeln mit Cingetorix auszusöhnen, einmal wegen der Verdienste des Mannes, deren er sich bewußt war, aber auch, weil er meinte, es sei sehr wichtig, daß dessen Einfluß in seinem Stamm möglichst stark sei; hatte er doch erkannt, wie ungemein ergeben ihm dieser Mann war. Indutiomarus war empört, daß sein Ansehen im Stamm schwand, und weil er schon vorher unser Feind war, wurde er aus Ärger über diese Kränkung nur noch mehr verbittert.

5

Als Caesar die Sache so geregelt hatte, marschierte er mit den Legionen zum Hafen Itius. Dort erfuhr er, daß 60 Schiffe, die bei den Meldern gebaut waren, wegen stürmischen Wetters nicht Kurs halten konnten und wieder in ihren Ausgangshafen zurückgekehrt waren. Die übrigen Schiffe fand er segelfertig und vollständig ausgerüstet. Hier versammelte sich auch die Reiterei aus ganz Gallien, 4000 Mann stark, sowie die führenden Adeligen von allen Stämmen. Caesar hatte nämlich beschlossen, einige wenige, deren Treue ihm sicher war, in Gallien zurückzulassen, alle anderen jedoch als Geiseln mitzunehmen, befürchtete er doch während seiner Abwesenheit einen Aufstand in Gallien.

6

Unter diesen befand sich auch der Häduer Dumnorix, von dem oben die Rede war. Caesar hatte beschlossen, ihn vor allen anderen mitzunehmen, weil er wußte, daß er einen Umsturz anstrebte, herrschsüchtig war, großen Mut und bei den Galliern starken Einfluß besaß. Hinzu kam, daß Dumnorix in der Versammlung der Häduer erklärt hatte, Caesar übertrage ihm die Herrschaft über den Stamm; die Häduer waren darüber empört, wagten jedoch nicht, Gesandte an Caesar zu schicken, um dies abzulehnen oder durch Bitten abzuwenden. Caesar hatte den Vorgang von seinen Gastfreunden erfahren. Dumnorix bat ihn zuerst inständig, ihn in Gallien zurückzulassen, weil er noch nie ein Schiff betreten habe und das Meer fürchte, teils auch, weil ihn, wie er vorgab, religiöse Bedenken hinderten. Als er jedoch sah, daß ihm sein Wunsch beharrlich abgeschlagen wurde und ihm alle Hoffnung genommen war, etwas zu erreichen, begann er, die führenden Männer Galliens aufzuwiegeln, sie einzeln auf die Seite zu nehmen und aufzufordern, auf dem Festland zu bleiben; er versuchte auch, ihnen Furcht einzujagen: Nicht ohne Ursache beraube man Gallien seines ganzen Adels; Caesar wolle alle Männer, die er vor den Augen

Galliens zu töten sich scheue, nach Britannien hinübernehmen
und dort ermorden. Er gab den anderen sein Wort und verlangte
von ihnen das eidliche Versprechen, sie würden nach gemeinsamem Beschluß für Galliens Wohlfahrt handeln. Diese Machenschaften hinterbrachte man Caesar von mehreren Seiten.

7

Nach dieser Entdeckung beschloß Caesar, weil er dem Stamm der
Häduer sehr hohe Bedeutung beimaß, Dumnorix so gut wie möglich in Schranken zu halten und abzuschrecken, und als er sehen
mußte, daß dessen Tollheit immer weiter ging, entschloß er sich
zu Vorsichtsmaßnahmen, um sich und den Staat vor Schaden zu
bewahren. So blieb er etwa 25 Tage an diesem Ort, weil der Nordwestwind, der in dieser Gegend fast immer weht, die Abfahrt verhinderte, und bemühte sich dabei, Dumnorix von offenem Ungehorsam abzuhalten, aber doch auch alle seine Pläne zu erfahren.
Als er endlich günstigen Wind bekam, befahl er den Soldaten und
Reitern, sich einzuschiffen. Während aber alle beschäftigt waren,
machte sich Dumnorix mit den Reitern der Häduer ohne Caesars
Wissen aus dem Lager auf den Weg nach Hause. Auf die Meldung
davon verschob Caesar die Abfahrt, setzte alles übrige hintan,
entsandte das Gros der Reiter zu seiner Verfolgung und befahl,
ihn festzunehmen und zurückzubringen; sollte er Gewalt gebrauchen und nicht gehorchen, solle man ihn niedermachen; er war
nämlich überzeugt, der Mann werde in seiner Abwesenheit erst
recht keine Vernunft annehmen, da er schon unter seinen Augen
seine Anordnungen mißachtete. Als man jenen aufforderte anzuhalten, leistete er denn auch Widerstand, hieb um sich, rief seine
Leute um die versprochene Hilfe an und schrie immer wieder, er
sei frei und Bürger eines freien Volkes. Die Reiter umstellen den
Menschen befehlsgemäß und hauen ihn nieder. Die Reiter der Häduer aber kehrten geschlossen zu Caesar zurück.

8

Danach ließ er Labienus auf dem Festland mit drei Legionen und
2000 Reitern zum Schutz der Häfen und zur Besorgung des Getreidenachschubs zurück; auch sollte er das Geschehen in Gallien
beobachten und nach Zeit und Lage handeln. Er selbst lichtete mit
fünf Legionen und ebenso vielen Reitern, wie er auf dem Festland
zurückließ, gegen Sonnenuntergang die Anker und fuhr vor leichtem Südwest auf die hohe See; er kam jedoch, da gegen Mitternacht der Wind einschlief, vom Kurs ab, wurde von der Strömung
ziemlich weit abgetrieben und bekam bei Tagesanbruch Britanni-

en links abliegend in Sicht. Mit der nun wieder steigenden Flut suchte er durch angestrengtes Rudern den Teil der Insel zu erreichen, wo er im vorigen Sommer den besten Landeplatz gefunden hatte. Bei dieser Fahrt verdiente die Ausdauer der Soldaten höchstes Lob, die auf den schwer beladenen Transportschiffen mit Anstrengung ruderten und die rasche Fahrt der Kriegsschiffe mithielten. Die Landung erfolgte in Britannien mit allen Schiffen um die Mittagszeit, ohne daß sich hier ein Feind blicken ließ. Wie Caesar jedoch später von Gefangenen erfuhr, hatten sich dort zwar große Massen versammelt, wurden aber durch die Menge unserer Schiffe erschreckt; denn es waren mit den im Vorjahr gebauten und den Schiffen, die einzelne für sich bauen ließen, gleichzeitig über 800 Einheiten in Sicht gekommen. So hatten sie die Küste aufgegeben und sich weiter oben versteckt.

9

Caesar setzte das Heer an Land und wählte einen brauchbaren Lagerplatz; von aufgegriffenen Gegnern erfuhr er, wo die feindlichen Streitkräfte standen. Er ließ zehn Kohorten und 300 Reiter am Meer als Sicherung für die Schiffe am Strand zurück und marschierte noch in der dritten Nachtwache in Richtung Feind, wobei er sich um die Schiffe um so weniger Sorgen machte, als er sie an einem sanft ansteigenden offenen Strand vor Anker zurückließ; den Befehl über die Sicherungskräfte und die Schiffe erhielt Quintus Atrius. Nach einem Nachtmarsch von etwa 12 Meilen kam die Streitmacht der Feinde in Sicht. Diese rückten mit der Reiterei und den Streitwagen zu einem Fluß vor, hielten die Unseren von oben herab auf und griffen sie an. Von der Reiterei zurückgetrieben, versteckten sie sich im Wald in einer durch Natur und Verschanzung hervorragend befestigten Stellung, die sie wohl für einen Krieg gegen Feinde im eigenen Land schon vorher ausgebaut hatten. Alle Zugänge waren nämlich mit dichten Baumsperren verschlossen. Sie selbst liefen vereinzelt aus dem Gehölz zum Kampf hervor und wollten unsere Männer am Eindringen in die Festung hindern. Doch bildeten die Soldaten der 7. Legion ein Schilddach, warfen Erdreich vor den Verschanzungen auf, nahmen den Platz und vertrieben die Gegner unter geringen eigenen Verlusten aus dem Wald. Weitere Verfolgung der Britannier verbot Caesar jedoch, weil er das Gelände nicht kannte, der größte Teil des Tages schon vergangen war und noch genügend Zeit zur Befestigung des eigenen Lagers übrigbleiben mußte.

10

1 Am folgenden Morgen schickte er Soldaten und Reiter in drei Ab-
2 teilungen aus, um die flüchtigen Feinde zu verfolgen. Unsere Männer waren schon ziemlich weit vorgedrungen, und die letzten Fliehenden waren bereits in Sicht, als Reiter von Quintus Atrius zu Caesar mit der Meldung kamen, in der letzten Nacht habe es einen furchtbaren Sturm gegeben, und fast alle Schiffe seien beschädigt und gestrandet, weil weder Anker noch Taue standhielten noch Matrosen und Steuerleute der Gewalt des Sturmes Herr
3 wurden; dabei seien die Schiffe zusammengeprallt und hätten schwere Schäden erlitten.

11

1 Auf diese Nachricht hin ließ Caesar Legionen und Reiterei zurückrufen und nicht mehr weiter vorrücken und begab sich zur
2 Flotte zurück; dort fand er die Lage etwa so, wie die Boten und der schriftliche Bericht darstellten. Bei einem Totalverlust von rund 40 Schiffen schien nämlich die Instandsetzung der restlichen Ein-
3 heiten, wenn auch mit großer Mühe, möglich. Also zog er aus den Legionen die gelernten Handwerker heraus und ließ vom Fest-
4 land weitere herüberkommen; an Labienus erging der schriftliche Befehl, mit den Legionen, die er bei sich habe, möglichst viele
5 Schiffe zu bauen. Und wenn es auch viel Mühe und Arbeit kostete, hielt er es doch für das Zweckmäßigste, alle Schiffe an Land zu ziehen und mit dem Lager durch eine durchlaufende Befestigung
6 zu verbinden. Dafür brauchte er etwa zehn Tage, obschon die
7 Männer Tag und Nacht hindurch arbeiteten. Als die Schiffe an Land gezogen waren und das Lager eine hervorragende Befestigung besaß, ließ er dieselben Truppen wie zuvor zum Schutz der Flotte zurück und ging selbst wieder dorthin, wo er umgekehrt
8 war. Bei seiner Ankunft hatten sich dort bereits von allen Seiten größere Streitkräfte der Britannier versammelt und die Oberleitung des Krieges einstimmig dem Cassivellaunus übertragen; in etwa 80 Meilen Entfernung vom Meer trennt dessen Gebiet von
9 den Seestaaten ein Fluß, der Tamesis heißt. Cassivellaunus hatte zwar bisher gegen die übrigen Stämme immer wieder Krieg geführt, doch hatten ihm die Britannier unter dem gewaltigen Eindruck unserer Landung die Gesamtführung des Krieges anvertraut.

12

1 Das Innere von Britannien ist von Stämmen bewohnt, die sich nach ihrer Überlieferung als Ureinwohner der Insel bezeichnen,

das Küstengebiet von denen, die aus Beutegier und Kriegslust aus Belgien übersetzten. Sie tragen fast alle noch die Namen der Völker, von denen sie abstammten und herüberkamen; nach gewaltsamer Eroberung blieben sie dort und begannen, die Felder anzubauen. Sie haben eine unendliche Menge von Menschen und sehr viele Gebäude, die ganz wie die gallischen aussehen, auch eine große Menge Vieh. Als Geld verwenden sie Kupfer, Goldmünzen oder Eisenstäbchen mit geeichtem Gewicht. Im Binnenland gibt es dort Zinn und an der Küste Eisen, doch ist dessen Vorkommen gering. Kupfer wird eingeführt. Holz gibt es von jeder Art wie in Gallien, doch fehlen Buche und Tanne. Hase, Huhn oder Gans gelten als unerlaubte Speisen, doch hält man diese Tiere zu Lust und Vergnügen. Das Klima ist milder als in Gallien, die Fröste sind nicht so streng.

13

Die Insel hat die Form eines Dreiecks, dessen Basis Gallien gegenüberliegt. Der eine Winkel an dieser Seite, bei Cantium, wo fast alle Schiffe aus Gallien landen, weist nach Osten, der andere, untere nach Süden. Diese Seite ist etwa 500 Meilen lang. Die zweite Seite schaut nach Spanien und dem Westen. Dort liegt die Insel Hibernia, die schätzungsweise halb so groß ist wie Britannien und ebensoweit von Britannien wie Britannien von Gallien entfernt liegt. Auf halbem Wege ist dort eine Insel, die Mona heißt: Dort sollen noch mehrere kleine Inseln liegen; von diesen Inseln haben einige Schriftsteller berichtet, es herrsche dort zur Zeit der Wintersonnenwende 30 Tage lang andauernd Nacht. Wir konnten darüber durch Nachfragen nichts in Erfahrung bringen, jedoch durch genaue Messungen mit der Wasseruhr feststellen, daß hier die Nächte kürzer sind als auf dem Festland. Die Länge dieser Seite schätzen die genannten Autoren auf 700 Meilen. Die dritte Seite liegt nach Norden zu; ihr liegt kein Land gegenüber, sondern der Winkel dieser Seite ist hauptsächlich Germanien zugewandt. Diese Seite ist schätzungsweise 800 Meilen lang. So beträgt der Gesamtumfang der Insel 2000 Meilen.

14

Von allen Einwohnern sind am meisten zivilisiert die Bewohner von Cantium, einer Gegend, die ganz am Meer liegt, und die Lebensweise der Menschen unterscheidet sich nur wenig von der der Gallier. Die Bewohner des Binnenlandes bauen in der Mehrzahl kein Getreide an, sondern leben von Milch und Fleisch und kleiden sich in Felle. Alle Britannier aber reiben sich mit Waid ein, das himmelblau färbt, und dadurch sehen sie im Kampf noch schrecklicher aus; sie tragen langes Haar, rasieren sich aber sonst am ganzen Körper bis auf Haupthaar und Oberlippenbart. Zehn Männer, in anderen Fällen zwölf, haben gemeinsam Frauen, und zwar zumeist Brüder mit Brüdern und Väter mit ihren Söhnen. Von ihnen stammende Kinder gelten aber als deren Kinder, die ein Mädchen zuerst heimführten.

15

Die feindlichen Reiter und Wagenkämpfer fochten gegen unsere Reiter heftig auf dem Marsch, doch blieben unsere Leute überlegen und trieben sie in Wälder und auf Hügel. Als sie jedoch mehrere getötet hatten und allzu stürmisch nachsetzten, erlitten sie einige Verluste. Die Gegner aber ließen geraume Zeit vergehen und brachen, als sich unsere Leute, ohne Gefahr zu ahnen, mit der Befestigung des Lagers befaßten, plötzlich aus den Wäldern hervor, griffen die Wachabteilungen vor dem Lager an und kämpften heftig. Caesar schickte zwei Kohorten, und zwar die ersten der beiden Legionen, zu Hilfe; obwohl diese mit sehr geringem Abstand voneinander Aufstellung nahmen, brachen die Feinde, während die Unseren durch deren ungewöhnliche Kampfart erschreckt waren, höchst verwegen mitten zwischen ihnen durch und zogen sich dann ohne Verluste zurück. An diesem Tag fiel der Kriegstribun Quintus Laberius Durus. Die Feinde wurden durch weitere Kohorten, die zu Hilfe kamen, abgewiesen.

16

Bei dieser ganzen Art des Kampfes, der vor aller Augen vor dem Lager stattfand, wurde klar, daß unsere Soldaten mit ihrer schweren Bewaffnung einem Feind dieser Art nicht recht gewachsen waren, da sie weder Zurückweichende verfolgen konnten noch die Feldzeichen zu verlassen wagten; aber auch die Reiter kämpften nur unter großer Gefahr, weil jene zumeist mit Absicht zurückwichen und, wenn sie unsere Leute von den Legionen etwas weggelockt hatten, von ihren Streitwagen sprangen und dann in ungleichem Kampf zu Fuß fochten. Diese Art des Reiterkampfes aber brachte uns, ob wir zurückgingen oder nachsetzten, immer in gleiche Gefahr. Hinzu kam, daß sie nie geschlossen, sondern nur aufgelockert und mit großem Abstand kämpften, Reserven verteilt hatten, einander auch der Reihe nach ablösten und frische, unverbrauchte Kämpfer die Abgemühten ersetzten.

17

Am nächsten Tag bezog das ganze feindliche Heer weiter entfernt auf Hügeln Stellung; sie zeigten sich nur selten und griffen unsere Reiter weniger hitzig an als am Vortag. Als aber Caesar am Mittag drei Legionen und die ganze Reiterei mit dem Legaten Gaius Trebonius zum Futterholen schickte, sprengten sie plötzlich von allen Seiten auf die Futterholer ein, griffen aber auch die bei den Feldzeichen stehenden Legionen an. Unsere Männer gingen sie energisch an, warfen sie zurück und setzten so lange nach, bis unsere Reiter, gestützt auf ihre Hilfe (sahen sie doch die Legionen hinter sich), die Feinde in kopfloser Flucht vor sich her jagten. Sie machten eine große Zahl von ihnen nieder, ohne ihnen Zeit zu lassen, sich zu sammeln, anzuhalten oder von den Streitwagen zu springen. Nach dieser Flucht zerstreuten sich sofort die von allen Seiten zusammengeströmten Hilfsvölker, und von da an kämpften die Feinde nie mehr mit all ihren Streitkräften gegen uns.

18

Caesar durchschaute ihren Plan und führte das Heer zum Fluß Tamesis ins Land des Cassivellaunus; diesen Fluß kann man nur an einer Stelle zu Fuß überschreiten, und auch dies nur mit Mühe. Bei seiner Ankunft stellte er fest, daß am anderen Flußufer ein großes feindliches Heer stand. Das Ufer aber war mit spitzigen Pfählen bewehrt, die man vorn am Ufer eingeschlagen hatte; Spitzpfähle gleicher Art, unter dem Wasserspiegel eingerammt, wurden vom Fluß verdeckt. Da Caesar dies durch Gefangene und Überläufer erfuhr, schickte er die Reiter voraus und ließ die Legionen unverzüglich folgen. Obschon unsere Männer nur mehr mit dem Kopf aus dem Wasser ragten, gingen sie mit solcher Schnelligkeit und solchem Schwung vor, daß die Feinde dem Ansturm der Legionen und Reiter nicht standhalten konnten, das Ufer räumten und flohen.

19

Cassivellaunus gab, wie oben gesagt, alle Hoffnung auf den Erfolg einer Schlacht auf, entließ den Großteil seiner Truppen, behielt nur etwa 4000 Wagenkämpfer bei sich, beobachtete unsere Marschrichtung, hielt sich immer etwas vom Weg entfernt, verbarg sich in schwer zugänglichem und waldigem Gelände und schaffte überall, wohin er unseren Marsch sich richten sah, Vieh und Menschen vom flachen Land in die Wälder; wenn sich jedoch unsere Reiter zum Plündern und Verwüsten freier auf dem Land zerstreuten, schickte er auf den ihm bekannten Straßen und We-

Buch V 19–21 89

gen alle seine Wagenkämpfer aus den Wäldern. Unsere Reiter gerieten durch diese Überfälle in große Gefahr, und Furcht hinderte sie daran, größere Streifzüge zu unternehmen. So blieb nur übrig, daß Caesar sie nicht weiter vom Zug der Legionen wegreiten ließ und man dem Feind nur in dem Raum, den die Legionäre durch ihre Marschleistung gewannen, durch Verwüstung der Felder und Abbrennen der Gehöfte Schaden zufügte.

20

1 In der Zwischenzeit schickten die Trinovanten Gesandte an Caesar. Sie waren fast der mächtigste Stamm in dieser Gegend; aus ihm hatte sich der junge Mandubracius Caesar vertrauensvoll angeschlossen und zu ihm auf das Festland begeben; sein Vater, der König dieses Stammes, war von Cassivellaunus ermordet worden, während Mandubracius durch Flucht dem Tod entgangen war.
2 Die Trinovanten nun versprachen Caesar Unterwerfung und Gehorsam und baten, er möge Mandubracius vor der Verfolgung durch Cassivellaunus schützen und zu ihrem Stamm zurückschicken, damit er sie führen und die Herrschaft übernehmen
3 könne. Caesar forderte 40 Geiseln und Getreide für das Heer und
4 schickte ihnen Mandubracius. Der Stamm führte seine Befehle umgehend aus und schickte die volle Zahl der Geiseln und das Getreide.

21

1 Da die Trinovanten geschützt und vor jedem Übergriff der Soldaten sicher waren, schickten Kenimagner, Segontiaker, Ankaliten,
2 Bibroker und Kasser Gesandte zu Caesar und ergaben sich. Von ihnen erfuhr Caesar, das Oppidum des Cassivellaunus liege nicht weit von seinem Standort, von Wäldern und Sümpfen geschützt; dort sei eine beträchtliche Menge von Menschen und Vieh ver-
3 sammelt. Die Britannier nennen aber einen Ort Oppidum, wenn sie ein unzugängliches Gehölz mit Wall und Graben befestigt haben, und pflegen sich dort zu sammeln, um feindlichen Angriffen
4 zu entgehen. Dorthin marschierte er mit den Legionen und fand den Platz durch Lage und Befestigung ausgezeichnet geschützt.
5 Dennoch bestürmte er ihn von zwei Seiten. Die Feinde leisteten eine Zeitlang Widerstand, konnten jedoch dem Ansturm unserer Soldaten nicht standhalten und flohen auf der anderen Seite aus
6 der Fliehburg. Man fand dort sehr viel Vieh, und viele Britannier wurden auf der Flucht gefangen oder niedergemacht.

22

Während der Kämpfe in dieser Gegend schickte Cassivellaunus Gesandte nach Cantium, das, wie oben erwähnt, am Meer liegt und von vier Königen beherrscht wurde, Cingetorix, Carvilius, Taximagulus, Segovax; diesen befahl er, ihre ganze Macht aufzubieten, unser Schiffslager zu überfallen und zu stürmen. Als diese vor dem Lager erschienen, machten die Unseren einen Ausfall, hieben viele zusammen und nahmen auch Lugetorix, einen vornehmen Führer, gefangen, während sie unsere Leute ohne Verluste zurückbrachten. Auf die Nachricht von diesem Gefecht hin schickte Cassivellaunus nach so vielen Niederlagen und der Verwüstung seines Landes, tief getroffen auch durch den Abfall der Stämme, unter Vermittlung des Atrebaten Commius Gesandte an Caesar und bot Unterwerfung an. Da Caesar entschlossen war, wegen der Möglichkeit plötzlicher Unruhen in Gallien auf dem Festland zu überwintern, auch der Sommer fast vorüber war und man ihn, wie er sah, leicht hinhalten konnte, forderte er Geiseln und setzte den jährlichen Tribut Britanniens an das römische Volk fest; dem Cassivellaunus verbot er auf das schärfste, gegen Mandubracius oder die Trinovanten etwas zu unternehmen.

23

Nach Empfang der Geiseln führte er das Heer zum Meer zurück und fand die Schiffe wieder instandgesetzt. Er ließ sie ins Wasser ziehen, und da er viele Gefangene hatte und einige Schiffe durch den Sturm verloren waren, beschloß er, das Heer in zwei Transporten zurückzuführen. Die ganze Überfahrt lief so gut ab, daß bei einer so großen Flotte und so vielen Fahrten in diesem und im vorigen Jahr kein einziges Schiff mit Truppen an Bord verloren ging. Von denen freilich, die man ihm leer vom Festland zurückschickte (Schiffe vom ersten Soldatentransport und die 60, die Labienus später bauen ließ), erreichten nur ganz wenige ihren Bestimmungshafen; die übrigen wurden fast alle verschlagen. Caesar wartete eine Zeitlang vergebens auf sie; um aber nicht durch die Jahreszeit an der Überfahrt gehindert zu werden (die Tagundnachtgleiche stand kurz bevor), verlud er notgedrungen die Soldaten in ziemlicher Enge. Er traf aber ganz ruhige See an, fuhr nach Beginn der zweiten Nachtwache ab, erreichte mit dem Frühlicht das Land und brachte alle Schiffe glücklich ans Ziel.

24

Die Flotte wurde an Land gezogen und in Samarobriva eine Versammlung der Gallier abgehalten; weil aber in diesem Jahr wegen

anhaltender Dürre die Getreideernte in Gallien recht knapp ausgefallen war, sah er sich gezwungen, das Heer nicht wie in den Jahren bisher in nahe verbundene Winterlager zu geben, sondern
2 die Legionen auf mehrere Stämme zu verteilen. Eine Legion unter dem Legaten Gaius Fabius schickte er zu den Morinern, eine zweite unter Quintus Cicero zu den Nerviern, eine dritte unter Lucius Roscius zu den Essuviern; eine vierte sollte mit Titus Labienus im Grenzgebiet der Remer zu den Treverern hin überwin-
3 tern; drei Legionen verlegte er zu den Belgern; den Oberbefehl über diese gab er dem Quästor Marcus Crassus sowie den Legaten
4 Lucius Munatius Plancus und Gaius Trebonius. Eine Legion, die er erst vor kurzem jenseits des Padus ausgehoben hatte, und fünf Kohorten entsandte er zu den Eburonen, die größtenteils zwischen Maas und Rhein wohnen und von Ambiorix und Catuvol-
5 cus beherrscht wurden. Diese Einheit unterstellte er den Legaten
6 Quintus Titurius Sabinus und Lucius Aurunculeius Cotta. Durch diese Verteilung der Legionen meinte er, dem Getreidemangel am
7 besten begegnen zu können. Immerhin lagen die Winterquartiere aller dieser Legionen (mit Ausnahme der einen, die unter Lucius Roscius in den friedlichsten und ruhigsten Landesteil gegangen
8 war) in einem Umkreis von 100 Meilen. Er selbst beschloß, in Gallien zu bleiben, bis er sicher wußte, die Legionen seien untergebracht und die Standorte befestigt.

25

1 Bei den Karnuten lebte ein sehr vornehmer Mann namens Tasgetius, dessen Vorfahren in seinem Stamm Könige gewesen waren.
2 Caesar hatte ihm als Lohn für seine Tapferkeit und Ergebenheit (er hatte ihm in allen Feldzügen hervorragende Dienste geleistet)
3 die Würde seiner Voreltern wiedergegeben. Als er nun schon im dritten Jahr regierte, ermordeten ihn seine Feinde unter offener
4 Teilnahme vieler Männer dieses Stammes. Dieser Mord wird Caesar berichtet. Da viele daran beteiligt waren, mußte er fürchten, sie würden den Stamm zum Abfall verleiten. So ließ er Lucius Plancus mit seiner Legion rasch von den Belgern zu den Karnuten marschieren und dort überwintern; er sollte auch die Urheber des Attentats auf Tasgetius ermitteln, sie festnehmen und ihm über-
5 stellen. Unterdessen lief von allen Legaten und Quästoren, denen er Legionen übergeben hatte, Meldung von der Ankunft am Bestimmungsort und von der Befestigung der Winterquartiere ein.

26

Etwa vierzehn Tage nach dem Einrücken in die Winterlager gaben Ambiorix und Catuvolcus das Signal zu plötzlichem Aufstand und Abfall. Sie hatten zwar an der Grenze ihres Gebietes bei Sabinus und Cotta ihre Aufwartung gemacht und Getreide im Winterlager abgeliefert, doch holten sie auf eine Botschaft des Treverers Indutiomarus hin ihre Leute zusammen, überfielen plötzlich unsere Holzholer und erschienen mit einer großen Schar vor dem Lager, um es zu erstürmen. Die Unseren griffen rasch zu den Waffen und besetzten den Wall; die Reiter aus Spanien unternahmen auf einer Seite einen Ausfall und siegten in einem Gefecht, worauf die Feinde die Sache verloren gaben und ihre Leute vom Sturm auf das Lager abzogen. Dann schrien sie nach ihrer Art wild durcheinander, jemand von uns solle zu einer Unterredung herauskommen; sie hätten etwas mitzuteilen, was beide Parteien betreffe, und hofften, dadurch allen Zwist beizulegen.

27

Man schickte ihnen zu dieser Unterredung Gaius Arpinius, einen römischen Ritter und Freund des Titurius, dazu einen Spanier namens Quintus Iunius, der zuvor schon mehrfach in Caesars Auftrag mit Ambiorix verhandelt hatte. Ambiorix sagte ihnen etwa folgendes: Er müsse gestehen, er sei Caesar für seine Wohltaten zutiefst verpflichtet; auf seine Veranlassung sei er vom Tribut befreit, den er immer den Atuatukern, seinen Nachbarn, zahlen mußte; Caesar habe ihm auch seinen Sohn und den Neffen zurückgegeben, die er den Atuatukern als Geiseln gestellt und die jene wie Sklaven in Fesseln festgehalten hätten. Auch habe er den Angriff auf das Lager nicht nach eigenem Willen oder freiem Entschluß unternommen, sondern gezwungen von seinem Stamm; seine Herrschaft sei von der Art, daß die Menge ihm gegenüber ebenso viele Rechte besitze wie er der Menge gegenüber. Auch habe sein Stamm nur deshalb den Krieg begonnen, weil er sich von der plötzlichen Erhebung der Gallier nicht ausschließen konnte. Der beste Beweis dafür sei seine Schwäche, weil er nicht so weltfremd sei, sich einzubilden, man könne mit solchen Streitkräften das römische Volk besiegen. Doch sei es gemeinsamer Beschluß aller Gallier, und der heutige Tag sei für den Angriff auf alle Winterlager Caesars bestimmt, damit keine Legion einer anderen zu Hilfe kommen könne. Als Gallier hätten sie Galliern die Teilnahme nicht gut abschlagen können, zumal der Beschluß wohl die Wiedergewinnung der allgemeinen Freiheit zum Ziel habe. Da er nun für Gallien getan habe, was die Vaterlandsliebe fordere, wol-

le er nun seiner Verpflichtung durch Caesars Wohltaten Rechnung tragen. Er mahne und bitte Titurius zum Dank für seine
8 Gastfreundschaft, sich und seine Soldaten zu retten. Eine mächtige Schar germanischer Söldner sei schon über dem Rhein und
9 werde in zwei Tagen hier sein. Sie müßten selbst entscheiden, ob sie, ehe die Nachbarn es merkten, die Soldaten aus dem Winterlager zu Cicero oder Labienus führen wollten, von denen der eine
10 etwa 50 Meilen, der andere nur wenig weiter entfernt stehe. Er verspreche und verbürge ihnen eidlich sicheres Geleit durch sein
11 Land. So sorge er für seinen Stamm, den er von der Last des Winterlagers befreie, und statte zugleich Caesar Dank für seine Wohltaten ab. Nach diesen Worten entfernte sich Ambiorix.

28

1 Arpinius und Iunius berichteten den Legaten das Gehörte. Diese waren über die unvermutete Nachricht bestürzt und glaubten, man dürfe sie, auch wenn sie vom Feind komme, doch nicht in den Wind schlagen; am meisten beunruhigte sie, daß kaum glaubhaft war, ein so elender, unbedeutender Stamm wie die Eburonen soll-
2 te von sich aus einen Krieg gegen das römische Volk wagen. So trugen sie die Sache dem Kriegsrat vor, und hier erhob sich großer
3 Streit unter ihnen. Lucius Aurunculeius und die Mehrzahl der Kriegstribunen und ranghöchsten Zenturionen sprachen sich dagegen aus, Hals über Kopf zu handeln und ohne Befehl Caesars
4 das Lager zu verlassen; man könne, sagten sie, in einem befestigten Lager beliebig großen Streitkräften sogar der Germanen standhalten; dies beweise die Tatsache, daß sie den ersten Angriff der Feinde mit Bravour abschlugen und ihnen obendrein schwere Verluste
5 beibrachten; an Getreide fehle es nicht, und in der Zwischenzeit kämen vom nächsten Lager wie auch von Caesar Entsatztruppen
6 heran; endlich: Was sei leichtfertiger und schimpflicher, als auf den Rat des Feindes einen Beschluß über Leben und Tod zu fassen?

29

1 Dagegen schrie Titurius Sabinus immer wieder: Wenn sich die Feinde erst verstärkten und mit den Germanen vereinigten oder im nächsten Winterlager ein Unheil geschehe, sei es zu spät; man
2 habe keine Zeit, sich lange zu bedenken. Caesar sei sicher nach Italien abgereist, denn sonst hätten weder die Karnuten daran gedacht, Tasgetius umzubringen, noch griffen die Eburonen bei Caesars Anwesenheit in Gallien unser Lager mit solcher Mißach-
3 tung der Römer an. Er sehe nicht den Rat des Feindes, sondern die

Lage selbst; der Rhein sei nahe; die Germanen seien über den Tod des Ariovist und unsere bisherigen Siege erbittert; Gallien, so oft gedemütigt und von Rom unterworfen, stehe trotz des Erlöschens seines alten Kriegsruhmes in Flammen. Wer endlich könne ihm einreden, Ambiorix hätte, ohne seiner Sache sicher zu sein, einen solchen Schritt gewagt? Sein Vorschlag sei in jedem Fall gefahrlos: Liege nichts Schlimmeres vor, könne man sich ohne Gefahr zur nächsten Legion durchschlagen; mache ganz Gallien gemeinsame Sache mit den Germanen, gebe es nur eine Rettung, und diese beruhe auf raschem Handeln. Worauf laufe dagegen der Vorschlag Cottas und derer, die anders dächten, hinaus? Zwar berge er keine Gefahr für den Augenblick, doch müsse man bei einer längeren Belagerung mit Sicherheit Hungersnot befürchten.

30

Als man bei dieser Aussprache hinüber und herüber stritt und Cotta und die ranghöchsten Zenturionen heftig widersprachen, rief Sabinus: „Setzt nur eure Meinung durch, wenn ihr das wollt!", und zwar mit so lauter Stimme, daß es ein großer Teil der Soldaten hörte. „Ich fürchte", fuhr er fort, „den Tod nicht mehr als ihr. Unsere Leute werden klug genug sein; wenn etwas Schlimmes geschieht, werden sie dich zur Rechenschaft ziehen; denn wenn du nachgibst, können sie übermorgen schon zur Legion im nächsten Winterlager stoßen, gemeinsam mit den übrigen die Kriegsgefahr bestehen und müssen nicht, abgeschnitten und verstoßen, weit von den Kameraden durch Schwert oder Hunger umkommen."

31

Der Kriegsrat sprang auf; sie fassen beide an der Hand und beschwören sie, nicht durch Streit und Starrsinn die höchste Gefahr heraufzubeschwören; die Lage sei leicht zu meistern, ob sie nun blieben oder abzögen, wenn nur alle einmütig den gleichen Entschluß faßten; bei einem Streit dagegen sähen sie keine Möglichkeit zur Rettung. Die Auseinandersetzung dauerte bis Mitternacht. Endlich gab Cotta nach, und Sabinus drang mit seiner Meinung durch. Man gab Befehl, im Morgengrauen aufzubrechen. Niemand tat den Rest der Nacht hindurch ein Auge zu; jeder Soldat überprüfte, was er mit sich tragen könnte und was er an Ausrüstung im Winterlager zurücklassen müsse. Man tat alles, was man konnte, um nur ja nicht ungefährdet zu bleiben und durch die Ermüdung der Soldaten und ihr Wachbleiben die Gefahr noch zu steigern. Als wären sie überzeugt, nicht ein Feind, sondern ihr bester Freund habe den Rat dazu gegeben, verließen sie in aller

Frühe in langgezogener Marschkolonne mit riesigem Troß das Lager.

32

1 Als aber die Feinde am nächtlichen Lärm und der Geschäftigkeit der Soldaten den Entschluß zum Abzug erkannten, teilten sie sich, bezogen in den Wäldern in einem guten Versteck, etwa zwei Meilen entfernt, ihren Hinterhalt und erwarteten das Eintreffen
2 der Römer. Als der größte Teil des Zuges in ein langes Tal hinabmarschiert war, erschienen sie plötzlich auf beiden Seiten des Tals, begannen, die Nachhut zu bedrängen, der Spitze den Ausgang zu verlegen und an einem für unsere Truppen höchst nachteiligen Platz anzugreifen.

33

1 Nun erst wurde Titurius, der vorher an nichts gedacht hatte, unruhig, rannte ziellos umher und wollte die Kohorten aufstellen, doch tat er auch dies unsicher und so, daß man sah, er habe völlig den Kopf verloren; so geht es meistens, wenn man erst im Gefecht
2 nachzudenken beginnt. Cotta dagegen, der umsichtig etwas Derartiges auf dem Marsch erwartet und deshalb vom Abzug abgeraten hatte, unterließ nichts, was zur gemeinsamen Rettung beitragen konnte; er rief die Soldaten an, munterte sie auf, wie es Pflicht eines Feldherrn ist, und kämpfte selbst wie ein gewöhnlicher Sol-
3 dat. Da sie wegen der Länge des Zuges nur schwer alles selbst bestimmen und überall die notwendigen Befehle geben konnten,
4 ließen sie durchgeben, man solle das Gepäck im Stich lassen und
5 sich einigeln. Ist auch ein solcher Entschluß bei dieser Sachlage nicht zu tadeln, so wirkte er doch verheerend; denn er nahm unseren Soldaten die Hoffnung und ermunterte die Feinde zum Kampf, weil diese Maßnahme nur aus äußerster Furcht und Ver-
6 zweiflung getroffen schien. Zudem kam, was kommen mußte, daß nämlich die Soldaten scharenweise die Feldzeichen verließen, um eilig ihren wertvollsten Besitz vom Troß zu holen und festzuhalten, und so alles mit Schreien und Jammern erfüllten.

34

1 Den Barbaren hingegen fehlte es nicht an Umsicht. Ihre Führer nämlich ließen im ganzen Heer ausrufen, niemand dürfe seinen Platz verlassen; es sei ihre Beute und es werde für sie aufbewahrt, was immer die Römer zurückließen; sie sollten also daran denken,
2 daß alles vom Sieg abhänge. Die Unseren waren dem Feind an Zahl und Tapferkeit im Kampf gewachsen. Waren sie auch von

ihrem Führer und vom Glück im Stich gelassen, so setzten sie doch alle Hoffnung auf ihre Tapferkeit, und sooft eine Kohorte vorbrach, richtete sie dort ein Blutbad unter den Feinden an. Ambiorix, der dies bemerkte, ließ durchrufen, man solle nur aus der Ferne schießen und keinen Nahkampf wagen, sondern dort ausweichen, wo die Römer angriffen; bei ihrer leichten Bewaffnung und täglichen Übung seien sie vor Schaden sicher; gingen aber die Römer zu ihren Feldzeichen zurück, sollten sie ihnen nachsetzen.

35

Die Feinde hielten sich strikt an diesen Befehl und wichen rasch zurück, sowie eine Kohorte den Kreis verließ und zum Angriff vorbrach. Dabei mußte diese Einheit jedoch die Deckung verlassen und ihre offene Flanke den Geschossen aussetzen. Wenn sie dann wieder zum alten Platz zurückgingen, wurden sie von den Zurückgewichenen und den daneben Stehengebliebenen umzingelt; wollten sie aber die Stellung halten, konnten sie ihre Kampfkraft nicht zur Geltung bringen und in der geschlossenen Stellung auch nicht den Geschossen entgehen, die diese Riesenmasse schleuderte. In dieser schlimmen Lage und trotz zahlreicher Verluste hielten sie stand und taten während des langen Tages, da der Kampf vom Morgen bis zur achten Stunde dauerte, nichts, was ihrer unwürdig war. Dabei wurden dem Titus Balventius, dem ranghöchsten Zenturio des Vorjahres, einem tapferen Mann von hohem Ansehen, beide Schenkel von einem Wurfspieß durchbohrt; Quintus Lucanius, im gleichen Rang, wird, als er seinen umzingelten Sohn heraushauen will, in tapferstem Kampf getötet, der Legat Lucius Cotta wird, dem Feinde zugewandt, im Gesicht von einem Schleuderstein verwundet, während er alle Kohorten und Zenturien aufmuntert.

36

Diese Verluste machten auf Quintus Titurius einen unheilvollen Eindruck, und als er von weitem sah, wie Ambiorix seine Leute anfeuerte, schickte er seinen Dolmetscher Gnaeus Pompeius zu ihm und ließ für sich und seine Männer um Schonung bitten. Auf diese Bitte antwortete Ambiorix: Wenn er mit ihm sprechen wolle, stehe ihm dies frei; er hoffe, bei der Menge Gnade für die Soldaten erwirken zu können; ihm selbst aber werde auf keinen Fall etwas geschehen, wofür er sein Wort verpfände. Titurius teilte dies dem verwundeten Cotta mit und forderte ihn auf, wenn er es für richtig halte, den Kampf zu verlassen und gemeinsam mit Ambiorix zu verhandeln; er hoffe, von ihm Schonung für sich selbst und die Soldaten erreichen zu können. Cotta weigert sich, vor einem bewaffneten Feind zu erscheinen, und bleibt unbeugsam bei seiner Haltung.

37

1 Sabinus befiehlt den Kriegstribunen, die im Augenblick bei ihm waren, und den ranghöchsten Zenturionen, ihm zu folgen. Als er sich Ambiorix näherte und dieser ihn hieß, die Waffen wegzuwerfen, folgte er diesem Befehl und ließ sein Gefolge dasselbe tun.
2 Während sie nun miteinander verhandeln und Ambiorix die Unterredung absichtlich in die Länge zieht, wird Sabinus allmählich
3 umstellt und niedergestoßen. Jetzt aber stimmen die Feinde nach ihrer Sitte ein Siegesgeheul an, stürzen sich auf die Unseren und
4 durchbrechen die Reihen. Dabei fallen Lucius Cotta und der größte Teil der Soldaten mit dem Schwert in der Hand. Der Rest
5 zieht sich ins Lager zurück, aus dem sie aufgebrochen waren. Einer von ihnen, der Adlerträger Lucius Petrosidius, wirft, von zahlreichen Feinden bedrängt, den Adler hinter den Wall; er
6 selbst fällt heldenhaft fechtend vor dem Lager. Die übrigen halten dem Ansturm bis zur Nacht mit Mühe stand; nachts verzweifeln
7 sie völlig und töten sich alle ohne Ausnahme. Nur wenige, die aus der Schlacht entkommen sind, gelangen auf Irrwegen durch die Wälder ins Winterlager des Legaten Titus Labienus und berichten ihm das Geschehene.

38

1 In seinem Siegestaumel zieht Ambiorix sofort mit seinen Reitern zu den Atuatukern, den nächsten Nachbarn seines Herrschaftsgebietes; er eilt bei Tag und bei Nacht und läßt das Fußvolk nachfol-
2 gen. Die Atuatuker hetzt er durch die Erzählung seines Erfolges auf, geht am nächsten Tag zu den Nerviern und fordert von ihnen, sich die Gelegenheit zu ihrer Befreiung auf ewige Zeiten und zur Rache an den Römern für das Unrecht, das sie erlitten, nicht ent-
3 gehen zu lassen; zwei Legaten seien schon tot und ein großer Teil
4 des Heeres vernichtet; es koste wenig Mühe, Ciceros Legion im Winterquartier zu überfallen und zusammenzuhauen. Für dieses Unternehmen verspricht er öffentlich Hilfe und findet bei den Nerviern unschwer Beifall für seine Rede.

39

1 Sie schicken daher sofort Boten nach allen Seiten zu den Keutronen, Grudiern, Levakern, Pleumoxiern, Geidumnern, die alle unter ihrer Herrschaft stehen, ziehen möglichst große Massen zu-

sammen und erscheinen urplötzlich vor dem Winterlager Ciceros, der noch nichts vom Tod des Titurius wußte. Natürlich waren auch bei ihm einige Soldaten in die Wälder ausgerückt, um Brennholz und Material für die Befestigungen zu beschaffen, und werden von den plötzlich auftauchenden Reitern abgefangen. Hierauf unternehmen die Eburonen, Nervier, Atuatuker und alle ihre Bundesgenossen und Klienten einen Massenangriff auf das Legionslager. Die Unseren eilen schnell zu den Waffen und besetzen den Wall. Nur mit Mühe wird dieser Tag durchgestanden, setzten doch die Feinde ihre ganze Hoffnung auf raschen Erfolg und meinten, sie würden für immer Sieger sein, wenn sie nur diesmal die Oberhand behielten.

40

Cicero sandte unverzüglich Briefe an Caesar und versprach den Überbringern hohe Belohnung, wenn sie diese ans Ziel brächten; da jedoch Wege und Stege besetzt waren, wurden die Boten abgefangen. Noch in der Nacht baute man aus dem Holz, das zur Befestigung herbeigeschafft war, an die 120 Türme; mit unglaublicher Schnelligkeit wurde fertiggestellt, was an der Befestigung noch zu fehlen schien. Die Feinde ziehen noch viel stärkere Streitkräfte zusammen, bestürmen am nächsten Tag das Lager und füllen den Graben aus. Die Unseren schlagen den Ansturm wie am Vortag zurück, und so geht es nun Tag um Tag. Kein Teil der Nacht bleibt als Arbeitspause frei; weder Kranken noch Verwundeten wird ein Augenblick der Ruhe gegönnt. Was man gegen den Angriff des nächsten Tages braucht, wird nachts vorbereitet; viele feuergehärtete Spitzpfähle werden angefertigt, dazu eine große Anzahl von Geschossen zur Verteidigung der Mauer, die Türme werden mit Plattformen versehen, Zinnen und Brustwehren aus Flechtwerk angebracht. Cicero selbst, der nicht die stärkste Gesundheit hatte, gönnte sich nicht einmal nachts einen Augenblick Ruhe, so daß sich die Soldaten spontan um ihn drängten und durch ihr lautes Bitten nötigten, sich zu schonen.

41

Nun forderten einige Heerführer und maßgebliche Männer der Nervier, die in einer Art von Freundschaft und auch im Gespräch mit Cicero standen, diesen zu einer Unterredung auf. Als Cicero darauf einging, führten sie dasselbe an, was Ambiorix dem Titurius vorgeschwätzt hatte: Ganz Gallien stehe unter Waffen; die Germanen stünden diesseits des Rheines, die Winterlager Caesars und sämtlicher Legaten würden bestürmt. Sie erwähnten noch die

Nachricht vom Tod des Sabinus, führten Ambiorix zur Beglaubi-
gung vor und sagten, der sei auf dem Holzweg, der sich auch nur
den Schatten einer Hilfe von denen erhoffe, die selbst an ihrer Rettung verzweifeln müßten; trotzdem seien sie Cicero und dem römischen Volk gegenüber so gesinnt, daß sie nur das Winterlager
ablehnten und nicht wollten, daß dies zum festen Brauch werde;
sie könnten unbehelligt von ihnen das Winterlager verlassen und
ohne Sorge hinziehen, wohin sie wollten. Cicero hatte darauf nur
eine Antwort: Es sei nicht Brauch des römischen Volkes, sich von
einem Feind in Waffen Bedingungen stellen zu lassen; wollten sie
die Waffen strecken, so könnten sie ihn um seine Vermittlung bitten und Gesandte an Caesar schicken; er hoffe, sie könnten bei
Caesars Gefühl für Billigkeit mit ihrem Anliegen Gehör finden.

42

Die Nervier sahen sich in ihrer Hoffnung getäuscht und schlossen
unser Winterlager mit einem 10 Fuß hohen Wall und einem 15
Fuß breiten Graben ein. Dies hatten sie am Verfahren früherer
Jahre von uns abgesehen, und zudem brachten es ihnen einige Gefangene aus unserem Heer bei. Da ihnen aber das dafür nötige eiserne Gerät fehlte, mußten sie Rasen mit dem Schwert ausstechen
und das Erdreich mit bloßen Händen und ihren Mänteln beischaffen. Bei dieser Arbeit konnte man sehen, wie groß ihre Masse war, stellten sie doch in weniger als drei Stunden einen Befestigungsring von 15000 Fuß Umfang fertig und gingen in den folgenden Tagen daran, Türme in der Höhe des Walles, Mauerhaken
und bewegliche Schutzdächer vorzubereiten und herzustellen,
alles unter Anleitung der genannten Gefangenen.

43

Als sich am siebten Tag der Belagerung ein gewaltiger Wind erhob, begannen sie mit Schleudern glühende Tonkugeln, dazu
glühende Wurfspieße auf unsere Hütten zu schleudern, die nach
gallischer Art mit Stroh gedeckt waren. Diese fingen rasch Feuer,
das sich bei dem heftigen Wind in alle Ecken des Lagers fortpflanzte. Die Feinde schoben mit ungeheurem Gebrüll, als wäre
der Sieg schon errungen und entschieden, ihre Türme und
Schutzdächer voran und wollten den Wall mit Leitern ersteigen.
Doch so groß waren Tapferkeit und Entschlossenheit unserer
Soldaten, die überall von Flammen versengt und mit einer Riesenmasse von Geschossen überschüttet wurden und merkten, daß ihr
ganzes Gepäck und all ihre Habe in Flammen aufging, daß nicht
nur keiner vom Wall wegsprang und seinen Posten verließ, auch

kaum einer sich umsah, sondern alle trotz dieser Gefahr höchst verbissen und mutig kämpften. Dieser Tag war für unsere Männer bei weitem der schwerste, doch endete er damit, daß eine gewaltige Menge von Feinden verwundet oder getötet dalag, da sie sich dicht unter dem Wall zusammendrängten und die hintersten den vorderen jedes Zurückweichen unmöglich machten. Als dann das Feuer etwas nachließ und an einer Stelle ein Turm dicht an den Wall herangeschoben war, räumten die Zenturionen der dritten Kohorte ihren Abschnitt, ließen alle Soldaten zurücktreten und luden mit Wink und Zuruf die Feinde ein, hereinzukommen, wenn sie Lust hätten; doch wagte sich keiner von diesen einen Schritt vorwärts. Dann warf man von allen Seiten Steine, trieb sie zurück und steckte den Turm in Brand.

44

In dieser Legion dienten zwei besonders tapfere Zenturionen, die vor der Beförderung zum höchsten Rang standen, Titus Pullo und Lucius Vorenus. Zwischen ihnen fand ständig ein Wettbewerb statt, wer der bessere Kämpfer sei, und in all den Jahren suchten sie sich mit höchster Eifersucht den Rang abzulaufen. Der eine der beiden, Pullo, rief, als an der Schanze der Kampf am heftigsten tobte: „Jetzt oder nie, Vorenus! Oder wo anders willst du deine Tapferkeit beweisen? Heute entscheidet sich unser Streit!" Nach diesen Worten springt er vor den Wall hinaus und stürzt auf den dichtesten Haufen der Feinde. Aber auch Vorenus hält es nicht mehr auf dem Wall, und er springt ihm nach, da er aller Augen auf sich gerichtet fühlt. Pullo schleudert sein Pilum aus geringem Abstand in die Feinde und durchbohrt einen, der aus dem Haufen auf ihn losgeht. Den tödlich Getroffenen decken die Feinde mit ihren Schilden, werfen alle ihre Geschosse auf Pullo und lassen ihn nicht weitergehen. Pullos Schild wird durchbohrt, und ein Wurfspieß bleibt in seinem Schwertgehänge stecken. Dieser Zufallstreffer verschiebt die Scheide und behindert ihn beim Versuch, das Schwert zu ziehen; die Feinde umringen ihn, der sich nicht wehren kann. Sein Rivale Vorenus springt herbei und kommt ihm in der Not zu Hilfe. Gegen ihn nun wendet sich sofort der ganze Haufe, läßt von Pullo ab und glaubt, er sei von dem Spieß durchbohrt. Vorenus ficht im Nahkampf, stößt einen Gegner nieder und treibt die übrigen ein Stück vor sich her; indem er jedoch allzu stürmisch nachdringt, stolpert er in eine Bodenvertiefung und stürzt. Als er nun umzingelt wird, kommt ihm wieder Pullo zu Hilfe, und beide ziehen sich gemeinsam, nachdem sie mehrere Feinde getötet haben, unversehrt und ruhmbedeckt ins Lager

14 zurück. So trieb das Glück bei diesem Kampf und Wettstreit der beiden sein Spiel, daß jeder seinem Rivalen zu Hilfe kam und ihn rettete und nicht zu entscheiden war, wer den anderen an Tapferkeit übertraf.

45

1 Je schwerer und bedrückender die Belagerung von Tag zu Tag wurde, vor allem auch, weil ein Großteil der Soldaten von Wunden entkräftet und die Zahl der Verteidiger zusammengeschmolzen war, desto öfter wurden Boten mit Briefen an Caesar geschickt. Doch wurden diese zum Teil abgefangen und vor den Augen
2 unserer Soldaten unter Foltern getötet. Nun war im Lager ein einziger Nervier namens Vertico, ein vornehmer Mann, der gleich bei Beginn der Belagerung zu Cicero übergegangen war und sich
3 als verläßlich erwiesen hatte. Dieser brachte einen Sklaven durch das Versprechen der Freiheit und großer Belohnungen dazu,
4 Caesar einen Brief zu überbringen. Der Sklave brachte den an einem Wurfspeer befestigten Brief aus dem Lager und gelangte als Gallier unter Galliern, ohne irgendwie Argwohn zu erwecken, zu Caesar. Durch ihn erfuhr man von der bedrängten Lage Ciceros und seiner Legion.

46

1 Caesar, der den Brief etwa um die elfte Stunde erhielt, schickte sofort einen Boten ins Land der Bellovaker zum Quästor Marcus Crassus, der sein Winterlager 25 Meilen von ihm entfernt hatte;
2 er befiehlt, die Legion solle mitten in der Nacht aufbrechen und rasch zu ihm stoßen. Crassus bricht sofort nach Ankunft des Bo-
3 ten auf. Einen anderen Boten sandte er zu dem Legaten Gaius Fabius mit dem Befehl, seine Legion ins Gebiet der Atrebaten zu
4 führen, durch das, wie er wußte, sein eigener Weg ging. An Labienus schrieb er, wenn er es verantworten könne, solle er mit seiner Legion zum Gebiet der Nervier vorstoßen. Auf den Rest des Heeres, der etwas weiter entfernt stand, meinte er nicht warten zu dürfen; doch holte er etwa 400 Reiter aus dem nächsten Winterlager.

47

1 Etwa um die dritte Stunde erhielt er von der Vorausabteilung Meldung über die Annäherung des Crassus und rückte an diesem Tag
2 20 Meilen vor. Crassus ernannte er zum Ortskommandanten von Samarobriva und beließ ihm seine Legion, weil dort das Heeresgepäck, die Geiseln der Stämme, das Archiv und alles Getreide

zurückblieb, das er als Vorrat für den Winter hingeschafft hatte. Auch Fabius marschierte befehlsgemäß scharf voran und kam ihm mit seiner Legion entgegen. Labienus hatte vom Untergang des Sabinus und der Vernichtung der Kohorten erfahren. Da sich bei ihm die ganzen Streitkräfte der Treverer versammelt hatten, fürchtete er, er könne dem Ansturm der Feinde nicht standhalten, wenn er aus dem Winterlager einen Marsch antrete, der schon nach Flucht aussähe. Zudem wußte er, daß die Feinde durch den jüngsten Erfolg siegestrunken waren. So schrieb er Caesar zurück, er könne das Winterlager nur unter großer Gefahr verlassen, berichtete über das Unglück bei den Eburonen und meldete, die ganze Macht der Treverer, Reiter wie Fußtruppe, habe drei Meilen von seinem Lager entfernt Stellung bezogen.

48

Caesar mußte seinen Entschluß billigen und setzte die ganze Hoffnung auf Rettung aller in die Schnelligkeit. Allerdings mußte er sich, der Hoffnung auf drei Legionen beraubt, mit zweien begnügen. Er drang in Eilmärschen ins Land der Nervier vor. Dort hörte er von Gefangenen, wie es bei Cicero stehe und wie groß die Gefahr dort sei. Dann brachte er einen gallischen Reiter durch große Belohnungen dazu, Cicero einen Brief zu überbringen. Diesen Brief schrieb er auf griechisch, damit der Feind nicht unsere Pläne erführe, wenn er den Brief abfinge. Wenn er nicht ans Lager herankönne, solle er den Brief an den Wurfriemen seines Speeres binden und diesen über die Befestigung ins Lager schleudern. In dem Brief stand, er sei mit den Legionen im Anmarsch und werde bald da sein; Cicero solle sich weiter so tapfer halten wie bisher. Der Gallier fürchtete die Gefahr und warf, wie befohlen, seinen Wurfspeer. Dieser blieb zufällig an einem Turm stecken und wurde zwei Tage lang von den Unseren nicht bemerkt; erst am dritten Tag sieht ihn ein Soldat, nimmt ihn ab und bringt ihn Cicero. Dieser las ihn, gab ihn dann vor versammelter Mannschaft bekannt und erfüllte alle mit größter Freude. Dann sah man in der Ferne auch schon Rauch von Bränden, und dies behob jeglichen Zweifel am Anrücken der Legionen.

49

Als die Gallier durch ihre Kundschafter von Caesars Anmarsch erfuhren, brachen sie die Belagerung ab und zogen ihm mit ihrem ganzen Heer entgegen. Dieses umfaßte etwa 60 000 Bewaffnete. Cicero nützte die Gelegenheit und ließ sich von dem oben erwähnten Vertico wieder einen Gallier geben, um Caesar einen

Brief zu überbringen. Er mahnt den Boten, auf dem Weg ja vor-
3 sichtig und behutsam zu sein; in seinem Brief berichtet er, der
Feind sei von ihm abgezogen und habe sich mit ganzer Macht ge-
4 gen Caesar gewandt. Caesar erhielt diesen Brief um Mitternacht,
gab ihn seinen Leuten bekannt und bestärkte ihren Kampfeswil-
5 len. Am nächsten Tag brach er bei Morgengrauen auf, und nach einem Marsch von rund vier Meilen kam jenseits eines Baches in ei-
6 nem Tal die Hauptmacht der Feinde in Sicht. Es war höchst gefährlich, mit einer so schwachen Truppe in ungünstigem Gelände
eine Schlacht zu wagen; weil Caesar nun wußte, daß Cicero nicht
mehr belagert wurde, meinte er, sich guten Gewissens etwas Zeit
7 lassen zu dürfen; er machte halt, schlug an einem möglichst günstigen Platz Lager, verkleinerte aber dieses Lager, das an sich
schon unbedeutend war (kaum 7000 Mann, dazu ohne Gepäck),
durch schmale Lagergassen so viel wie möglich, um vom Gegner
8 völlig unterschätzt zu werden. Inzwischen schickte er Spähtrupps
nach allen Seiten und ließ erkunden, auf welchem Weg man das
Tal am besten durchqueren könne.

50

1 An diesem Tag kam es nur zu kleinen Reitergefechten an dem
2 Bach, während beide Parteien sich in ihrer Stellung hielten, die
Gallier, weil sie weiteren Zuzug erwarteten, der sich noch nicht
3 gesammelt hatte, Caesar in der Hoffnung, die Feinde durch ge-
heuchelte Furcht auf ein für ihn günstiges Gelände zu locken und
4 diesseits des Tales vor seinem Lager kämpfen zu können; falls er
dies nicht fertigbrächte, wollte er auf erkundeten Marschwegen
Tal und Bach möglichst ungefährdet überschreiten. Bei Tagesanbruch sprengte die feindliche Reiterei ans Lager heran und schlug
5 sich mit unseren Reitern. Caesar ließ die Reiter absichtlich
zurückweichen und im Lager Zuflucht suchen; zugleich ließ er
den Wall rings um das Lager erhöhen und die Tore verrammeln;
bei Ausführung dieser Arbeiten sollte man möglichst auffällig
durcheinanderlaufen und das Schauspiel wilder Angst bieten.

51

1 Durch diese Täuschungsmanöver ließen sich die Feinde verlocken, führten ihr Heer herüber und stellten es auf ungünstigem
Gelände zum Kampf auf; als wir unsere Leute sogar vom Wall
herunterholten, kamen sie näher, warfen von allen Seiten Ge-
2 schosse ins Lager, schickten Herolde herum und ließen bekannt-
geben, wer bis zur dritten Stunde zu ihnen überlaufen wolle, Gallier oder Römer, könne es ohne Gefährdung tun; danach gebe es

diese Möglichkeit nicht mehr. Ja, sie sahen voll Verachtung auf die 3
Unseren herab, und weil alle Tore zum Schein mit Mauern aus geschichteten Rasenstücken verbaut waren und sie dort nicht glaubten durchbrechen zu können, begannen die einen, die Palisaden mit bloßen Händen einzureißen, andere, die Gräben auszufüllen. Jetzt fiel Caesar aus allen Toren aus, ließ die Reiter angreifen und 4
zwang die Feinde so rasch zur Flucht, daß sich gar niemand zum Kampf stellte; unsere Männer machten eine große Menge Feinde nieder und nahmen allen ihre Waffen ab.

52

Doch trug Caesar Bedenken, sie weiter zu verfolgen, da bald 1
Wälder und Sümpfe kamen und er den Feinden voraussichtlich nicht einmal geringe Verluste zufügen konnte, wenn er den Platz verließ; also marschierte er noch am gleichen Tag zu Cicero, ohne einen Mann verloren zu haben. Er sah die Türme, Schutzdächer 2
und Befestigungen der Feinde mit Staunen; als er die Legion besichtigte, fand er, daß nicht einmal jeder zehnte Soldat unverwundet geblieben war; aus all diesen Umständen ersah er, wie groß die 3
Gefahr und wie tapfer der Widerstand gewesen war. Er spricht 4
Cicero für seine Leistung höchste Anerkennung aus, ebenso der Legion; ehrend und namentlich erwähnt er die Zenturionen und Kriegstribunen, die sich nach Ciceros Zeugnis besonders ausgezeichnet hatten. Über den Untergang von Sabinus und Cotta erfährt er von den Gefangenen nähere Einzelheiten. Am nächsten 5
Tag schildert er in einer Heeresversammlung die Ereignisse, tröstet die Soldaten, richtet sie auf und legt ihnen dar, der erlittene 6
Verlust sei durch Schuld und Unüberlegtheit eines Legaten eingetreten. Man könne ihn aber nun gefaßter ertragen, weil durch die Gunst der unsterblichen Götter und ihre eigene Tapferkeit die Scharte schon ausgewetzt sei, die Feinde nicht länger jubeln könnten und sie selbst nicht weiter trauern müßten.

53

Unterdessen gelangte die Nachricht von Caesars Sieg mit unglaublicher Schnelligkeit durch die Remer zu Labienus, und so 1
entstand, obschon die Entfernung zu Ciceros Winterlager etwa 60 Meilen betrug und Caesar dort erst nach der neunten Stunde eingetroffen war, noch vor Mitternacht vor den Lagertoren ein Geschrei der Remer, die Labienus die Siegesbotschaft und ihren Glückwunsch übermittelten. Als die Kunde auch zu den Treverern kam, machte sich Indutiomarus, der am nächsten Tag das Lager des Labienus stürmen wollte, nachts davon und führte seine 2

3 ganze Streitmacht zu den Treverern zurück. Caesar entließ Fabius mit seiner Legion ins Winterlager; er selbst beschloß, mit drei Legionen im Umkreis von Samarobriva drei Winterlager zu beziehen und wegen der heftigen Unruhen in Gallien den Winter
4 über persönlich beim Heer zu bleiben. Denn auf die schlimme Nachricht vom Tod des Sabinus beratschlagten fast alle gallischen Stämme über einen Krieg, schickten überallhin Boten und Gesandtschaften, erkundeten, was die anderen planten und wer zuerst losschlagen solle. Sie hielten auch nächtliche Versammlungen
5 an einsamen Plätzen ab. Den ganzen Winter hindurch verging kaum ein Tag, an dem Caesar nicht Anlaß zu Sorge hatte, an dem
6 keine Nachricht über gallische Aufruhrpläne einlief. Darunter war die Mitteilung des Quästors Lucius Roscius, der die 13. Legion befehligte, starke gallische Streitkräfte aus den sogenannten Aremorikerstämmen hätten sich versammelt, um ihn zu belagern,
7 und seien auch nur noch acht Meilen von seinem Lager entfernt gewesen; auf die Nachricht von Caesars Sieg hätten sie sich jedoch zerstreut, so daß ihr Abmarsch einer Flucht sehr ähnlich sah.

54

1 Caesar jedoch hielt einen großen Teil Galliens in Gehorsam, indem er die ersten Männer jeden Stammes zu sich berief und bald durch das Vorgeben erschreckte, er wisse genau, was vor sich ge-
2 he, bald wieder nur mahnte. Die Senonen jedoch, ein besonders starker und bei den Galliern sehr angesehener Stamm, versuchten Cavarinus, den Caesar bei ihnen als König eingesetzt hatte, auf Beschluß des Volkes zu töten; dessen Bruder Moritasgus hatte, als Caesar nach Gallien kam – wie seine Vorfahren – die Königswürde bekleidet. Da aber Cavarinus Wind bekam und floh, verfolgten sie ihn bis zur Grenze und verjagten ihn aus Herrschaft und Hei-
3 mat. Dann schickten sie Gesandte zu Caesar, um sich zu rechtfertigen. Als dieser aber ihren ganzen Senat zu sich befahl, gehorch-
4 ten sie seiner Aufforderung nicht. So viel Eindruck machte es auf die Barbaren, daß wirklich einige mit dem Krieg begonnen hatten, und dies rief bei allen einen derartigen Gesinnungswandel hervor, daß es keinen Stamm gab, der uns nicht verdächtig war. Die Ausnahme bildeten Häduer und Remer, die Caesar immer besonders auszeichnete, die einen wegen ihrer hergebrachten, festen Treue zum römischen Volk, die anderen wegen der neuerdings geleiste-
5 ten Hilfe im gallischen Krieg. Doch muß man sich wohl über das Verhalten der Gallier nicht sehr wundern, und zwar aus verschiedenen Gründen. Der Hauptgrund war, daß diese Menschen, die an Tapferkeit allen Völkern als überlegen galten, tiefen Schmerz

darüber empfanden, daß jener Ruhm so sehr verblaßt war und sie sich der römischen Herrschaft beugen mußten.

55

Die Treverer aber und Indutiomarus schickten den ganzen Winter hindurch immer wieder Gesandte über den Rhein, wiegelten die Stämme auf, versprachen Geld und behaupteten, der größte Teil unseres Heeres sei vernichtet und der Rest nur mehr ganz klein. Und doch konnte er keinen Germanenstamm überreden, den Rhein zu überschreiten; denn diese sagten, das hätten sie zweimal gemacht, im Krieg des Ariovist und beim Übergang der Tenktherer, und nun wollten sie das Glück nicht noch einmal versuchen. War ihm nun diese Hoffnung auch geschwunden, so zog Indutiomarus dennoch Streitkräfte zusammen, übte sie ein, kaufte Pferde bei den Nachbarn und lockte Flüchtlinge und Verurteilte aus ganz Gallien mit hohem Handgeld zu sich. Dadurch hatte er sich bereits einen solchen Namen in Gallien gemacht, daß sich von allen Seiten Gesandtschaften bei ihm einfanden und für sich und ihre Stämme um seine Gunst und Freundschaft buhlten.

56

Als er sah, daß man schon von selbst zu ihm kam, daß auf der einen Seite die Senonen und Karnuten ihr schlechtes Gewissen anstachelte und auf der anderen Seite die Nervier und Atuatuker zum Krieg gegen Rom rüsteten, auch sah, daß es ihm nicht an Zulauf von Freiwilligen fehlen werde, sobald er erst einmal seine Grenzen überschritt, berief er eine Versammlung in Waffen. Dies bedeutet nach gallischer Sitte die Eröffnung des Krieges, und nach allgemein gültigem Gesetz haben sich alle Erwachsenen bewaffnet einzufinden; wer zuletzt eintrifft, wird im Angesicht der Menge unter allen möglichen Foltern hingerichtet. Bei dieser Versammlung erklärte er den Führer der Gegenpartei, Cingetorix, seinen Schwiegersohn, der, wie oben berichtet, Caesar treu blieb und nicht von ihm abfiel, zum Landesfeind und ließ seine Güter einziehen. Dann gibt er in der Versammlung bekannt, die Senonen, Karnuten und mehrere andere gallische Stämme hätten ihn zu Hilfe gerufen; er werde zu ihnen durch das Gebiet der Remer ziehen und deren Felder verwüsten, zuvor aber das Lager des Labienus angreifen; dazu gab er nähere Anweisungen.

57

Da Labienus in einem durch Lage und Schanzarbeit hervorragend geschützten Lager stand, befürchtete er für sich und die Legion

keine Gefahr, war jedoch darauf bedacht, sich keine Gelegenheit
zu einem glücklichen Handstreich entgehen zu lassen. Als er daher durch Cingetorix und dessen Anhang von der Rede hörte, die Indutiomarus auf dem Landtag gehalten hatte, schickte er Boten zu den Nachbarstämmen und ließ überall Reiter aufbieten, die an einem bestimmten Tag eintreffen mußten. Unterdessen sprengte Indutiomarus fast täglich mit der ganzen Reiterei vor seinem Lager herum, bald, um dessen Anlage zu erkunden, bald auch, um die Soldaten anzusprechen und sie einzuschüchtern. Meist schleuderten dabei alle seine Reiter ihre Speere über den Wall hinein. Labienus aber hielt seine Leute in der Befestigung zurück und suchte den Eindruck von Furcht auf jede mögliche Weise zu verstärken.

58

Da Indutiomarus mit täglich steigender Geringschätzung zum Lager herankam, holte Labienus in nur einer Nacht die Reiter aller Nachbarstämme, die er aufgeboten hatte, herein und hielt seine ganze Truppe mit solcher Gewissenhaftigkeit im Lager, daß es unmöglich war, diese Verstärkung zu verraten oder den Treverern mitzuteilen. Inzwischen kam Indutiomarus, wie jeden Tag gewohnt, zum Lager und trieb sich dort einen großen Teil des Tages herum; die Reiter warfen die Speere und forderten unsere Leute mit üblen Schimpfworten zum Kampf heraus. Da die Unseren nicht antworteten, zerstreuten sie sich gegen Abend, als es ihnen an der Zeit schien, ohne jede Ordnung. Plötzlich ließ Labienus seine ganze Reiterei aus zwei Toren ausfallen; er gab Befehl, wenn die Feinde erschreckt und geworfen seien (das sah er voraus, und so kam es auch), sollten sich alle nur auf Indutiomarus stürzen, und niemand dürfe auf jemand einhauen, bevor er jenen tot gesehen habe. Er wollte nämlich nicht, daß man sich mit den übrigen aufhielt und Indutiomarus dadurch einen Vorsprung gewann und entkam; er setzte eine hohe Prämie auf seinen Kopf aus und ließ die Reiter durch nachfolgende Kohorten unterstützen. Das Glück verlieh menschlichem Planen Erfolg, und da alle nach dem einen jagten, wurde Indutiomarus gerade noch im Flußbett eingeholt und niedergehauen; sein Kopf wurde ins Lager gebracht. Auf der Rückkehr verfolgten und töteten die Reiter noch so viele sie konnten. Auf die Nachricht von dieser Niederlage zerstreuten sich alle versammelten Streitkräfte der Eburonen und Nervier, und Caesar bekam nach diesem Ereignis etwas mehr Ruhe in Gallien.

SECHSTES BUCH

1

Da Caesar aus vielen Gründen größere Unruhen in Gallien erwartete, ließ er durch die Legaten Marcus Silanus, Gaius Antistius Reginus und Titus Sextius eine Aushebung durchführen. Zugleich ersuchte er den Prokonsul Gnaeus Pompeius, er möge, da er mit militärischem Oberbefehl aus Gründen des Staatswohles in der Nähe von Rom bleibe, die von ihm als Konsul in Gallia Cisalpina vereidigten Truppen sammeln und zu Caesar senden; hielt er es doch auch für die Zukunft für wichtig, den Galliern einen überwältigenden Eindruck von den Machtmitteln Italiens beizubringen, das einen im Krieg erlittenen Verlust gleich ersetzen und seine Streitkräfte sogar verstärken könne. Als ihm Pompeius dies aus Sorge für den Staat und aus guter Freundschaft zugesagt und seine Legaten die Aushebung rasch durchgeführt hatten, waren noch vor Ende des Winters drei Legionen aufgestellt und herangeführt, doppelt so viele Kohorten, wie er mit Quintus Titurius verloren hatte; so bewies er durch seine Schnelligkeit und die Stärke des Ersatzes, was straffe Führung und die Hilfsmittel des römischen Volkes vermögen.

2

Nach dem oben berichteten Tod des Indutiomarus übertrugen die Treverer die Herrschaft auf seine Verwandten. Diese wiegelten unaufhörlich die benachbarten Germanen auf und versprachen ihnen Geld. Da sie bei den angrenzenden Germanen nichts erreichten, versuchten sie es bei weiter entfernten. Als sie einige Stämme fanden, besiegelten sie den Vertrag mit Eiden und leisteten durch Geiseln Sicherheit für die Zahlung des Geldes; mit Ambiorix schlossen sie einen Beistandsvertrag. Da Caesar all dies erfuhr und sah, daß man überall zum Krieg rüste, daß die Nervier, Atuatuker, Menapier, dazu alle linksrheinischen Germanen unter Waffen standen, daß die Senonen nicht auf seinen Befehl erschienen und mit den Karnuten und ihren Nachbarstämmen gemeinsame Sache machten, daß weiterhin die Treverer die Germanen durch zahlreiche Gesandtschaften aufhetzten, meinte er, es sei höchste Zeit loszuschlagen.

3

So zog er noch vor Ende des Winters die vier nächsten Legionen zusammen, marschierte überraschend im Gebiet der Nervier ein, fing, bevor diese sich sammeln oder flüchten konnten, eine große

Menge Vieh und Menschen zusammen, überließ diese Beute der Truppe, verwüstete die Felder und zwang die Nervier, sich zu er-
3 geben und Geiseln zu stellen. Nach diesem raschen Erfolg führte
4 er die Legionen wieder in die Winterlager zurück. Da er, wie gewohnt, eine Versammlung Galliens auf Frühlingsbeginn angesetzt hatte und alle außer den Senonen, Karnuten und Treverern erschienen, sah er deren Fernbleiben als Kriegserklärung und Abfall an und verlegte den Landtag nach Lutecia im Land der Parisier, um deutlich zu machen, wie äußerst ernst er die Sache nehme.
5 Die Parisier waren Nachbarn der Senonen und bildeten mit ihnen seit langem einen Staatenbund, waren aber, wie man glaubte, an
6 den Aufstandsplänen nicht beteiligt. Als Caesar auf der Rednerbühne den Stand der Dinge bekanntgegeben hatte, führte er die Legionen noch am gleichen Tag zu den Senonen und erreichte in Eilmärschen ihr Gebiet.

4

1 Auf die Nachricht von seinem Anrücken befahl Acco, das Haupt der Verschwörung, die Landbevölkerung solle sich in die Städte flüchten. Während man seinen Befehl noch ausführen wollte, lief
2 schon die Nachricht vom Anmarsch der Römer ein. Notgedrungen gaben die Senonen ihren Plan auf und schickten Gesandte zu Caesar, um sich zu entschuldigen; sie erhielten Gehör durch Vermittlung der Häduer, in deren Schutz ihr Stamm seit alters stand.
3 Caesar verzieh ihnen wegen der Bitten der Häduer gern und nahm ihre Entschuldigung an, weil er den Sommer für den bevorstehenden Krieg nutzen und nicht lange Untersuchungen anstellen woll-
4 te. Er ließ sich 100 Geiseln stellen und übergab sie den Häduern
5 zur Bewachung. Auch die Karnuten schickten Gesandte und Geiseln nach Lutecia, unterstützt von der Fürbitte der Remer, in deren Schutz sie standen; sie erhielten denselben Bescheid. Caesar
6 führte nun die Versammlung zu Ende und forderte Reiter von den Stämmen.

5

1 Als dieser Teil Galliens beruhigt war, wandte er sich mit aller Geistes- und Willenskraft dem Krieg gegen die Treverer und Ambio-
2 rix zu. Cavarinus mußte mit der Reiterei der Senonen mit ihm ziehen, damit nicht sein Jähzorn oder der Haß seines Stammes, den er
3 sich zugezogen hatte, Anlaß zu Unruhen gab. Nach dieser Anordnung suchte er sich über die sonstigen Pläne des Ambiorix klarzuwerden, weil er als sicher annahm, dieser werde sich nicht
4 zum Kampf stellen. Nachbarn der Eburonen waren die Menapier,

die durch zusammenhängende Sümpfe und Wälder geschützt waren und als einzige von ganz Gallien noch nie Friedensgesandte zu Caesar geschickt hatten. Er wußte, daß Ambiorix ihr Gastfreund war; ebenso war ihm bekannt, daß er über die Treverer Freundschaft mit den Germanen geschlossen hatte. So hielt er es für besser, dem Ambiorix zunächst diese Hilfskräfte zu entziehen, als ihn selbst anzugreifen, damit er nicht ganz verzweifelte und sich bei den Menapiern verkroch oder sich notgedrungen mit den Stämmen jenseits des Rheines zusammentat. Nach diesem Entschluß schickt er das große Gepäck des ganzen Heeres zu Labienus ins Land der Treverer und läßt noch zwei Legionen zu ihm stoßen; er selbst zieht mit fünf kampfbereiten Legionen gegen die Menapier. Diese holen keine Streitmacht zusammen, vertrauen auf den Schutz durch ihr Land, fliehen in Wälder und Sümpfe und bringen auch ihre Habe dorthin.

6

Caesar teilt sein Heer mit dem Legaten Gaius Fabius und dem Quästor Marcus Crassus, läßt rasch Brücken schlagen, rückt in drei Marschsäulen vor, läßt Höfe und Weiler in Brand stecken und bringt eine große Zahl von Vieh und Menschen in seine Hand. Dies zwingt die Menapier, Gesandte an ihn zu schicken, um Frieden zu erbitten. Caesar läßt sich Geiseln geben, stellt aber nachdrücklich fest, er werde sie als Feinde behandeln, sollten sie Ambiorix oder Gesandte von ihm in ihrem Land dulden. Nach diesen Anordnungen ließ er den Atrebaten Commius mit der Reiterei bei den Menapiern zur Überwachung und marschierte selbst gegen die Treverer.

7

Während dieser Unternehmung Caesars hatten die Treverer große Massen von Fußtruppen und Reiterei aufgeboten und wollten Labienus und die eine Legion, die in ihrem Gebiet überwintert hatte, angreifen. Sie standen bereits nicht mehr als zwei Tagesmärsche von ihm entfernt, als die Nachricht kam, zwei von Caesar geschickte Legionen seien eingetroffen. Die Treverer schlugen Lager in einer Entfernung von 15 Meilen und beschlossen, die germanischen Verstärkungen zu erwarten. Labienus durchschaute die Absicht der Feinde, hoffte, durch ihren Leichtsinn Gelegenheit zu einem Handstreich zu bekommen, ließ 5 Kohorten zum Schutz des Gepäcks zurück, zog mit 25 Kohorten und starker Reiterei gegen den Feind und befestigte eine Meile von ihm sein Lager. Zwischen Labienus und dem Feind lag ein schwer zu überschreitender Fluß mit sehr steilen Ufern. Er wollte nicht über diesen gehen und glaubte auch nicht, die Feinde würden es tun. Deren Hoffnung auf die Hilfsvölker wuchs von Tag zu Tag. So sagte Labienus in der Versammlung vor aller Ohren, da, wie es heiße, die Germanen im Anmarsch seien, werde er sein und des Heeres Glück nicht gefährden und morgen in aller Frühe abziehen. Seine Äußerung wird den Feinden rasch hinterbracht, denn natürlich standen unter den vielen gallischen Reitern einige auf seiten ihrer Landsleute. Labienus berief jedoch in der Nacht die Kriegstribunen und ranghöchsten Zenturionen, legte ihnen seinen wirklichen Plan dar und ließ, um beim Feind den Eindruck von Furcht zu verstärken, mit mehr Lärm und Getöse aufbrechen, als es römische Gewohnheit ist. Dadurch verlieh er seinem Aufbruch den Schein einer Flucht. Auch diese Vorgänge werden bei der großen Nähe der beiden Lager den Feinden noch vor Sonnenaufgang durch Kundschafter gemeldet.

8

Kaum war die Nachhut aus den Befestigungen abgerückt, als die Gallier einander ermahnten, sich die erhoffte Beute nicht entgehen zu lassen. Es dauere zu lange, auf die Hilfe der Germanen zu warten, wo die Römer schon so erschreckt seien, auch lasse es ihr Stolz nicht zu, bei solcher Übermacht den Angriff auf eine so kleine Schar, die noch dazu auf der Flucht und mit Gepäck beladen sei, nicht zu wagen. So gingen sie selbstsicher über den Fluß und begannen dadurch eine Schlacht auf ungünstigem Gelände. Labienus, der dies vorausgesehen hatte, setzte seinen vorgetäuschten Marsch gemächlich fort, um alle Gallier über den Fluß zu locken. Dann ließ er den Troß etwas voraus auf einen Hügel gehen und rief nun den Soldaten zu: „Jetzt habt ihr die gewünschte Möglichkeit, Soldaten! Ihr habt den Feind in einem schwierigen und ungünstigen Gelände in Händen; zeigt unter unserer Führung dieselbe Tapferkeit, die ihr so oft dem Oberfeldherrn bewiesen habt; denkt auch, er sei persönlich zugegen und Augenzeuge dieser Schlacht!" Dann ließ er sofort kehrtmachen, gegen den Feind aufmarschieren, entsandte ein paar Schwadronen zum Schutz des Trosses und stellte die übrigen Reiter an den Flügeln auf. Die Unseren erheben ihren Schlachtruf und schleudern rasch ihre Wurfspieße auf die Feinde. Als sich diese gegen alle Erwartungen von den Römern, die sie eben noch auf der Flucht glaubten, angegriffen sahen, konnten sie dem Ansturm nicht standhalten, wurden beim ersten Zusammenstoß geworfen und flohen in die nächsten Wälder. Labienus holte sie mit den Reitern ein, machte eine große

Zahl nieder, nahm viele gefangen und bekam so nach wenigen Tagen den Stamm wieder in die Hand. Als nämlich die Germanen, die zu Hilfe kamen, von der Flucht der Treverer hörten, gingen sie nach Hause zurück. Mit ihnen verließen die Verwandten des Indutiomarus, die Anstifter zum Abfall, den Stamm und begleiteten sie. Cingetorix, der, wie dargelegt, von Anfang an treu geblieben war, erhielt nun die höchste Machtstellung.

9

Als Caesar aus dem Menapierland zu den Treverern kam, beschloß er aus zwei Gründen, den Rhein zu überschreiten: einmal, weil man von dort den Treverern Hilfstruppen gegen ihn geschickt hatte, aber auch, weil Ambiorix dort keine Zuflucht finden sollte. Nach diesem Entschluß ließ er etwas oberhalb der früheren Übergangsstelle eine Brücke schlagen. In der bekannten und bereits geläufigen Bauweise entsteht unter großer Begeisterung der Truppe das Werk in nur wenigen Tagen. Er ließ auf dem Trevererufer eine starke Bedeckung bei der Brücke zurück, um sich gegen plötzliche Erhebung abzusichern, und führte das Hauptheer und die Reiterei hinüber. Die Ubier, die früher Geiseln gestellt und sich unterworfen hatten, schickten ihm Gesandte, um sich zu rechtfertigen; diese sollten darlegen, weder habe ihr Stamm Hilfstruppen zu den Treverern geschickt noch hätten sie die Treue gebrochen; sie baten dringend um Schonung, um nicht bei dem allgemeinen Germanenhaß als Unschuldige statt der Schuldigen Strafe zu erleiden, versprachen auch, weitere Geiseln zu stellen, wenn er dies wünsche. Caesar stellte bei genauerer Untersuchung fest, daß die Sueben Hilfstruppen geschickt hatten, nahm daher die Rechtfertigung der Ubier an und erkundigte sich mit aller Sorgfalt nach den Zugängen und Marschwegen zu den Sueben.

10

Währenddessen erfuhr er einige Tage später von den Ubiern, die Sueben vereinigten alle ihre Streitkräfte an einem Ort und hätten den von ihnen beherrschten Stämmen befohlen, als Hilfstruppen Fußvolk und Reiterei zu schicken. Auf diese Nachricht sorgte er für Proviant und bezog an einem günstigen Standort Lager; den Ubiern befiehlt er, ihr Vieh und alles Hab und Gut vom flachen Land in die befestigten Orte zu schaffen, in der Hoffnung, die unerfahrenen Barbaren durch Mangel an Verpflegung zu einer Schlacht unter ungünstigen Umständen verleiten zu können; zudem gibt er den Ubiern Auftrag, häufig Kundschafter zu den Sue-

ben zu schicken, um zu erfahren, was bei diesen vor sich gehe.
4 Diese führen seine Befehle aus und melden schon nach wenigen Tagen: Alle Sueben hätten sich, nachdem nähere Nachrichten über das römische Heer eintrafen, mit ihrer Gesamtmacht und den aufgebotenen Streitkräften ihrer Bündner ganz tief ins Land
5 an ihre äußersten Grenzen zurückgezogen; dort liege ein unermeßlich großer Wald, der Bacenis heiße: Dieser erstrecke sich ohne Unterbrechung weit ins Landesinnere, sei als eine natürliche Mauer vorgelagert und schütze die Cherusker vor suebischen, die Sueben vor cheruskischen Raubzügen und Einfällen. Die Sueben hätten beschlossen, am Eingang dieses Waldes das Heranrücken der Römer abzuwarten.

11

1 An diesem Ort scheint es nicht unpassend, die Sitten Galliens und Germaniens und den Unterschied zwischen beiden Völkern darzustellen.
2 In Gallien gibt es nicht nur in allen Stämmen, allen Gauen und
3 Stammesteilen, sondern fast auch in jedem Haus Parteien; Führer dieser Parteien sind die Männer, die nach ihrer Ansicht die stärkste Geltung besitzen; von ihrem Ermessen und Urteil hängen die
4 wichtigsten Entscheidungen und Pläne ab. Dies scheint von altersher so eingerichtet, damit es niemandem aus der Menge an Hilfe gegen einen Mächtigeren fehlt. Keiner nämlich läßt seine Anhänger mißhandeln oder übervorteilen; anderenfalls ist es mit
5 dem Einfluß bei seinen Leuten vorbei. Dieses Parteiwesen erfaßt überhaupt ganz Gallien; denn alle Stämme zerfallen in zwei Parteien.

12

1 Als Caesar nach Gallien kam, waren die Vormacht der einen Par-
2 tei die Häduer, die der anderen die Sequaner. Da diese aus eigener Kraft zu wenig Macht besaßen, weil das höchste Ansehen seit jeher bei den Häduern lag und deren Anhängerschaft groß war, hatten sie die Germanen und Ariovist für sich gewonnen und unter
3 großen Opfern und Versprechungen herübergeholt. Nach mehreren glücklichen Schlachten aber und dem Tod des ganzen Adels
4 der Häduer waren die Sequaner so mächtig, daß sie einen großen Teil des Anhanges der Häduer zu sich herüberzogen, sich von diesen die Söhne der führenden Männer als Geiseln geben und den Stamm sich eidlich verpflichten ließen, nichts gegen sie zu unternehmen; auch verfügten sie über einen Teil ihrer Nachbarflur, den sie gewaltsam besetzt hatten, und besaßen die Hegemonie in ganz

Gallien. Diese Notlage hatte Diviciacus veranlaßt, zum Senat nach Rom zu reisen, um Hilfe zu erbitten, doch war er ohne Erfolg heimgekehrt. Caesars Auftreten bewirkte jedoch einen Umschwung der Lage; die Häduer erhielten ihre Geiseln zurück, die alten Klientelverhältnisse wurden wiederhergestellt und neue durch Caesar eingerichtet, weil alle, die sich den Häduern anschlossen, sahen, daß sie besser und wohlwollender behandelt wurden. Und da auch sonst Einfluß und Ansehen der Häduer stiegen, hatten die Sequaner ihre Führungsrolle verloren. An ihre Stelle waren die Remer getreten; weil man sah, daß diese bei Caesar ähnlich in Gunst standen, begaben sich alle, die sich wegen alter Feindschaft auf keine Weise den Häduern anschließen konnten, in ihren Schutz. Diese traten gewissenhaft für sie ein und behaupteten so ein neues, ganz plötzlich errungenes Ansehen. Die Dinge standen damals so, daß die Häduer die unbestrittene Führungsstellung, die Remer den zweiten Rang einnahmen.

13

In ganz Gallien gibt es zwei Klassen von Menschen, die wirklich zählen und Ansehen besitzen. Die Menge nämlich wird beinahe behandelt wie Sklaven, wagt nichts von sich aus, wird zu keiner Beratung beigezogen. Da die meisten durch Schulden, hohe Abgaben oder Übergriffe der Mächtigen bedrückt werden, begeben sie sich in Abhängigkeit. Die Adligen können dann mit ihnen ebenso umgehen wie ein Herr mit seinen Sklaven. Von den erwähnten zwei Klassen aber sind die eine die Druiden, die andere die Ritter. Die Druiden gestalten den Kult, besorgen die öffentlichen und privaten Opfer, legen die religiösen Vorschriften aus. Bei ihnen sucht eine große Zahl junger Männer ihre Ausbildung, und sie stehen bei den Galliern in hohem Ansehen. Sie nämlich entscheiden fast allen öffentlichen und privaten Streit, und auch wenn ein Verbrechen begangen ist, ein Mord geschehen, wenn über eine Erbschaft oder eine Grenze Streit herrscht, fällen sie das Urteil und setzen Belohnungen und Strafen fest. Fügt sich ein einzelner oder ein Stamm ihrem Spruch nicht, so schließen sie ihn von den Opfern aus. Diese Strafe ist für Gallier die schlimmste, denn wer mit diesem Bann belegt ist, gilt als Frevler und Verbrecher, alle gehen ihm aus dem Weg und fliehen Begegnung und Gespräch, um sich durch die Berührung kein Unheil zuzuziehen. Sie können weder ihr Recht noch irgendeine Ehre erlangen. An der Spitze aller Druiden steht der, der unter ihnen das höchste Ansehen genießt. Stirbt dieser, so folgt ihm der Druide nach, der sich deutlich vor den übrigen auszeichnet, oder die Druiden stimmen

bei mehreren gleich Würdigen über sie ab; manchmal kämpfen sie
sogar mit Waffen um das höchste Amt. Die Druiden sitzen zu einer bestimmten Jahreszeit im Gebiet der Karnuten, das als die Mitte ganz Galliens gilt, an einem geweihten Ort zu Gericht. Dort kommen von überall her alle zusammen, die Streitigkeiten haben, und beugen sich ihrem Spruch und Urteil. Die Lehre soll in Britannien entstanden und von dort nach Gallien gelangt sein, und heute noch reisen alle, die tiefer in sie eindringen wollen, zumeist nach Britannien.

14

Die Druiden nehmen gewöhnlich nicht am Krieg teil, zahlen auch nicht Steuern wie alle anderen, sind frei vom Kriegsdienst und allen Lasten. Von solchen Vorteilen verlockt, aber auch aus innerem Antrieb besuchen viele ihre Schulen oder werden von Eltern und Verwandten hingeschickt. Dort lernen sie, wie es heißt, eine große Menge von Versen auswendig. Daher bleiben manche zwanzig Jahre lang in ihrer Schule. Es ist nämlich streng verboten, ihre Lehre aufzuschreiben, während sie in fast allen übrigen Dingen, im öffentlichen und privaten Verkehr, die griechische Schrift verwenden. Dies scheinen sie mir aus zwei Gründen so zu halten: Sie wollen ihre Lehre nicht in der Masse verbreitet sehen und zudem verhindern, daß die Zöglinge im Vertrauen auf die Schrift ihr Gedächtnis zu wenig üben. Es kommt ja häufig vor, daß man sich auf Geschriebenes verläßt, nicht mehr so gründlich auswendig lernt und in Übung des Gedächtnisses nachläßt. Ihre Hauptlehre ist, die Seele sei nicht sterblich, sondern gehe von einem Körper nach dem Tod in einen anderen über, und sie meinen, diese Lehre sporne besonders zur Tapferkeit an, da man die Todesfurcht verliere. Auch sprechen sie ausführlich über die Gestirne und ihre Bewegung, über die Größe von Welt und Erde, über die Natur, über Macht und Walten der unsterblichen Götter und überliefern ihre Lehre der Jugend.

15

Den zweiten Stand bilden die Ritter. Wenn es die Not erfordert und ein Krieg ausbricht (dies geschah vor Caesars Ankunft ziemlich regelmäßig Jahr um Jahr, weil sie entweder selbst andere angriffen oder Übergriffe abwehrten), ziehen sie alle ins Feld, und je vornehmer und vermögender einer ist, desto mehr Dienstleute und Klienten hat er um sich. Nur dieses Zeichen von Einfluß und Macht kennen sie.

16

Das ganze Volk der Gallier ist erfüllt von abergläubischer Scheu, und deshalb bringen Leute, die von schwerer Krankheit befallen sind oder sich in Krieg und Gefahr befinden, entweder Menschen als Opfer dar oder geloben es und lassen die Druiden diese Opfer vollziehen, weil sie meinen, die unsterblichen Götter könnten nur besänftigt werden, wenn man für das Leben eines Menschen wiederum ein Menschenleben darbringe; auch im Namen des Stammes finden solche Opfer regelmäßig statt. Andere haben Standbilder von ungeheurer Größe, deren aus Ruten geflochtene Glieder sie mit lebenden Menschen anfüllen; dann zündet man unten an, die Menschen werden von der Flamme eingeschlossen und kommen darin um. Sie glauben, die Opferung ertappter Diebe, Räuber oder sonstiger Verbrecher sei den unsterblichen Göttern willkommener. Fehlt es jedoch an solchen Menschen, schreitet man auch zur Opferung Unschuldiger.

17

Von den Göttern verehren sie hauptsächlich Mercurius. Er hat die meisten Bilder, gilt als Erfinder aller Handwerke und Künste, als Führer auf Weg und Steg und hat nach ihrem Glauben den größten Einfluß auf Gelderwerb und Handel. Nach ihm verehren sie Apollo, Mars, Jupiter und Minerva. Von diesen haben sie etwa dieselbe Vorstellung wie die übrigen Völker: Apollo vertreibe die Krankheiten, Minerva lehre die Künste und Handwerke, Jupiter sei der König des Himmels, Mars regiere den Krieg. Ihm geloben sie beim Beschluß einer Entscheidungsschlacht zumeist die Kriegsbeute; nach dem Sieg opfern sie alle Beutetiere und tragen den Rest an einem Ort zusammen. Bei vielen Stämmen kann man ganze Hügel solcher Opfergaben an heiligen Stätten sehen, und nur selten ist jemand so gewissenlos und wagt es, ein Beutestück bei sich zu verbergen oder gar Niedergelegtes wegzunehmen; auch steht darauf die schlimmste Hinrichtungsart unter Foltern.

18

Alle Gallier rühmen sich, vom Vater Dis abzustammen, und berufen sich dafür auf die Lehre der Druiden. Deswegen bestimmen sie alle Zeiträume nicht nach der Zahl der Tage, sondern der Nächte; Geburtstage, Monats- und Jahresanfänge berechnen sie so, daß die Nacht zum folgenden Tag zählt. Von den sonstigen Einrichtungen des Lebens ist als einzigartig etwa noch hervorzuheben, daß sie ihre Kinder erst, wenn sie erwachsen und waffenfähig sind, in der Öffentlichkeit zu sich herantreten lassen und es für entehrend halten, wenn sich ein minderjähriger Sohn öffentlich neben seinem Vater zeigt.

19

1 Die Männer legen den gleichen Betrag, den sie von ihrer Gattin als Mitgift bekommen, aus ihrem Besitz nach erfolgter Schätzung
2 nochmals hinzu. Diese Gesamtsumme wird gemeinsam verwaltet und der Gewinn zurückgelegt; der überlebende Ehegatte erhält
3 dann beide Teile mit den bisherigen Erträgen. Die Männer haben Gewalt über Leben und Tod ihrer Frauen und Kinder; beim Tod eines Hausvaters aus vornehmerer Familie versammeln sich seine Verwandten, und wenn sein Tod Verdacht erregt, unterwerfen sie die Gattin wie eine Sklavin der Folter; findet man sie schuldig, bringen sie diese mit Feuer und allen erdenklichen Qualen ums
4 Leben. Die Leichenbegängnisse sind für gallische Verhältnisse prächtig und aufwendig; alles, was ihrer Meinung nach den Lebenden lieb war, werfen sie ins Feuer, sogar Tiere, und nur kurz vor unserer Zeit wurden noch Sklaven und Klienten, von denen man wußte, der Tote habe sie geliebt, bei einer richtigen Bestattung mitverbrannt.

20

1 Die Stämme, deren Verfassung als besonders zweckmäßig gilt, legen durch Gesetz fest, daß jeder, der etwas Politisches von den Nachbarn durch Hörensagen oder als Gerücht vernimmt, dies
2 den Behörden meldet und es keinem sonst entdeckt, weil man aus Erfahrung weiß, daß häufig leichtsinnige und unerfahrene Menschen durch falsche Gerüchte sich erschrecken, zu einer verfehlten Handlung und zu Beschlüssen über die wichtigsten Dinge
3 hinreißen lassen. Die Stammesführung unterdrückt Nachrichten, wenn sie es für richtig hält, und teilt der Masse nur mit, was ihr für diese nützlich erscheint. Über Staatsdinge darf man nur in Stammesversammlungen sprechen.

21

1 Die Germanen haben ganz andere Einrichtungen. Denn weder kennen sie Druiden, die dem Kult vorstehen, noch legen sie Wert
2 auf Opfer. Unter die Götter rechnen sie nur die, die sie mit Augen sehen und durch deren Hilfe sie sich spürbar unterstützt fühlen: Sonne, Feuergott und Mond; die übrigen kennen sie nicht einmal
3 vom Hörensagen. Ihr ganzes Leben dreht sich um Jagd und Krieg;
4 von klein auf streben sie nach Ausdauer und Härte. Wer möglichst spät mannbar geworden ist, erhält von seiner Umgebung

das größte Lob, meinen sie doch, Enthaltsamkeit bringe großen Wuchs und stähle die Muskelkraft. Vor dem zwanzigsten Jahr aber mit einer Frau zu schlafen gilt ihnen als größte Schande. Im Geschlechtlichen gibt es keine Geheimnistuerei, weil sie gemeinsam in den Flüssen baden und nur Felle oder kurze Pelzkleider tragen, die den Körper zum größten Teil nackt lassen.

22

Ackerbau treiben sie mit wenig Eifer und ernähren sich hauptsächlich von Milch, Käse und Fleisch. Auch hat niemand ein bestimmtes Stück Land oder eigenen Grundbesitz, sondern Stammesführung und maßgebliche Männer teilen jährlich den Familien- und Verwandtschaftsverbänden und anderen Genossenschaften ein angemessenes Feldstück dort zu, wo man es für richtig hält, zwingen sie aber im nächsten Jahr, anderswohin zu gehen. Für dieses Verfahren bringen sie viele Gründe bei: Sie wollen nicht, von der Gewöhnung an Seßhaftigkeit verführt, die Kriegslust durch das Interesse am Feldbau verlieren, wollen auch nicht große Güter erwerben, wobei die Mächtigeren die Armen aus ihrem Besitz verdrängten; auch wollen sie nicht zum Schutz vor Kälte oder Hitze allzu sorgsam bauen; weiterhin soll keine Geldgier entstehen, die Quelle von Parteiungen und Zwist; schließlich will man das Volk durch Zufriedenheit in Ordnung halten, wenn jeder sieht, daß selbst die Mächtigsten nicht mehr besitzen als er.

23

Der größte Ruhm eines Stammes besteht darin, daß möglichst alles weit und breit um ihn herum verwüstet und zur Einöde gemacht ist. Es gilt ihnen als echter Beweis von Tapferkeit, wenn die Nachbarn ihre Felder verlassen und zurückweichen und niemand es wagt, in ihrer Nähe zu wohnen. Zugleich fühlen sie sich so sicherer, weil sie keinen plötzlichen Überfall zu befürchten haben. Wenn der Stamm einen Verteidigungs- oder Angriffskrieg führt, wählt er Führer, die in diesem Krieg Befehlshaber sein und Macht über Leben und Tod haben sollen. Im Frieden gibt es keine allgemeine Regierung, sondern die führenden Männer der einzelnen Teilgebiete und Gaue sprechen Recht unter den Ihren und legen Streitigkeiten bei. Raubzüge bringen keine Schande, soweit sie außerhalb der Stammesgrenzen stattfinden, und sie rühmen dies als Mittel, die Jugend zu üben und der Trägheit abzuhelfen. Wenn sich also in der Stammesversammlung ein angesehener Mann als Führer anbietet und alle aufruft, die ihm folgen wollen, stehen die auf, denen das Unternehmen und der Mann gefallen, und sagen

8 unter dem Beifall der Menge ihre Hilfe zu; wer aber dann nicht mitzieht, gilt als Fahnenflüchtiger und Verräter und verliert von
9 nun an jegliche Glaubwürdigkeit. Es gilt als Frevel, einen Gast zu verletzen; jeden, der zu ihnen, aus welchem Grund auch immer, kommt, schützen sie vor Unrecht, halten ihn für unverletzlich, öffnen ihm jedes Haus und teilen alle Mittel zum Leben mit ihm.

24

1 Früher jedoch gab es eine Zeit, in der die Gallier tapferer waren als die Germanen, Angriffskriege gegen sie führten und aus Übervölkerung und Mangel an Ackerland Siedler über den Rhein schick-
2 ten. So nahmen die tektosagischen Völker die fruchtbarste Gegend Germaniens beim Hercynischen Wald in Besitz, der, wie ich sehe, dem Eratosthenes und anderen Griechen vom Hörensagen bekannt war (sie nennen ihn Orcynischen Wald), und setzten sich
3 dort fest; der Stamm hält sich bis heute an diesen Sitzen und genießt höchstes Ansehen wegen seiner Gerechtigkeit und seines
4 Kriegsruhms. Die Germanen leben immer noch so ärmlich, dürftig und genügsam wie früher und bleiben bei ihrer alten Nahrung
5 und Lebensweise. Den Galliern dagegen gewährt die nahe Provinz und die Kenntnis überseeischer Güter viel Gelegenheit zu
6 Aufwand und Genuß, und so haben sie allmählich gelernt, sich besiegen zu lassen, und nach vielen Niederlagen vergleichen sie sich nicht einmal selbst mehr mit den Germanen an Tapferkeit.

25

1 Die Ausdehnung des oben erwähnten Hercynischen Waldes verlangt von einem rüstigen Fußgänger einen Marsch von neun Tagen. Anders kann man dort nämlich nicht messen, und sie kennen
2 keine Längenmaße für Wegstrecken. Der Wald beginnt an der Grenze der Helvetier, Nemeten und Rauraker und läuft parallel
3 zur Donau bis zum Land der Daker und Anarten. Dort biegt er nach links zu Gegenden, die vom Strom abliegen, und berührt bei
4 seiner großen Ausdehnung das Gebiet vieler Stämme. Es gibt niemand in dem uns bekannten Germanien, der sagen könnte, er sei bis ans Ende dieses Waldes gekommen, selbst wenn er 60 Tage
5 vordrang, oder habe auch nur gehört, wo das Ende ist. Es steht auch fest, daß in diesem Wald viele Arten von Tieren leben, die man sonst noch nirgends gesehen hat; folgende unterscheiden sich von den übrigen Tieren am meisten und sind daher wohl zu erwähnen:

26

Es gibt ein Rind, das wie ein Hirsch aussieht und dem mitten auf der Stirn zwischen den Ohren ein einziges Horn hochwächst, das höher und gerader ist als die uns bekannten Hörner; an der Spitze verzweigt es sich weit in Form von Händen und Zweigen. Das weibliche Tier sieht ebenso aus wie das männliche und hat dieselben großen Hörner.

27

Dann gibt es die sogenannten Alce. Sie sehen aus wie Ziegen und haben auch ein buntes Fell, doch sind sie etwas größer, haben stumpfe Hörner und Beine ohne Gelenke und Knöchel; sie legen sich auch zum Ausruhen nicht nieder und können sich, wenn sie durch ein Mißgeschick umgefallen sind, nicht wieder aufrichten oder aufstehen. Bäume sind ihre Schlafstätte; an diese lehnen sie sich und finden so, ein wenig zur Seite gelehnt, Ruhe. Haben die Jäger an den Spuren ihre gewöhnlichen Schlupfwinkel herausgefunden, so untergraben sie dort alle Bäume an den Wurzeln oder sägen sie so an, daß es nur mehr so aussieht, als stünden sie fest. Lehnen sich die Alce dann, wie gewohnt, dort an, so brechen sie die geschwächten Bäume durch ihr Gewicht ab und fallen selbst mit ihnen zu Boden.

28

Es gibt auch eine dritte Art, die sogenannten Ure. Diese sind etwas kleiner als Elefanten und haben Aussehen, Farbe und Gestalt eines Stieres. Sie sind sehr stark und schnell und gehen auf alles los, was ihnen zu Gesicht kommt, Mensch und Tier. Man fängt sie mit großem Eifer in Gruben und tötet sie dann. Durch die damit verbundene Anstrengung härten sich die jungen Männer ab, üben sich auch durch diese Art von Jagd, und wer von ihnen die meisten erlegt und zum Beweis die Hörner öffentlich ausstellt, erntet großes Lob. An den Menschen gewöhnen oder zähmen kann man nicht einmal eingefangene Jungtiere. Ihre Hörner sind an Umfang, Gestalt und Aussehen ganz verschieden von denen unserer Stiere. Sie sind dort sehr gesucht; man faßt den Rand mit Silber ein und gebraucht sie bei Gastmählern, wenn es hoch hergehen soll, als Trinkgefäße.

29

Als Caesar durch ubische Kundschafter erfuhr, die Sueben hätten sich in ihre Wälder zurückgezogen, befürchtete er Mangel an Getreide, weil, wie oben gesagt, die Germanen auf Ackerbau kaum

2 Wert legen, und beschloß, nicht weiter vorzurücken; um jedoch den Barbaren nicht alle Furcht vor seiner Rückkehr zu nehmen
3 und die Entsendung ihrer Hilfstruppen zu verzögern, riß er nach dem Rückmarsch seines Heeres nur das Ende der Brücke am ubischen Ufer auf eine Länge von zweihundert Fuß ab, errichtete am linksrheinischen Brückenzugang einen Turm mit vier Stockwerken, legte dorthin eine Besatzung von zwölf Kohorten zum Schutz der Brücke und befestigte den Platz mit mächtigen Werken. Das Kommando über Standort und Besatzung übergab er
4 dem jungen Gaius Volcacius Tullus. Er selbst zog nun zu Beginn der Erntezeit zum Krieg gegen Ambiorix und schickte Lucius Minucius Basilus mit der gesamten Reiterei durch die Ardennen, den größten Wald in ganz Gallien, voraus. Dieser Wald reicht vom Rheinufer und der Grenze der Treverer bis zu den Nerviern und ist länger als 500 Meilen. Er hoffte, Basilus werde durch schnellen Vormarsch und Ausnützung eines günstigen Augen-
5 blicks einen glücklichen Handstreich führen, und befahl ihm, das Anzünden von Lagerfeuern zu verbieten, um seinen Anmarsch nicht schon von weitem zu verraten; auch sagte er ihm zu, er werde unverzüglich folgen.

30

1 Basilus verfuhr wie befohlen. Da er den Weg rasch, viel schneller, als alle erwartet hatten, zurücklegte, griff er viele auf, die nichtsahnend bei der Feldarbeit waren. Nach deren Angaben eilte er zu Ambiorix selbst, dorthin, wo er sich angeblich mit ein paar Rei-
2 tern aufhielt. Doch kommt es im ganzen Leben, besonders aber im Krieg, sehr viel auf das Glück an. Es war nämlich schon ein großer Zufall, daß Basilus auf den ahnungslosen und unvorbereiteten Ambiorix traf und rascher in nächster Nähe auftauchte, als Nachricht und Botschaft von seinem Anmarsch da waren; ein ebenso großer Zufall aber war es, daß Ambiorix selbst dem Tod entging, wobei er jedoch seine ganze militärische Ausrüstung einbüßte
3 und Wagen und Pferde verlor. Doch auch dies war nur möglich, weil sein Haus mitten im Wald lag wie die meisten Gehöfte der Gallier, die ihre Häuser zum Schutz vor der Hitze zumeist in die Nähe von Wäldern und Flüssen bauen; so hielten seine Begleiter und Freunde auf dem engen Waldpfad den stürmischen Angriff
4 unserer Reiter kurze Zeit auf, und während jene kämpften, hob ihn einer von seinen Leuten aufs Pferd, und der dichte Wald deckte seine Flucht. So spielte bei Gefährdung und Rettung des Ambiorix das Glück eine große Rolle.

31

Ob Ambiorix seine Truppen mit Absicht nicht zusammenzog, weil er von einer Schlacht überhaupt nichts wissen wollte, oder ob ihm die Zeit dazu fehlte, das rasche Eintreffen unserer Reiter ihn daran hinderte und er meinte, das übrige Heer folge auf dem Fuß, ist nicht geklärt. Fest steht nur, daß überallhin Boten mit dem Befehl geschickt wurden, jeder solle sich selbst retten. Ein Teil seiner Anhänger floh in den Ardenner Wald, ein anderer in die endlosen Sumpfgebiete. Wer dem Ozean am nächsten wohnte, verbarg sich auf den Inseln, die bei Flut regelmäßig entstehen. Viele verließen ihre Heimat und suchten mit Hab und Gut Zuflucht bei wildfremden Menschen. Catuvolcus, der König der anderen Hälfte der Eburonen, der mit Ambiorix den Aufstand begonnen hatte, ein altersmüder Mann, der die Mühsal des Krieges oder einer Flucht nicht überstehen konnte, verfluchte ingrimmig Ambiorix, der ihm diesen Plan eingeredet habe, und beging mit Eibenbeeren, die in Gallien und Germanien häufig vorkommen, Selbstmord.

32

Die Segner und Kondruser, ein Stammesteil der Germanen, die zwischen den Eburonen und Treverern wohnen, schickten Gesandte an Caesar mit der Bitte, sie nicht als Feinde anzusehen oder zu meinen, alle Germanen links des Rheins machten gemeinsame Sache; sie hätten nicht an Krieg gedacht, auch Ambiorix keinerlei Hilfe geschickt. Caesar verschaffte sich Klarheit, indem er Gefangene vernehmen ließ, und befahl dann, eburonische Flüchtlinge, die sich bei ihnen gesammelt hätten, an ihn auszuliefern; dann werde er ihr Land verschonen. Darauf teilte er seine Streitkräfte in drei Gruppen und schaffte die schwere Ausrüstung aller Legionen nach Atuatuca. So heißt ein fester Platz etwa in der Mitte des Eburonenlandes, wo Titurius und Aurunculeius ihr Winterlager gehabt hatten. Dieser Punkt schien ihm in jeder Beziehung geeignet, besonders aber, weil die Befestigungen vom Vorjahr noch in gutem Zustand waren, so daß er den Soldaten die Arbeit erleichtern konnte. Zum Schutz für das Gepäck hinterließ er die vierzehnte Legion, eine von den drei erst kürzlich ausgehobenen, die er aus Italien herübergeführt hatte. Den Befehl über diese Legion und das Lager erhielt Quintus Tullius Cicero, dem noch 200 Reiter beigegeben wurden.

33

Nach der Teilung des Heeres entsandte er Titus Labienus mit drei Legionen in Richtung Ozean in die Nachbarschaft der Menapier.

2 Gaius Trebonius schickte er mit ebensoviel Legionen ab, um das
3 Grenzgebiet der Atuatuker zu verwüsten. Er selbst wollte mit den
restlichen drei Legionen zum Fluß Scaldis, der in die Maas mündet, und bis an die Ausläufer der Ardennen marschieren, wohin,
wie er hörte, Ambiorix mit einer Handvoll Reiter gezogen war.
4 Beim Abmarsch versprach er, in einer Woche zurückzukommen,
denn er wußte, daß an diesem Termin die in der Befestigung ge-
5 lassene Legion Getreide erhalten mußte. Er wies Labienus und
Trebonius an, wenn es die Umstände zuließen, zur gleichen Zeit
zurückzukehren, um wieder gemeinsam beraten und, wenn die
Taktik der Feinde erkundet wäre, den Krieg mit neuer Strategie
beginnen zu können.

34

1 Es gab, wie oben dargelegt, keine feste Truppe beim Feind, keinen
festen Platz, keine mit Waffen verteidigte Verschanzung, sondern
2 nur eine nach allen Seiten zerstreute Menge. Jeder hatte sich versteckt, wo ihm ein verborgenes Tal, ein Wald oder ein schwer zugängliches Sumpfgebiet ein wenig Hoffnung auf Schutz oder gar
3 Rettung bot. Diese Verstecke waren nur den Nachbarn bekannt,
und man mußte sehr auf der Hut sein, nicht, um das ganze Heer zu
sichern (denn allen zusammen konnte von den Eingeschüchterten
und Versprengten keine Gefahr drohen), doch um die einzelnen
Soldaten zu schützen, und von dieser Vorsorge hing wiederum die
4 Sicherheit des Gesamtheeres ab. Denn Beutegier lockte viele Soldaten immer weiter, und die Wälder mit ihren unsicheren und versteckten Pfaden verhinderten einen Angriff in geschlossener Ord-
5 nung. Wollte man die Sache zu Ende bringen und die Bande verbrecherischer Existenzen ausrotten, so mußte man mehrere Ein-
6 heiten aussenden und dadurch das Heer zersplittern; wollte man
aber die Manipel bei den Feldzeichen zusammenhalten, wie es
hergebrachte Sitte und Gefechtsordnung des römischen Heeres
verlangten, dann bot das Land selbst den Barbaren Schutz, und
manche waren verwegen genug, Hinterhalte zu legen und einzeln
7 operierende Soldaten zu überfallen. Bei solchen Schwierigkeiten
wandte man sorgsam alle mögliche Vorsicht an; man ließ lieber eine Gelegenheit, dem Feinde zu schaden, vorbei, mochten auch alle vor Rachedurst glühen, als daß man dem Feind schadete, dabei
8 aber Verlust an Soldaten in Kauf nahm. Caesar schickte an die
Nachbarstämme Boten und lud alle, die Beute machen wollten,
zur Plünderung der Eburonen ein, damit in den Wäldern lieber
Gallier in Lebensgefahr gerieten als ein Legionär. Zugleich sollten
durch die riesige Übermacht, die sich ringsum ergoß, Stamm und

Gemeinwesen der Eburonen für die unerhörte Untat mit Stumpf und Stiel ausgerottet werden. Wirklich strömte von allen Seiten rasch eine große Masse von Galliern herbei.

35

So ging es in allen Landesteilen der Eburonen her, und schon kam der siebte Tag heran, an dem Caesar zum Troß und der Legion zurückkehren wollte. Hier nun zeigte sich, wieviel im Krieg vom Glück abhängt und wie viele Zufälle es bringt. Da der Feind, wie gesagt, versprengt und eingeschüchtert war, gab es keine Streitmacht, die auch nur im geringsten zu fürchten war. Über den Rhein aber drang zu den Germanen das Gerücht, die Eburonen würden ausgeplündert, und obendrein sei alles zum Beutemachen eingeladen. Die Sugambrer, die gleich am Rhein wohnen und, wie oben erwähnt, die fliehenden Tenktherer und Usipeter aufgenommen hatten, holen 2000 Reiter zusammen und überqueren den Rhein auf Schiffen und Kähnen 30 Meilen unterhalb der Stelle, wo Caesar die Brücke gebaut und die Sicherung zurückgelassen hatte. Zuerst reiten sie in eburonisches Gebiet, nehmen viele Flüchtlinge und Versprengte gefangen und erbeuten eine große Menge Vieh, auf das die Barbaren ganz versessen sind. Die Beute lockt sie immer weiter. Kein Sumpf und kein Wald hält diese geborenen Krieger und Räuber auf. Sie fragen die Gefangenen nach Caesars Standort und erfahren, er sei weiter fortgezogen, und das ganze Heer sei zerstreut. Da fragte sie einer der Gefangenen: „Warum seid ihr denn hinter dieser armseligen und mageren Beute her, wo ihr auf einen Schlag steinreich werden könnt? In drei Stunden seid ihr in Atuatuca; dort hat das römische Heer seine ganzen Reichtümer aufgehäuft; die Besatzung ist so klein, daß sie nicht einmal die Mauer voll besetzen kann und sich keiner vor die Befestigung hinauswagt." Bei solcher Aussicht lassen die Germanen die bereits gemachte Beute wohlversteckt zurück und eilen nach Atuatuca, geführt von dem Gefangenen, der ihnen diesen Hinweis gab.

36

Während Cicero an den ersten sechs Tagen nach Caesars Befehl die Soldaten streng im Lager gehalten und nicht einmal einen Troßknecht vor den Wall hinausgelassen hatte, bekam er am siebten Tag Zweifel, ob Caesar seinen Zeitplan einhalten werde, hörte er doch, er sei ziemlich weit marschiert, und es verlautete auch nichts über seine Rückkehr. Zugleich blieb das Gerede derer nicht ohne Wirkung auf ihn, die seine Pflichttreue schon fast eine Bela-

gerung nannten, da man ja das Lager nicht verlassen dürfe. Weil er sich nun keinen Fall denken konnte, bei dem ihm trotz neun eingesetzten Legionen und einer starken Reiterei (die Feinde dazu zersprengt und fast vernichtet) auf drei Meilen in die Runde ein Unglück begegnen konnte, schickte er fünf Kohorten zum Getreideholen auf die nächsten Felder, die vom Lager nur durch eine
3 Höhe getrennt waren. Im Lager war eine größere Anzahl Kranker aus verschiedenen Legionen zurückgeblieben; von diesen rückten etwa 300 Mann, die dieser Tage genesen waren, als eigene Einheit aus. Auch durfte eine Masse von Troßknechten und Zugtieren, die im Lager geblieben waren, bei dieser Gelegenheit mitziehen.

37

1 Gerade in diesem Augenblick und bei so guter Gelegenheit erschienen die germanischen Reiter und wollten gleich so, wie sie herangesprengt kamen, durch das Hintertor ins Lager einbrechen;
2 man bekam sie wegen der hier liegenden Wälder erst zu Gesicht, als sie bereits ans Lager heransprengten, und zwar so rasch, daß die Krämer, die ihre Zelte unten vor dem Wall hatten, nicht mehr
3 ins Lager zurückrennen konnten. Der unerwartete Überfall brachte unsere Leute in Verwirrung, und die Kohorte auf Torwa-
4 che fing kaum den ersten Anprall auf. Die Feinde umringten nun
5 das ganze Lager und suchten einen Eingang. Die Unseren halten mit Mühe die Tore; für die übrigen Zugänge bilden Lage und Be-
6 festigung genügend Schutz. Im ganzen Lager herrscht Zittern und Zagen; einer fragt den anderen nach der Ursache des Lärms, doch niemand befiehlt, wohin man die Feldzeichen wenden oder wo
7 man sich sammeln soll. Der eine schreit, das Lager sei schon erobert, ein anderer, unser Heer mit dem Feldherrn sei vernichtet,
8 die siegreichen Barbaren seien schon da. Den meisten flößte der Standort plötzlich abergläubische Furcht ein; sie erinnern an das Unglück des Cotta und Titurius, die in diesem Lager umgekom-
9 men seien. Da nun alle von panischer Furcht erfaßt sind, befestigt sich bei den Barbaren die Ansicht, es sei, wie sie von dem Gefan-
10 genen hörten, keine Besatzung im Lager. Sie versuchen durchzubrechen und feuern einander an, ein solches Glück nicht aus der Hand zu lassen.

38

1 Bei der Besatzung war der erkrankte Publius Sextius Baculus zurückgeblieben, ehemaliger ranghöchster Zenturio bei Caesar, den wir bei früheren Kämpfen schon erwähnten; er hatte nun
2 schon vier Tage lang nichts mehr gegessen. Auch er fürchtet, es sei

um ihn und die Legion geschehen, und verläßt unbewaffnet sein Zelt, sieht, daß die Feinde bedrohlich nahe sind und die Sache auf Messers Schneide steht, entreißt den Nächststehenden ihre Waffen und faßt am Tor Posten. Ihm schließen sich die Zenturionen der Wachkohorte an, und sie halten gemeinsam eine Zeitlang den feindlichen Ansturm auf. Sextius erhält schwere Wunden und wird bewußtlos; mit Mühe und Not zieht man den Ohnmächtigen von Hand zu Hand in Sicherheit. Während dieser Frist fassen die übrigen so viel Mut, daß sie die Wälle zu besetzen wagen und wenigstens so tun, als seien sie Verteidiger.

39

Inzwischen sind unsere Soldaten mit dem Getreideholen fertig und hören Geschrei; die Reiter sprengen voraus und erkennen die Größe der Gefahr. Doch gibt es hier keine Befestigung, die die Erschreckten bergen könnte; so starren die eben erst ausgehobenen und unerfahrenen Soldaten den Militärtribun und die Zenturionen an und erwarten deren Befehle. Doch verloren auch die Mutigsten durch den überraschenden Zwischenfall die Fassung. Wie die Barbaren in der Ferne die Feldzeichen sehen, brechen sie ihren Sturmangriff ab und meinen zuerst, die Legionen kehrten zurück, die nach Aussage der Gefangenen weit weg sein sollten; dann aber fallen sie voll Verachtung für den kleinen Haufen von allen Seiten über ihn her.

40

Die Troßknechte stürzen auf den nächsten Hügel. Von dort rasch hinuntergejagt, rennen sie zu den Feldzeichen und Manipeln und erschrecken die verängstigten Soldaten erst recht. Die einen wollen einen Keil bilden und rasch durchbrechen, da das Lager so nahe sei, und wenn auch ein Teil abgeschnitten und getötet würde, so könnte sich doch der Rest mit Sicherheit retten. Andere wollen sich auf der Anhöhe festsetzen und gemeinsam das gleiche Schicksal tragen. Diesen Vorschlag billigen die Veteranen nicht, die, wie berichtet, als eigene Einheit mit ausgerückt waren. So sprechen sie einander Mut zu, brechen unter dem Kommando ihres Anführers, des römischen Ritters Gaius Trebonius, mitten durch die Feinde und erreichen alle ohne Ausnahme unverletzt das Lager. Ihnen folgten die Reiter und Troßknechte und fanden beim gleichen Durchbruch dank der Tapferkeit der Soldaten Rettung. Die Kohorten aber, die auf dem Hügel stehen blieben und noch keine Kriegserfahrung besaßen, konnten weder an ihrem ersten Entschluß festhalten und sich von oben herab verteidigen noch das kraftvoll-rasche Vorgehen nachahmen, durch das, wie sie sahen, die anderen erfolgreich waren; sie kamen nämlich bei dem Versuch, ins Lager zurückzugehen, in ungünstiges Gelände. Die Zenturionen, von denen einige aus unteren Graden anderer Legionen für Tapferkeit vor dem Feind in höhere Ränge dieser Legion befördert waren und ihr bisher erworbenes Ansehen nicht einbüßen wollten, kämpften wie die Löwen, fielen jedoch. Da sie durch ihre Aufopferung die Feinde abdrängten, entkam ein Teil ihrer Soldaten wider alles Erwarten heil ins Lager; der Rest wurde von den Barbaren umringt und niedergemacht.

41

1 Die Germanen verzweifelten am Erfolg der Belagerung, weil sie sahen, daß unsere Leute schon die Schanzen besetzt hatten, und kehrten mit der Beute, die sie im Wald verwahrt hatten, über den
2 Rhein zurück. Die Angst saß auch nach dem Abzug der Feinde noch so tief, daß dem Gaius Volusenus, der, in der folgenden Nacht vorausgeschickt, mit der Reiterei zum Lager kam, niemand glauben wollte, Caesar sei mit dem wohlbehaltenen Heer bereits
3 da. Die Furcht hatte alle derart gepackt, daß sie fast wie Verrückte riefen, das ganze Heer sei vernichtet, nur die Reiterei habe sich fliehend zurückziehen können und die Germanen hätten das Lager nicht bestürmt, wenn das Heer ohne Verluste gewesen wäre.
4 Erst Caesars Eintreffen machte dieser Angst ein Ende.

42

1 Da dieser zu gut wußte, was im Krieg alles möglich ist, rügte er bei seiner Rückkehr lediglich die Entscheidung, die Kohorten aus dem festen und sicheren Lager herauszuschicken (man durfte dem
2 Zufall auch nicht den geringsten Spielraum lassen); sonst ging sein Urteil dahin, das Glück habe beim plötzlichen Ansturm der Feinde sein eigenes Spiel getrieben, noch mehr aber bei der glücklichen Abwehr des Feindes, der fast schon auf dem Wall, ja dicht vor den
3 Toren gestanden habe. Von allem aber war das Merkwürdigste, daß die Germanen den Rhein überschritten, um das Land des Ambiorix zu plündern, diesem aber, indem sie auf das römische Lager stießen, den erwünschten Dienst leisteten.

43

1 Caesar brach von neuem auf, um die Feinde zu schädigen. Er bot aus den Nachbarstämmen eine große Menge Reiter auf und
2 schickte sie nach allen Seiten aus. Alle Dörfer und Gehöfte, die man entdecken konnte, wurden niedergebrannt, das Vieh abge-

stochen und überall Beute gemacht; das Getreide wurde nicht nur von den vielen Zugtieren und Menschen aufgebraucht, sondern ging auch durch die späte Jahreszeit und die Herbstregen zugrunde, so daß Menschen, die sich zwar für den Augenblick verbergen konnten, auch nach Abzug des Heeres aus Mangel an allem dem Tod geweiht schienen. Und da eine so große Reitermasse überall verteilt umherstreifte, kam es häufig vor, daß Feinde bei ihrer Gefangennahme sich nach Ambiorix umsahen, den sie eben noch auf der Flucht sahen, ja noch nicht ganz aus den Augen verloren haben wollten; so faßten die Leute Hoffnung, ihn einzuholen, und nahmen unendliche Mühen auf sich, da sie meinten, größten Dank von Caesar zu ernten; sie leisteten in ihrem Eifer Übermenschliches, und doch schien fast immer noch eine Kleinigkeit zum letzten Erfolg zu fehlen, denn jener rettete sich in Schlupfwinkel und Waldschluchten, verbarg sich in der Nacht und flüchtete in andere Richtungen und Landesteile, begleitet von nur vier Reitern, denen allein er sein Leben anzuvertrauen wagte.

44

Als das Land auf diese Weise verwüstet war, führte Caesar das Heer mit einem Verlust von zwei Kohorten nach Durocortorum im Remerland zurück, berief eine gesamtgallische Versammlung dorthin, stellte eine Untersuchung über den Aufstand der Senonen und Karnuten an, ließ auch ein hartes Urteil über Acco, den Anstifter des ganzen Anschlags, ergehen und ihn nach Art der Vorfahren hinrichten. Einige flohen aus Angst vor einer Verurteilung. Diese erklärte er für vogelfrei und legte dann zwei Legionen an die Grenze der Treverer, zwei zu den Lingonen, die übrigen sechs in Agedincum im Gebiet der Senonen ins Winterlager, sorgte für Getreidenachschub und reiste dann, wie gewohnt, nach Italien, um Gerichtstage abzuhalten.

SIEBTES BUCH

1

1 Da Gallien ruhig war, reiste Caesar, wie er sich vorgenommen hatte, nach Italien, um Gerichtstage abzuhalten. Dort erfährt er vom Mord an Publius Clodius und vom Beschluß des Senats, in Italien alle Wehrpflichtigen zu vereidigen, und führte in der 2 ganzen Provinz die Aushebung durch. Diese Vorgänge werden rasch im transalpinischen Gallien bekannt. Die Gallier bauschten alles auf und fügten den Gerüchten noch bei, was bei dieser Lage unvermeidlich schien, nämlich, Caesar sei durch die Unruhen in Rom aufgehalten und könne während solcher politischen Span-3 nungen nicht zur Armee kommen. Durch diese Gelegenheit ließen sich die Gallier, die schon vorher ihre Unterwerfung unter Rom schmerzlich empfanden, dazu verleiten, ziemlich frei und 4 kühn Pläne für einen Krieg zu schmieden. Die führenden Männer Galliens hielten Zusammenkünfte an verborgenen Plätzen in den 5 Wäldern ab, beklagten den Tod des Acco und hoben hervor, auch sie könne sein Schicksal treffen; sie bejammerten das traurige Los ganz Galliens und riefen mit allen möglichen Versprechen und Belohnungen nach jemand, der den Krieg beginnen und unter Gefahr auch des eigenen Lebens Gallien in die Freiheit führen solle. 6 Vor allem müsse man darauf sehen, Caesar von seinem Heer abzuschneiden, bevor ihre geheimen Anschläge verraten würden. 7 Dies sei leicht, weil weder die Legionen wagen würden, in Abwesenheit des Feldherrn das Winterlager zu verlassen, noch der Feldherr ohne Bedeckung zu den Legionen kommen könne. 8 Schließlich sei es besser, im Kampf zu fallen, als den alten Kriegsruhm und die von den Vätern ererbte Freiheit nicht wiederzugewinnen.

2

1 Nach diesen Verhandlungen erklären die Karnuten, sie scheuten für die Rettung aller keine Gefahr, und versprechen, den ersten 2 Schlag zu führen; und da man sich im Augenblick nicht durch Geiseln vor einem Verrat der Verschwörung schützen konnte, verlangen sie, durch Eid und Ehrenwort vor den zusammengestellten Feldzeichen (nach ihrer Sitte die heiligste Zeremonie) die Zusicherung aller übrigen, sie nach Kriegsbeginn nicht im Stich zu 3 lassen. Man lobt allgemein die Karnuten, alle Anwesenden leisten den Eid, legen den Termin für die Erhebung fest und lösen dann die Versammlung auf.

3

Als der vereinbarte Tag da ist, strömen die Karnuten unter Führung des Cotuatus und Conconnetodumnus, zweier Tollköpfe, in Cenabum zusammen und ermorden römische Bürger, die sich dort als Geschäftsleute niedergelassen hatten, darunter Gaius Fufius Cita, einen angesehenen römischen Ritter, der in Caesars Auftrag den Getreidenachschub sicherte. Ihre Habe wird geplündert. Rasch gelangt die Kunde zu allen gallischen Stämmen. Denn jeden wichtigen und bedeutenden Vorfall melden sie durch Zuruf über die Felder und Fluren hin; andere nehmen den Ruf der Reihe nach auf und geben ihn den nächsten weiter; so geschieht es auch jetzt. Was nämlich bei Sonnenaufgang in Cenabum geschehen war, hörte man noch vor Ende der ersten Nachtwache im Gebiet der Arverner, rund 160 Meilen entfernt.

4

Auf ähnliche Weise rief dort der Arverner Vercingetorix, Sohn des Celtillus, ein sehr mächtiger junger Mann (dessen Vater an der Spitze von ganz Gallien gestanden hatte, und, weil er König werden wollte, von seinem Stamm getötet worden war), seine Klienten zusammen und hetzte sie mit leichter Mühe auf. Als aber sein Vorhaben ruchbar wurde, griff man zu den Waffen. Vercingetorix wird von seinem Onkel Gobannitio und den übrigen Stammeshäuptern, die das Glück so nicht versuchen wollten, aus der Stadt Gergovia verjagt; doch ließ er nicht locker und hob auf dem flachen Land Habenichtse und anderes Gesindel aus. Mit dieser Bande zog er durchs Land und gewann alle, die er traf, für seinen Plan; er mahnt sie, für die gemeinsame Freiheit die Waffen zu ergreifen, steht bald an der Spitze einer großen Streitmacht und vertreibt seinerseits die Gegner, die ihn kurz zuvor hinauswarfen, aus dem Stamm. Von seinen Leuten zum König ausgerufen, schickt er Gesandtschaften aus und beschwört alle Welt, das gegebene Wort zu halten. Rasch knüpft er Verbindungen zu den Senonen, Parisiern, Piktonen, Kadurkern, Turonern, Aulerkern, Lemoviken, Anden und allen anderen Stämmen am Ozean; einstimmig übertragen sie ihm den Oberbefehl. Im Besitz dieser Macht, läßt er sich von allen diesen Stämmen Geiseln stellen, rasch eine bestimmte Zahl von Soldaten zuführen und setzt fest, wie viele Waffen jeder Stamm zu Hause herstellen soll und bis zu welchem Termin; besonders geht es ihm um Reiterei. Mit höchster Energie vereinigt er äußerste Strenge der Machtausübung; Zögernde bringt er durch grausame Strafen zum Gehorsam. Bei größeren Vergehen läßt er nämlich die Leute mit Feuer und allen erdenklichen Martern hinrichter, bei geringeren Verstößen mit abgeschnittenen Ohren oder auf einem Auge geblendet heimschicken, um durch die schwere Strafe für alle anderen ein warnendes und abschreckendes Beispiel zu statuieren.

5

1 Als er durch diesen Terror bald ein Heer beisammen hatte, schickte er den Kadurker Lucterius, einen höchst verwegenen Menschen, mit einem Teil der Truppen zu den Rutenern; er selbst mar-
2 schierte zu den Biturigen. Bei seinem Anrücken schickten die Biturigen Gesandte zu den Häduern, ihren Schutzherren, mit der Bitte um Hilfe, um das feindliche Heer besser aufhalten zu kön-
3 nen. Die Häduer schickten auf Anraten der Legaten, die Caesar beim Heer zurückgelassen hatte, den Biturigen Reiter und
4 Fußvolk zu Hilfe. Als diese zum Liger kamen, dem Grenzfluß der Biturigen und Häduer, blieben sie dort ein paar Tage stehen, wagten sich nicht über den Fluß, kehrten nach Hause zurück und berichteten unseren Legaten, sie seien aus Angst vor einem Verrat
5 der Biturigen umgekehrt; deren Plan sei, wie sie herausfanden, gewesen, sie im Fall des Übergangs über den Fluß auf der einen Sei-
6 te selbst, auf der anderen durch die Arverner zu umzingeln. Ob der Rückzug wirklich aus dem Grund erfolgte, den sie den Legaten angaben, oder aus Heimtücke, läßt sich wohl nicht genau sagen, weil wir darüber nichts Sicheres wissen. Die Biturigen schlossen sich jedenfalls nach dem Abzug der Häduer sogleich den Arvernern an.

6

1 Als Caesar in Italien von diesen Vorgängen Meldung erhielt und feststellen durfte, daß sich die Lage in Rom durch das entschiedene Auftreten des Gnaeus Pompeius stabilisiert hatte, ging er ins
2 transalpinische Gallien ab. Dort angekommen, sah er sich in größ-
3 ter Verlegenheit, wie er seine Armee erreichen solle. Ließ er nämlich die Legionen in die Provinz kommen, so wurden sie voraussichtlich auf dem Marsch ohne seine Führung in Kämpfe ver-
4 wickelt; eilte er dagegen selbst zum Heer, so konnte er (das sah er ebenfalls) nicht einmal den anscheinend noch ruhigen Stämmen mit gutem Gewissen seine Sicherheit anvertrauen.

7

1 Unterdessen gewann der Kadurker Lucterius, den man zu den
2 Rutenern schickte, diesen Stamm für die Arverner. Er marschierte weiter zu den Nitiobrogen und Gabalern, ließ sich von beiden

Geiseln stellen, sammelte eine bedeutende Streitmacht und wollte in unsere Provinz in Richtung Narbo einfallen. Auf diese Nachricht hielt es Caesar vor allem für das Dringlichste, sich nach Narbo zu begeben. Dort angekommen, beruhigte er die verängstigten Einwohner, legte Besatzungen zu den Rutenern in der Provinz, den arekomischen Völkern, den Tolosaten und in den Raum Narbo, denn diese Orte lagen dem Feind zunächst; er ließ auch einen Teil der Truppen aus der Provinz und den aus Italien mitgebrachten Ersatz sich bei den Helviern an der arvernischen Grenze versammeln.

8

Als Lucterius schon durch diese Maßnahmen zurückgedrängt und verjagt war, weil er es nicht wagte, in den Bereich der Sicherungskräfte einzudringen, begab sich Caesar zu den Helviern. Wenn auch die Cevennen, die die Arverner von den Helviern absperren, in der schlimmsten Jahreszeit durch wahre Schneeberge den Marsch behinderten, ließ er doch den sechs Fuß hohen Schnee wegräumen und gelangte auf den so gebahnten Wegen dank der mühevollen Arbeit seiner Soldaten ins Land der Arverner. Diese überfiel er ganz überraschend, da sie sich durch die Cevennen wie von einer Mauer geschützt glaubten und bisher in dieser Jahreszeit nicht einmal ein einzelner Mann einen gangbaren Bergpfad gefunden hatte. Caesar befahl der Reiterei, soweit wie möglich umherzustreifen und dem Feind möglichst großen Schrecken einzujagen. Gerücht und Meldung über diese Vorgänge erreichen rasch Vercingetorix. Alle Arverner bestürmen und beschwören ihn voller Schrecken, ihre Habe zu schützen und sie nicht vom Feind plündern zu lassen, zumal er ja sehe, daß sich der ganze Krieg in ihr Land wälze. Er läßt sich durch ihre Bitten bestimmen und bricht von den Biturigen in Richtung Arvernerland auf.

9

Caesar aber hielt sich nur zwei Tage dort auf, und weil er vorausgesehen hatte, Vercingetorix werde so handeln, verließ er unter dem Vorwand, Nachschub zu beschaffen und Reiterei zusammenzuholen, das Heer und übergab dem jungen Brutus den Befehl über die Streitmacht; er wies ihn an, die Reiter in alle Richtungen möglichst weit streifen zu lassen; er werde sich Mühe geben, nicht länger als drei Tage vom Lager fern zu sein. Nach diesen Anordnungen traf er, für seine Leute ganz unerwartet, nach möglichst langen Tagesmärschen in Vienna ein. Hier fand er Reiter mit frischen Kräften, die er schon viele Tage zuvor dorthin

vorausgeschickt hatte, und zog ohne Unterbrechung bei Tag oder bei Nacht durch das Häduerland zu den Lingonen, wo zwei Legionen überwinterten; wenn die Häduer einen Anschlag gegen seine Sicherheit planten, wollte er ihnen durch Schnelligkeit zu-
5 vorkommen. Dort angekommen, schickte er zu den übrigen Legionen und hatte sie schon versammelt, bevor die Arverner über-
6 haupt erfahren konnten, daß er da sei. Auf diese Nachricht führt Vercingetorix sein Heer wieder zu den Biturigen zurück, zieht von dort aus nach Gorgobina, einer Stadt der Boier, die Caesar nach ihrer Niederlage im Helvetierkrieg dort angesiedelt und den Häduern zugeteilt hatte, und begann, sie zu belagern.

10

1 Dieser Gegenzug brachte Caesar in große Verlegenheit und machte ihm seinen Entschluß schwer. Behielt er die Legionen für den Rest des Winters an einem Platz, so konnte ganz Gallien abfallen, wenn die von den Häduern abhängige Stadt erobert wurde, da man glauben mußte, seine Freunde hätten an ihm keinen Schutz mehr. Brach er vor der Zeit aus dem Winterlager auf, dann mußte er mit Schwierigkeiten beim Heranschaffen des Getreide-
2 nachschubs rechnen. Und doch wollte er lieber all diesen Schwierigkeiten trotzen als solche Schande auf sich nehmen und sich das
3 Vertrauen aller seiner Anhänger verscherzen. So wies er die Häduer an, ihm Getreide zu liefern, schickte Boten an die Boier voraus, um sie von seinem Anmarsch zu unterrichten, sie aufzufordern, treu auszuharren und dem Ansturm der Feinde tapfer zu wi-
4 derstehen. Zwei Legionen und das große Gepäck der gesamten Armee ließ er in Agedincum zurück und brach zu den Boiern auf.

11

1 Als er am zweiten Marschtag Vellaunodunum, eine Stadt der Senonen, erreicht hatte, beschloß er, sie zu belagern, um keinen Feind in seinem Rücken zu lassen und besseren Getreidenachschub zu haben; in zwei Tagen schloß er sie mit Wall und Graben
2 ein. Als am dritten Tag aus der Stadt Gesandte kamen und die Übergabe anboten, befahl er, die Waffen abzuliefern, Zugtiere
3 beizubringen und 600 Geiseln zu stellen. Um die Übergabe durchzuführen, ließ er den Legaten Gaius Trebonius zurück; er selbst rückte, um möglichst rasch voranzukommen, gegen Cena-
4 bum im Land der Karnuten vor. Diese hatten gerade erst die Nachricht von der Belagerung von Vellaunodunum erhalten, waren der Ansicht, die Sache dort werde sich länger hinziehen, und stellten eben eine Truppe zusammen, um sie zur Verteidigung von

Cenabum zu schicken. Zu ihnen kam Caesar in zwei Tagen. Er schlug Lager vor der Stadt, und da es die Tageszeit nicht mehr zuließ, verschob er den Angriff auf den nächsten Tag, befahl aber den Soldaten, alles dazu vorzubereiten; weil von Cenabum eine Brücke über den Liger führte, befürchtete er, die Gallier könnten nachts aus der Stadt fliehen, und ließ zwei Legionen in Waffen lagern. Die Cenaber verließen auch kurz vor Mitternacht leise die Stadt und begannen, über den Fluß zu gehen. Caesar erfuhr von ihrem Vorhaben durch Spähtrupps, ließ die Tore in Brand setzen und die beiden Legionen, für die er Alarmbereitschaft befohlen hatte, in die Stadt einbrechen. Er eroberte die Stadt, wobei man fast alle Feinde bis auf einige wenige gefangennahm, weil die schmale Brücke und die engen Wege der Masse die Flucht unmöglich machten. Er ließ die Stadt plündern und in Brand stecken, schenkte die Beute den Soldaten, führte das Heer über den Liger und rückte ins Gebiet der Biturigen vor.

12

Auf die Nachricht von Caesars Anmarsch brach Vercingetorix die Belagerung ab und zog ihm entgegen. Caesar hatte begonnen, Noviodunum, eine Stadt der Biturigen, die am Weg lag, anzugreifen. Als Gesandte aus der Stadt zu ihm kamen und um Gnade und Schonung ihres Lebens baten, befahl er, um mit jener Schnelligkeit, der er die bisherigen Erfolge verdankte, auch den Rest durchzuführen, die Waffen abzugeben, die Pferde herauszuführen und Geiseln zu stellen. Als schon ein Teil der Geiseln ausgeliefert, alles übrige im Gange war und Zenturionen mit einigen Soldaten hineingeschickt waren, um Waffen und Zugtiere zu beschlagnahmen, kam in der Ferne die feindliche Reiterei in Sicht, die den Vortrab des Vercingetorix bildete. Sobald die Städter sie sahen und auf Entsatz hoffen konnten, fingen sie zu schreien an, griffen zu den Waffen und begannen, die Tore zu schließen und die Mauer dicht zu besetzen. Da die Zenturionen in der Stadt am Verhalten der Gallier merkten, daß sie sich anders besannen, zogen sie die Schwerter, besetzten die Tore und brachten alle ihre Leute unverletzt heraus.

13

Caesar ließ die Reiter aus dem Lager rücken und ein Reitergefecht eröffnen; als die Seinen schon ins Gedränge kamen, schickte er etwa 400 germanische Reiter zu Hilfe, die er von Anfang an immer um sich hatte. Ihrem Ansturm konnten die Gallier nicht standhalten, wurden geworfen und zogen sich mit schweren Verlusten

zum Hauptheer zurück. Durch die Niederlage ihrer Landsleute bekamen es die Städter wieder mit der Angst, ergriffen die Männer, die das Volk aufgehetzt haben sollten, lieferten sie Caesar aus
3 und ergaben sich ihm. Nach diesem Erfolg marschierte Caesar zur Stadt Avaricum, der größten und mächtigsten Festung im Gebiet der Biturigen in ihrer fruchtbarsten Flur; er war nämlich überzeugt, durch Einnahme dieser Stadt den ganzen Stamm der Biturigen in seine Gewalt zu bringen.

14

1 Vercingetorix, der Schlag um Schlag so viele Niederlagen, bei Vellaunodunum, Cenabum, Noviodunum hatte einstecken müssen,
2 berief seine Leute zu einer Versammlung. Er setzt auseinander, man müsse den Krieg ganz anders führen als bisher; auf jede Art müsse man versuchen, die Römer von der Versorgung mit Futter
3 und Nachschub abzuschneiden. Dies sei bei ihrer Übermacht an Reiterei leicht, und zudem würden sie durch die Jahreszeit begünstigt.
4 Futter könne man noch nicht schneiden, und notgedrungen würden sich die Feinde zerstreuen, um es aus den Gehöften zu holen; die Reiter könnten alle diese Gruppen Tag für Tag vernichten.
5 Zudem müsse man, um zu überleben, Besitz und Vermögen hintansetzen und in der ganzen Gegend überall die Weiler und Höfe niederbrennen, wohin die Römer etwa zum Futterholen kommen
6 könnten. Solchen Nachschub hätten sie selbst in Fülle, da ihnen die Vorräte der Gallier zugute kämen, in deren Gebiet man Krieg
7 führe; die Römer würden dem Mangel erliegen oder sich nur unter großer Gefahr weiter vom Lager entfernen, und es mache kei-
8 nen Unterschied, ob man sie selbst niedermache oder ihnen die Lebensmittel nehme, ohne die eine Kriegführung unmöglich sei.
9 Zudem müsse man alle Städte, die nicht durch Befestigung und Lage vor jeder Gefahr sicher seien, niederbrennen, damit sie nicht zum Schlupfwinkel für die Feiglinge in den eigenen Reihen würden oder für die Römer einladende Lagerplätze voller Lebensmittel und Beute bildeten, die man nur wegzunehmen brauche. Wenn
10 dies hart und grausam erscheine, müsse man es als viel schlimmer ansehen, wenn ihre Kinder und Frauen in die Sklaverei geschleppt und sie selbst getötet würden; denn dies sei das unabänderliche Los der Besiegten.

15

1 Da sein Vorschlag allgemein Zustimmung fand, gingen an einem
2 Tag mehr als 20 Städte der Biturigen in Flammen auf. Dasselbe geschieht bei den übrigen Stämmen. Überall sah man Feuersbrünste,

und wenn dies auch allen sehr ans Herz ging, trösteten sie sich doch mit der festen Hoffnung, das Verlorene bald wiederzugewinnen, da der Sieg ja schon fast entschieden sei. Es wurde auch in allgemeiner Versammlung beraten, ob man Avaricum niederbrennen oder verteidigen wolle. Die Biturigen warfen sich allen Galliern zu Füßen und baten, sie nicht zu zwingen, die schönste Stadt von fast ganz Gallien, Hort und Zierde ihres Stammes, mit eigenen Händen in Asche zu legen; sie könnten sie (so waren ihre Worte) bei ihrer natürlichen Lage leicht verteidigen, denn sie sei auf fast allen Seiten von Fluß und Sumpf umgeben und biete nur einen, noch dazu sehr engen Zugang. Man ging auf ihren Wunsch ein, wobei Vercingetorix zunächst abriet, dann jedoch ihren Bitten und dem allgemeinen Mitleid nachgab. Geeignete Verteidiger für die Stadt wurden ausgewählt.

16

Vercingetorix folgte Caesar in kleineren Tagesmärschen und wählte für sein Lager einen durch Sümpfe und Wälder gesicherten Platz, 16 Meilen von Avaricum entfernt. Dort erkundete er stündlich durch regelmäßige Kundschafter, was vor Avaricum geschah, und gab die entsprechenden Befehle. Er beobachtete unsere sämtlichen Unternehmen zur Beschaffung von Futter und Getreide, überfiel einzelne Abteilungen, die notgedrungen etwas weiter weggingen, und brachte ihnen schwere Verluste bei, wenn auch die Unseren dem begegneten, soweit man durch kluge Berechnung Vorsorge treffen konnte; man rückte nämlich zu wechselnden Zeiten und bald auf diesem, bald auf jenem Weg aus.

17

Caesar hatte an der Seite der Stadt Lager geschlagen, die, wie gesagt, nicht von Fluß und Sümpfen gedeckt, einen engen Zugang bot; hier begann er, einen Damm aufzuführen, Schutzdächer vorzutreiben und zwei Türme zu errichten; die Einschließung durch Wall und Graben verbot nämlich die Natur des Geländes. Unaufhörlich mahnte er die Boier und Häduer, Getreide zu liefern; die einen freilich gaben sich nur wenig Mühe und halfen ihm nicht viel, und die Boier waren als kleiner, schwacher und unbemittelter Stamm mit ihren Vorräten bald am Ende. Das Heer litt nun durch die Armut der Boier, die Saumseligkeit der Häduer und das Abbrennen der Gehöfte unter größten Engpässen in der Getreideversorgung, und es kam so weit, daß die Soldaten mehrere Tage lang kein Getreide hatten, Vieh aus entfernten Dörfern herbeitrie-

ben und damit den schlimmsten Hunger stillten; doch hörte man kein Wort von ihnen, das der Hoheit des römischen Volkes und
4 ihrer früheren Siege unwürdig gewesen wäre. Ja, wenn Caesar bei der Arbeit mit einzelnen Legionen sprach und erklärte, er wolle die Belagerung abbrechen, wenn sie allzu große Not litten, baten
5 sie ihn wie aus einem Munde, dies nicht zu tun; sie hätten es in einer Reihe von Jahren unter seinem Oberbefehl verdient, keine entehrende Niederlage hinnehmen und niemals erfolglos abzie-
6 hen zu müssen, und empfänden es als Schande, eine begonnene
7 Belagerung abzubrechen; lieber wollten sie alle Bitterkeit ertragen als den römischen Bürgern, die in Cenabum durch gallische
8 Heimtücke umkamen, kein Totenopfer zu bringen. Dieselben Wünsche ließen sie Caesar durch die Zenturionen und Kriegstribunen auf dem Dienstweg überbringen.

18

1 Als die Türme schon nahe der Mauer standen, erfuhr Caesar von Gefangenen, Vercingetorix habe das Futter verbraucht, sein Lager näher an Avaricum verlegt und sei selbst mit der Reiterei und dem leichten Fußvolk, das immer zwischen den Reitern fechte, dorthin gezogen, wo nach seiner Annahme die Unseren am nächsten Tag
2 Futter holen würden, um ihnen eine Falle zu stellen. Auf diese Nachricht brach Caesar um Mitternacht geräuschlos auf und er-
3 schien frühmorgens beim Lager der Feinde. Diese hatten durch ihre Kundschafter Caesars Anmarsch früh genug erfahren, verbargen ihre Karren und den Troß im dichten Wald und ließen ihre ganzen Streitkräfte auf einer offenen Höhe Stellung beziehen.
4 Auf diese Meldung ließ Caesar rasch das Gepäck zusammentragen und Kampfbereitschaft herstellen.

19

1 Der Hügel stieg von unten her leicht an. Auf fast allen Seiten umgab ihn ein schwer zu durchschreitender, hinderlicher Sumpf, der
2 höchstens 50 Fuß breit war. Die Gallier hatten alle Brücken abgebrochen, blieben im Vertrauen auf das Gelände auf dem Hügel stehen und besetzten, nach Stämmen geordnet, alle Untiefen und die baumbestandenen Zugänge des Sumpfes mit zuverlässigen
3 Abteilungen; sie waren entschlossen, über die Römer von der Anhöhe aus herzufallen, wenn sie beim Versuch, den Sumpf zu durchqueren, steckenblieben. Sah man nun die geringe Entfernung beider Heere, so mußte man glauben, die Gallier böten uns einen Kampf unter gleichen Bedingungen an; wer jedoch die Schwierigkeiten unserer Lage durchschaute, mußte im Verhalten

der Gallier nichts als eitle Prahlerei sehen. Die Soldaten waren entrüstet, daß die Feinde ihren Anblick so nahe noch ertrugen, und forderten das Signal zum Angriff, doch machte ihnen Caesar klar, welche Opfer und den Tod wie vieler tapferer Soldaten ein Sieg hier kosten mußte; da er sie so kampfbereit und entschlossen sehe, jede Gefahr für seinen Ruhm zu bestehen, müßte man ihm höchste Selbstsucht vorwerfen, wenn ihm nicht ihr Leben wichtiger wäre als sein Glück. So tröstete er die Soldaten, führte sie am gleichen Tag ins Lager zurück und ließ die Maßnahmen zur Belagerung der Stadt weiter vorantreiben.

20

Als Vercingetorix zur Armee zurückkehrte, warf man ihm Verrat vor, weil er das Lager zu den Römern hin verlegt, sich mit der ganzen Reiterei entfernt, so große Streitkräfte ohne Führung alleingelassen habe und weil nach seinem Abzug die Römer zu einer für sie so günstigen Zeit und derart rasch dagewesen seien. Dies alles habe unmöglich aus Zufall oder unabsichtlich geschehen können. Er wolle die Herrschaft über Gallien lieber durch Caesars Gunst besitzen als durch ihre freie Wahl. Auf diese Anklagen antwortete er folgendes: Das Lager habe er aus Futtermangel, ja sogar auf ihre Mahnung hin verlegt; an die Römer sei er herangerückt, überzeugt von der günstigen Lage des Platzes, der sich ohne Befestigung selbst verteidige; das Eingreifen der Reiter sei in der sumpfigen Gegend völlig entbehrlich, an ihrem Einsatzort aber nützlich gewesen. Den Oberbefehl habe er bei seinem Weggang mit voller Absicht niemandem übergeben, damit sich keiner durch das Drängen der Masse zum Kampf verleiten lasse; denn darauf seien sie, wie er sehe, alle aus Mangel an Beharrlichkeit erpicht und könnten die Mühen nicht länger ertragen. Seien die Römer aus Zufall herangerückt, so sei dies dem Glück zu verdanken, seien sie auf jemands Verrat hin gekommen, so schulde man dem Verräter noch Dank, weil sie die geringe Zahl der Römer von oben sehen und ihren ‚Mut' verachten konnten, da sie es nicht wagten zu kämpfen, sondern unter Schande in ihr Lager zurückgingen. Er wolle nicht von Caesar durch Verrat die Herrschaft erhalten, die er durch einen Sieg erringen könne, der ihm und ganz Gallien schon sicher sei; ja, er gebe ihnen den Oberbefehl zurück, wenn sie meinten, ihm nur eine Ehre zu erweisen und nicht ihre Rettung zu verdanken. „Damit ihr", rief er, „seht, daß ich aus ehrlichem Herzen spreche, hört doch römische Soldaten!" Damit ließ er Sklaven vorführen, die er einige Tage vorher beim Futterholen gefangen, durch Hunger und Fesseln furchtbar gequält und denen er die Antwort auf seine Fragen schon vorher eingebleut hatte. Diese sagten aus, sie seien Legionssoldaten; aus Hunger und Mangel seien sie aus dem Lager geschlichen, um zu sehen, ob sie etwas Getreide oder Vieh auf den Feldern auftreiben könnten. Das ganze Heer leide große Not, schon seien alle erschöpft und könnten die mühselige Schanzarbeit nicht mehr ertragen; deshalb habe der Feldherr beschlossen, wenn er mit der Belagerung der Stadt nicht vorankomme, in drei Tagen abzuziehen. „Diese Vorteile", rief Vercingetorix, „verdankt ihr mir, dem ihr Hochverrat vorwerft und durch dessen Leistung ihr, ohne einen Tropfen Blut zu opfern, ein so großes, siegreiches Heer durch Hunger aufgerieben seht; und wenn es sich unter Schimpf und Schande weiter davonmacht, habe ich schon dafür gesorgt, daß es kein Stamm bei sich aufnimmt."

21

Das ganze Heer jauchzt Beifall und schlägt nach gallischem Brauch die Waffen zusammen, was sie gewöhnlich tun, wenn ihnen jemands Rede gefällt; Vercingetorix sei der größte Feldherr, seine Treue über jeden Zweifel erhaben, und man könne den Krieg unmöglich klüger führen. Sie beschließen, 10000 auserlesene Männer aus allen Streitkräften in die Stadt zu Hilfe zu schicken, um nicht den Biturigen allein die Rettung Galliens zu überlassen; denn die Behauptung dieser Stadt, das wußten sie, bedeutete den Endsieg als ihr Verdienst.

22

Der einzigartigen Tatkraft unserer Männer begegneten die Gallier mit allen möglichen Maßnahmen, wie sie denn ein überaus anstelliger Menschenschlag und besonders geschickt sind, alles nachzuahmen und auszuführen, was ihnen jemand vormacht. So fingen sie unsere Mauersicheln mit Schlingen auf, hielten sie fest und zogen sie mit Winden in die Stadt; sie trieben Minen unter unseren Angriffsdamm und zogen dadurch dessen Material weg, und dies um so geschickter, als sie große Erzgruben haben und jede Art von Stollenbau kennen und anwenden. Auf der Mauer hatten sie überall Türme aufgesetzt und mit Fellen behängt. Zudem unternahmen sie häufig Ausfälle bei Tag und Nacht, legten Feuer an den Damm oder fielen über unsere Männer bei der Arbeit her, und so hoch sich unsere Türme täglich durch das Ansteigen des Dammes anhoben, die Gallier brachten ihre Türme auf gleiche Höhe, indem sie deren Eckständer verlängerten. Den Vortrieb unserer offenen Galerien suchten sie durch angekohlte und zugespitzte

Pfähle, heißes Pech und Felsen von ungeheuerem Gewicht aufzuhalten und ihr Herankommen an die Mauer zu verhindern.

23

Alle gallischen Mauern sind aber in etwa folgender Weise gebaut: Man legt gerade Balken aus einem Stück senkrecht zur Mauerrichtung in immer gleichem Zwischenraum von zwei Fuß nebeneinander auf die Erde. Diese Balken werden innerhalb des Mauerwerks zusammengeklammert und mit einer starken Erdschicht belegt. Die genannten Zwischenräume werden vorne mit großen Steinen ausgefüllt. Ist diese Schicht gelegt und fest verbunden, kommt oben eine weitere Balkenlage darauf. Dabei hält man genau denselben Abstand ein, doch liegen die Balken nicht aufeinander, sondern sind in gleichen Zwischenräumen versetzt. Dadurch aber, daß immer Steine zwischen sie kommen, werden die Balken fest zusammengehalten. So wird der ganze Bau Lage um Lage fortgesetzt, bis die richtige Mauerhöhe erreicht ist. Der regelmäßige Wechsel der in geraden Linien sauber geschichteten Balken und Steine gibt dem Werk ein gefälliges und abwechslungsreiches Aussehen. Diese Bauweise ist aber auch sehr nützlich und vorteilhaft zum Schutz von Städten, weil der Stein vor Brand schützt, gegen den Mauerbrecher aber das Holz. Gewöhnlich sind die Querbalken im Innern des Mauerwerks noch durch fortlaufende 40 Fuß lange Balken miteinander verbunden, so daß man sie weder durchbrechen noch auseinanderzerren kann.

24

Obschon die Belagerung durch so viele Widrigkeiten erschwert war und die Soldaten die ganze Zeit über durch Schlamm, Kälte und ständigen Regen behindert wurden, überwanden sie doch in unablässiger Mühe alle diese Hindernisse und erbauten in 25 Tagen einen Damm von 330 Fuß Breite und 80 Fuß Höhe. Als der Damm fast schon an die Mauer der Feinde stieß und Caesar nach seiner Gewohnheit noch spät in der Nacht auf der Baustelle war und die Soldaten anspornte, die Arbeit keinen Augenblick ruhen zu lassen, bemerkte man kurz vor der dritten Wache, daß der Damm qualmte. Die Feinde hatten ihn von einem unterirdischen Gang aus in Brand gesteckt; zugleich erhoben sie auf der ganzen Mauer ein Geschrei und machten aus zwei Toren auf beiden Seiten der Türme einen Ausfall. Andere warfen Fackeln und dürres Holz von der Mauer auf den Damm und gossen Pech und sonstige brennbare Stoffe herab, so daß man kaum wußte, wohin man zuerst laufen oder wogegen man Abhilfe schaffen sollte. Da jedoch nach Caesars Anordnung immer zwei Legionen vor dem Lager in Bereitschaft lagen und noch mehr im Schichtdienst bei der Arbeit waren, kam es doch schnell dazu, daß die einen den Ausfällen entgegentraten, andere die Türme zurückzogen und den Damm unterbrachen und das ganze Lager zum Löschen herbeilief.

25

1 Als der restliche Teil der Nacht schon vergangen war, überall noch gekämpft wurde und die Feinde immer neue Siegeshoffnung schöpften, um so mehr, als sie sahen, daß die Brustwehren der Türme weggebrannt waren und die Römer ohne Deckung nicht so leicht zur Abwehr herankamen, bei ihnen auch immer wieder frische Kämpfer die Ermüdeten ablösten und sie dazu glaubten, die Rettung von ganz Gallien entscheide sich in diesem Augenblick, geschah vor unseren Augen etwas, was wir als denkwürdige 2 Tat nicht glauben übergehen zu dürfen: Ein Gallier vor einem Stadttor, der von Hand zu Hand vorgereichte Talg- und Pechklumpen in Richtung eines Turmes ins Feuer schleuderte, wurde von einem Pfeilgeschütz auf der rechten Seite durchbohrt und 3 stürzte tot zu Boden. Einer der Nächststehenden trat über den 4 Daliegenden und erfüllte genau die gleiche Aufgabe. Als dieser ebenso durch einen Treffer des Skorpions getötet war, folgte dem Zweiten ein Dritter und dem Dritten ein Vierter, und dieser Platz wurde von den Kämpfern erst aufgegeben, als der Damm gelöscht, der Feind von diesem ganzen Abschnitt vertrieben und der Kampf beendet war.

26

1 Als die Gallier alles versucht hatten, ihnen jedoch nichts gelungen war, beschlossen sie am nächsten Tag, besonders auf Anraten und 2 Befehl des Vercingetorix, aus der Stadt zu fliehen. Wenn sie dies bei stiller Nacht versuchten, hofften sie, ohne großen eigenen Verlust durchzukommen, weil das Lager des Vercingetorix nicht weit von der Stadt entfernt war und das dazwischenliegende zusammenhängende Sumpfgebiet den Römern das Nachsetzen er3 schwerte. Und schon wollten sie nachts ihr Vorhaben ausführen, als plötzlich die Frauen auf die Straße stürzten, sich weinend den Ihren zu Füßen warfen und mit verzweifelten Bitten forderten, nicht sie und ihre gemeinsamen Kinder, die ihre natürliche Schwäche an der Flucht hindere, den Feinden zur Hinrichtung 4 auszuliefern. Als sie aber sahen, daß die Männer bei ihrem Vorsatz blieben, da zumeist in höchster Gefahr die Furcht kein Mitleid aufkommen läßt, begannen sie laut zu schreien und den Römern

so die Flucht zu verraten. Die Gallier erschraken, befürchteten, die römische Reiterei könnte die Wege vorher besetzen, und gaben ihr Vorhaben auf.

27

Als am nächsten Tag ein Turm vorgeschoben und die Werke, die Caesar bauen ließ, fertiggestellt waren, auch starke Regenfälle einsetzten, hielt Caesar dieses Wetter für besonders geeignet zu einem Handstreich. Weil er sah, daß die Posten auf den Mauern nicht so sorgsam wie sonst ausgestellt waren, ließ er auch seine Leute die Schanzarbeit nachlässiger betreiben und gab ihnen seine Anordnungen. Er stellte die Legionen in den Schutzgräben verdeckt kampfbereit auf und ermunterte sie, sich nun endlich für so große Mühen den Sieg als Lohn zu holen, setzte denen, die als erste die Mauer erstiegen, Belohnungen aus und gab dann den Soldaten das Zeichen. Diese flogen urplötzlich auf allen Seiten hervor und besetzten rasch die Mauer.

28

Die Feinde waren durch den unvermuteten Überfall bestürzt, und da man sie von der Mauer und den Türmen geworfen hatte, stellten sie sich auf dem Markt und anderen freien Plätzen in geschlossenen Haufen auf, um regelrecht geordnet zu kämpfen, wenn die Römer irgendwo zum Angriff vorgingen. Als sie jedoch sahen, daß niemand zum ebenen Boden herabkam, sondern die Römer die ganze Mauer ringsum besetzten, fürchteten sie, auch die letzte Aussicht auf Entkommen zu verlieren, warfen die Waffen weg und stürzten in *einem* Lauf zu den entferntesten Stadtteilen; sie wurden dort jedoch in den engen Toreingängen zusammengepreßt und zum Teil von den Soldaten, zum Teil aber auch außerhalb der Tore von den Reitern niedergemacht. Niemand dachte an Plündern. Die Soldaten waren durch die Morde von Cenabum und die harte Belagerungsarbeit so erbittert, daß sie weder Greise noch Frauen noch Kinder schonten. Kurz, es kamen von der ganzen Masse, die sich auf etwa 40000 belief, kaum 800, die sogleich beim ersten Lärm aus der Stadt geflüchtet waren, unverletzt zu Vercingetorix durch. Dieser empfing die Flüchtlinge tief in der Nacht und gebot Schweigen, damit nicht im Lager durch ihre Ankunft in Scharen und das Mitleid des Volkes mit ihnen Unruhen ausbrächen; er verteilte daher schon weit draußen am Weg seine Vertrauten und die Stammeshäupter, ließ die Flüchtigen trennen und dann zu ihren Leuten in die Lagerteile bringen, die man den Einzelstämmen anfangs zugewiesen hatte.

29

1 Am nächsten Tag berief er eine Versammlung, richtete sie auf und ermahnte sie, nicht ganz zu verzagen und sich durch das Mißge
2 schick nicht aus der Fassung bringen zu lassen. Nicht durch Tapferkeit oder in offener Schlacht hätten die Römer gesiegt, sondern durch einen Kunstgriff und ihre Belagerungstechnik, von der
3 Gallier nun einmal nichts verstünden. Es sei ein Fehler, im Krieg
4 immer nur Erfolge zu erwarten. Er sei nie dafür gewesen, Avaricum zu verteidigen, wofür sie selbst Zeugen seien. Nur dem Unverstand der Biturigen und der allzu großen Nachgiebigkeit der
5 übrigen sei dieser Verlust zuzuschreiben. Doch werde er ihn bald
6 durch bedeutende Erfolge wieder gutmachen. Er werde nämlich die Stämme im restlichen Gallien, die noch nicht auf ihrer Seite stünden, durch seine Bemühungen gewinnen und ein gemeinsames Vorgehen ganz Galliens zustande bringen, und dieser Vereinigung könne nicht einmal die gesamte übrige Welt widerstehen;
7 dieses Ziel habe er fast schon erreicht. Vorläufig müsse man aber im Interesse aller von ihnen verlangen, daß sie ihr Lager befestigten, um plötzliche Angriffe des Feindes mit weniger Gefahr abwehren zu können.

30

1 Seine Rede ging den Galliern ein, und zwar besonders, weil er trotz des schweren Verlustes nicht mutlos war, sich auch nicht
2 versteckt oder den Anblick der Menge gemieden hatte; auch stieg ihre Meinung von seinem Weitblick und seiner Voraussicht, weil er, als noch alles gut stand, von Anfang an für das Niederbrennen und später für die Aufgabe von Avaricum eingetreten war.
3 Während andere Feldherren durch Niederlagen Ansehen verlieren, gewann er im Gegenteil trotz des Verlustes mit jedem Tag an
4 Einfluß. Zugleich stieg bei ihnen durch seine bestimmte Aussage die Hoffnung auf Anschluß der übrigen Stämme, und zum ersten Mal gingen damals Gallier daran, ein Lager zu befestigen; und diese Menschen, die planmäßige Arbeit nicht gewohnt waren, waren so bestürzt, daß sie alles aushalten und erdulden wollten, was man ihnen befahl.

31

1 Vercingetorix hielt sein Versprechen, setzte alles daran, die übrigen Stämme zum Anschluß zu bewegen, und köderte ihre Führer
2 durch Geschenke und Versprechungen. Er suchte sich für diese Unterhandlungen die richtigen Leute aus, die mit listiger Rede und einnehmender Art jedermann mit leichter Mühe gewinnen

konnten. Er sorgte auch für Bekleidung und Bewaffnung der Flüchtlinge aus dem eroberten Avaricum; zugleich befahl er den Stämmen, um die Verluste auszugleichen, eine bestimmte Zahl von Kämpfern zu stellen, bestimmte, zu welchem Termin sie ins Lager kommen müßten, ließ auch die zahlreichen Bogenschützen, die es in Gallien gab, aufbieten und zu sich schicken. So wird der Verlust bei Avaricum rasch wieder ersetzt. Gleichzeitig stieß Teutomatus, Sohn des Ollovico und König der Nitiobrogen, dessen Vater von unserem Senat den Titel ‚Freund' erhalten hatte, mit einer großen Anzahl eigener und sonstiger in Aquitanien angeworbenen Reiter zu ihm.

32

Caesar blieb mehrere Tage in Avaricum, und da er eine riesige Menge von Getreide und sonstigen Nachschubgütern vorfand, ließ er das Heer sich von der Mühe und der Entbehrung erholen. Da der Winter schon fast vorüber war und ihn die Jahreszeit selbst zur Eröffnung des Feldzuges einlud, war er entschlossen, gegen den Feind zu ziehen, um ihn aus den Mooren und Wäldern hervorzulocken oder durch Blockade in die Knie zu zwingen. Da kamen plötzlich die führenden Männer der Häduer als Gesandte zu ihm mit dem Ersuchen, dem Stamm in äußerster Not zu helfen; die Lage sei höchst gefährlich, denn während seit alters immer nur ein Würdenträger gewählt werde, der die königliche Gewalt ein Jahr lang ausübe, seien es jetzt zwei, von denen jeder behaupte, er sei auf gesetzlichem Wege gewählt. Der eine sei Convictolitavis, ein angesehener und hervorragender junger Mann, der andere Cotus, aus sehr alter Familie, mit hohem persönlichem Einfluß und ausgedehnter Verwandtschaft; sein Bruder Valetiacus habe im letzten Jahr dasselbe Amt bekleidet. Der ganze Stamm stehe unter Waffen, der Rat der Ältesten sei gespalten, gespalten auch das Volk, und jeder der zwei Rivalen habe seine Anhängerschaft. Lasse man den Streit weiterschwelen, komme es so weit, daß die eine Hälfte des Stammes mit der anderen kämpfe; dies könne nur Caesar durch genaue Untersuchung und das Gewicht seiner Autorität verhindern.

33

Wenn es Caesar auch für nachteilig ansah, sich von Krieg und Feind zu entfernen, verkannte er doch nicht, welcher Schaden gemeinhin aus solchem Zwist erwächst; so meinte er verhüten zu müssen, daß dieser mächtige und dem römischen Volk so eng verbundene Stamm, den er selbst immer gefördert und in jeder Wei-

se ausgezeichnet hatte, zu Waffengewalt schreite und die Partei,
2 die sich unterlegen fühle, Hilfe bei Vercingetorix hole. Und weil nach dem Gesetz der Häduer die obersten Würdenträger das Stammesgebiet nicht verlassen dürfen, beschloß er, die Häduer aufzusuchen, weil er sogar den Schein vermeiden wollte, er achte ihre Rechte und Gesetze nicht. Er entbot ihren ganzen Senat und die streitenden Parteien zu sich nach Decetia, wo sich fast der
3 ganze Stamm einfand. Dort stellte sich heraus, man habe heimlich einige Menschen an einem verfassungswidrigen Ort und zu ungesetzlicher Zeit zusammengeholt, und Cotus sei von seinem Bruder als gewählt ausgerufen worden, obwohl nach der Verfassung zwei Mitglieder *einer* Familie zu Lebzeiten beider nicht als Würdenträger gewählt werden, ja nicht einmal zusammen im Senat sit-
4 zen durften. Daher zwang er Cotus, sein Amt niederzulegen, und befahl, Convictolitavis, der von den Priestern nach der Stammesverfassung beim Amtswechsel gewählt worden war, solle das Amt behalten.

34

1 Nach diesem Schiedsspruch legte er den Häduern dringend nahe, Zwietracht und Parteihader zu vergessen, alle diese Fragen hintanzustellen, sich ganz für den Krieg einzusetzen, die verdiente Belohnung von ihm nach dem Sieg über Gallien zu erwarten und schleunigst ihre ganze Reiterei und 10000 Fußsoldaten zu schicken; diese wollte er auf Stützpunkten zur Sicherung der Ge-
2 treidezufuhr einsetzen. Dann teilte er sein Heer in zwei Teile; vier Legionen gab er Labienus, um sie gegen die Senonen und Parisier zu führen, sechs führte er selbst gegen die Arverner den Elaver hinab in Richtung der Stadt Gergovia; die eine Hälfte der Reiterei
3 gab er Labienus, die andere behielt er für sich. Auf die Nachricht hiervon ließ Vercingetorix alle Brücken über den Fluß abbrechen und folgte ihm am anderen Ufer.

35

1 So behielten beide Heere einander stets im Auge und schlugen zumeist einander gegenüber Lager. Da der Gegner Kundschafter verteilt hatte, um die Römer hindern zu können, eine Brücke zu schlagen und ihre Truppen überzusetzen, stand Caesar vor der großen Schwierigkeit, den größten Teil des Sommers durch den Fluß behindert zu werden, weil die Furten des Elaver in der Regel
2 erst im Herbst gangbar werden. Um dem zu entkommen, schlug er in einer Waldgegend sein Lager bei einer der Brücken, die Vercingetorix hatte abreißen lassen, und blieb am nächsten Tag mit

zwei Legionen verdeckt stehen; die übrigen Truppen schickte er, wie gewohnt, mit dem gesamten Troß weiter, wobei er einige Kohorten ausgedünnt hatte, so daß die Zahl der Legionen gleichgeblieben schien. Sie hatten Befehl, möglichst weit zu marschieren, und als sie, nach der Tageszeit zu schließen, schon am Lagerplatz angelangt sein mußten, ließ er die Brücke auf den alten Pfählen, deren unterer Teil noch vorhanden war, wieder instandsetzen. Das war rasch geschehen, und als die Legionen hinübergeführt waren und er den geeigneten Platz für ein Lager gewählt hatte, rief er die übrigen Truppen zurück. Als Vercingetorix dies erfuhr, zog er in Eilmärschen voraus, um nicht wider Willen kämpfen zu müssen.

36

Caesar erreichte von dort aus nach vier Tagen Gergovia, wo er nach einem leichten Reitergefecht noch am selben Tag die Lage der Stadt genau erkundete, die, auf einem sehr hohen Berg gelegen, überall schwer anzugehen war. So gab er die Hoffnung auf, sie im Sturm zu nehmen, beschloß auch, eine Belagerung erst dann einzuleiten, wenn die Getreideversorgung gesichert sei. Vercingetorix aber hatte sein Lager bei der Stadt aufgeschlagen, in einigem Abstand rings um sich die Aufgebote der Einzelstämme gesondert aufgestellt, und bot, da so alle höheren Punkte dieses Bergrückens besetzt waren, von denen man herabsehen konnte, einen erschreckenden Anblick. Vercingetorix entbot die führenden Männer der Stämme, die er sich als Kriegsrat erwählt hatte, täglich am frühen Morgen zu sich, um ihnen Mitteilungen oder Befehle zu geben, und ließ kaum einen Tag vergehen, an dem er nicht bei einem Gefecht von Reitern mit Bogenschützen erprobte, wieviel Schwung und Mut jeder seiner Leute besaß. Gegenüber der Stadt lag ein Hügel hart am Fuß des Berges, hervorragend befestigt und ringsum steil abfallend; besetzten ihn die Unseren, so konnten sie dem Feind das ungehinderte Holen von Wasser und Futter wohl weitgehend verwehren. Dieser Punkt aber war vom Feind, wenn auch nicht allzu stark, besetzt. Dennoch rückte Caesar nachts in aller Stille aus dem Lager, warf die Besatzung herunter, bevor man aus der Stadt zu Hilfe eilen konnte, nahm die Stellung, legte zwei Legionen hinein und ließ zwei parallele, zwölf Fuß breite Gräben vom Hauptlager zu diesem Stützpunkt führen, so daß auch einzelne Soldaten auf dem Weg hin und her vor einem plötzlichen Überfall der Feinde sicher waren.

37

1 Während der Gefechte vor Gergovia wurde der Häduer Convictolitavis, dem Caesar, wie berichtet, das Amt zugesprochen hatte, von den Arvernern bestochen und trat mit einigen jungen Männern in Verbindung, an deren Spitze sich Litaviccus und seine Brüder befanden, junge Leute aus hochangesehenen Familien.
2 Mit diesen teilt er die Bestechungssumme und fordert sie auf, nicht zu vergessen, daß sie freie Männer und zur Herrschaft geboren seien.
3 Nur mehr der Häduerstamm stehe dem sicheren Sieg Galliens im Wege; sein Einfluß halte die übrigen Stämme zurück; träten die Häduer auf die andere Seite, so hätten die Römer nicht
4 einen Stützpunkt mehr in Gallien. Zwar habe ihm Caesar eine gewisse Gefälligkeit erwiesen, doch sei es um sein ureigenes Recht
5 gegangen, und die gemeinsame Freiheit gelte ihm mehr. Warum nämlich sollten die Häduer in Rechts- und Verfassungsfragen eher Caesars Entscheidungen anrufen als die Römer die der Hä-
6 duer? Da sich die jungen Männer durch die Worte ihres obersten Würdenträgers und das Geldgeschenk schnell verführen ließen und sich sogar bereit erklärten, mit an die Spitze des Unternehmens zu treten, wurde nun ein Weg zur Durchführung gesucht; man wußte ja sicher, der Stamm werde sich nicht so blindlings
7 verleiten lassen, einen Krieg zu beginnen. So kam man überein, Litaviccus sollte die Führung der 10000 Mann, die als Verstärkung für Caesar bestimmt waren, übernehmen, seine Brüder sollten aber zu Caesar vorauseilen. Sie legten auch fest, wie alles weitere ablaufen solle.

38

1 Litaviccus übernahm die Truppe, und als er noch etwa 30 Meilen von Gergovia entfernt stand, versammelte er plötzlich die Solda-
2 ten und rief unter Tränen: „Wohin marschieren wir, Kameraden? Unsere ganze Reiterei ist vernichtet, ebenso der gesamte Adel. Unseren ersten Männern, Eporedorix und Viridomarus, warf man Verrat vor, und die Römer haben sie hingerichtet, ohne daß
3 sie sich verteidigen durften. Laßt es euch von denen berichten, die mitten aus dem Blutbad entronnen; denn ich, dessen Brüder und alle Verwandten umkamen, kann vor Schmerz den Mord nicht er-
4 zählen." Leute, denen er einstudiert hatte, was sie sagen sollten, werden vorgeführt und bestätigen der Menge, was Litaviccus be-
5 hauptet hatte: Man habe alle Reiter der Häduer umgebracht, weil sie angeblich mit den Arvernern Verbindung aufnahmen; sie selbst hätten sich in der Masse der Soldaten versteckt und mitten
6 aus dem Blutbad davongemacht. Die Häduer schreien empört

und beschwören Litaviccus, ihnen zu raten. „Als ob es hier", rief dieser, „um einen Rat ginge und nicht vielmehr um die Pflicht, nach Gergovia zu eilen und mit den Arvernern zusammenzugehen! Oder zweifeln wir, daß die Römer sich nach dieser ersten Bluttat schon zusammenrotten, um auch uns zu ermorden? Wenn also noch ein Funken Mut in uns lebt, rächen wir den Tod der schändlich Gemordeten und bringen diese Räuber um!" Dabei weist er auf die römischen Bürger, die im Vertrauen auf seinen Schutz mitzogen, läßt sogleich ihre große Menge an Getreide und Nachschubgütern plündern und sie selbst grausam foltern und töten. Beim ganzen Stamm der Häduer schickt er Boten herum, verbreitet unablässig die Lügennachricht vom Mord an den Reitern und führenden Männern und fordert, sie sollten ebenso wie er selbst das erlittene Unrecht rächen.

39

Der Häduer Eporedorix, ein junger Mann von höchstem Adel und großer Macht in seinem Stamm, und mit ihm Virodomarus, an Alter und Einfluß etwa gleich, doch von geringerer Herkunft, den Caesar auf Empfehlung des Diviciacus aus kleinsten Verhältnissen zu höchsten Würden befördert hatte, waren mit der Reiterabteilung gekommen, da er sie namentlich angefordert hatte. Die beiden eiferten um den Vorrang, und beim erwähnten Streit der höchsten Würdenträger hatte sich der eine für Convictolitavis, der andere für Cotus mit allen Kräften eingesetzt. Von diesen beiden erfährt Eporedorix den Plan des Litaviccus, hinterbringt Caesar mitten in der Nacht diesen Anschlag und bittet ihn, nicht zuzulassen, daß sein Stamm durch die schlimmen Machenschaften junger Hitzköpfe zum Abfall von Rom hingerissen werde; dies nämlich könne nicht ausbleiben, wenn sich so viele Tausende mit dem Feind vereinigten, Menschen, deren Schicksal weder die Verwandten gleichgültig ansehen noch der Stamm für unwichtig halten könne.

40

Diese Nachricht versetzte Caesar in große Besorgnis, hatte er doch immer den Stamm der Häduer besonders bevorzugt; so führte er ohne das geringste Zaudern vier kampfbereite Legionen und die ganze Reiterei aus dem Lager, ohne bei dieser Gefahr Zeit zu haben, das Lager zu verkleinern, da nun offenbar alles von schnellem Handeln abhing; den Legaten Gaius Fabius ließ er mit zwei Legionen zur Sicherung beider Lager zurück. Als Caesar Befehl gab, die Brüder des Litaviccus festzunehmen, mußte er fest-

4 stellen, daß sie schon kurz zuvor zum Feind geflohen waren. Er mahnte die Soldaten, in dieser Notlage die Mühen des Marsches willig auf sich zu nehmen, legte, da alle voll Eifer waren, 25 Meilen zurück und bekam die Kolonne der Häduer in Sicht. Er läßt die Reiterei vorsprengen und die Häduer zum Haltmachen zwingen,
5 verbietet aber allen, jemanden zu töten. Eporedorix und Viridomarus, die jene für tot hielten, läßt er mit den Reitern auf und ab
6 reiten und ihre Landsleute anrufen. Als die Häduer sie erkannten und den Betrug des Litaviccus durchschauten, streckten sie die Hände aus, gaben ihre Ergebung zu erkennen, warfen die Waffen
7 weg und baten um ihr Leben. Litaviccus floh mit seinen Klienten, die nach gallischer Sitte ihre Schirmherren selbst im größten Unglück nicht verlassen dürfen, nach Gergovia.

41

1 Caesar schickte Boten zu den Häduern und ließ ihnen vorstellen, in seiner Nachsicht habe er ihre Leute verschont, die er nach Kriegsrecht hätte töten können; das Heer ließ er drei Nachtstun-
2 den ausruhen und zog dann wieder nach Gergovia. Etwa auf halber Strecke melden von Fabius ausgeschickte Reiter, in welcher Gefahr dieser gewesen sei. Sie berichten, der Feind habe das Lager mit einer Riesenstreitmacht bestürmt, immer wieder hätten frische Kämpfer die ermüdeten abgelöst und die Unseren unaufhörlich bedrängt und ermüdet, da sie bei der Größe des Lagers ohne
3 Ablösung auf dem Wall ausharren mußten. Durch die Unzahl der Pfeile und Wurfgeschosse aller Art seien viele verwundet; die Geschütze hätten sehr geholfen, das Durchhalten zu ermöglichen.
4 Fabius lasse nun nach Abzug der Feinde alle Tore bis auf zwei verrammeln, verstärke den Wall mit Brustwehren und mache sich für
5 morgen auf einen ähnlichen Ansturm gefaßt. Auf diese Nachricht hin kam Caesar durch höchste Marschleistung seiner Truppen noch vor Sonnenaufgang ins Lager.

42

1 Während dieser Vorgänge bei Gergovia lassen sich die Häduer auf die ersten Nachrichten des Litaviccus hin keine Zeit zu genauerer
2 Überprüfung. Die einen treibt Habgier, die anderen ihre Neigung zum Aufbrausen und der hervorstechendste Fehler der Gallier, die unbesonnene Art, in der sie leeres Gerede als verbürgte Tatsa-
3 che ansehen. Sie plündern die Habe der römischen Bürger,
4 schlachten sie hin, führen sie in Sklaverei. Convictolitavis schürt das lodernde Feuer noch und stachelt die Massen zur Wut auf, damit sie sich schämten, nach solcher Untat zur Vernunft zurückzu-

kehren. Den Kriegstribunen Marcus Aristius, der auf dem Marsch
zu seiner Legion ist, bringen sie unter Zusicherung freien Geleites
dazu, die Stadt Cavillonum zu verlassen, und nötigen die dort niedergelassenen
Kaufleute, sich ihm anzuschließen. Doch greifen
sie diese unablässig auf dem Marsch an und rauben ihnen alles
Gepäck; als sie sich wehren, umdrängen sie sie einen Tag und eine
Nacht lang, und nach großen Verlusten auf beiden Seiten rufen sie
eine noch größere Menge zu den Waffen.

43

Als aber inzwischen die Nachricht eintraf, alle ihre Soldaten seien
in Caesars Gewalt, stürzen sie zu Aristius, beteuern, all dies sei
ohne öffentlichen Beschluß geschehen, ordnen eine amtliche Untersuchung
der Plünderungen an, ziehen das Vermögen des Litaviccus
und seiner Brüder ein und schicken Gesandte an Caesar,
um sich zu rechtfertigen. Dies taten sie aber nur, um ihre Leute
wiederzubekommen; da sie aber in die Untat verstrickt und fast
allgemein durch die Gewinne aus den Plünderungen mitschuldig
waren, schmiedeten sie aus Furcht vor Strafe heimlich Kriegspläne
und wiegelten die übrigen Stämme durch Gesandtschaften auf.
Zwar durchschaute Caesar dies, doch gab er den Gesandten eine
möglichst milde Antwort: Er fälle wegen des Unverstandes und
Leichtsinns der Menge kein allzu hartes Urteil über den Stamm
und bleibe den Häduern weiter gewogen. Da er jedoch eine allgemeine
gallische Erhebung befürchtete und nicht von allen Stämmen
eingekesselt werden wollte, überlegte er, wie er von Gergovia
abziehen und das Gesamtheer wieder vereinigen könne, ohne daß
der Abzug Folge der Furcht vor einem Aufstand und einer Flucht
ähnlich schien.

44

Mitten in diesen Überlegungen schien sich ihm eine gute Gelegenheit
zu einem glücklichen Handstreich zu bieten. Als er nämlich
in das kleinere Lager kam, um die Schanzarbeiten zu besichtigen,
sah er, daß ein bisher von den Feinden gehaltener Hügel, den
man an den früheren Tagen vor ihrer Masse kaum gesehen hatte,
ganz leer war. Verwundert befragte er Überläufer, die täglich in
großer Zahl zu ihm strömten, nach dem Grund. Sie sagten gleichlautend
aus, was Caesar schon durch seine Kundschafter bemerkt
hatte: Der Bergrücken sei zwar fast eben, dort aber, wo er einen
Zugang zur anderen Seite der Stadt biete, bewaldet und schmal;
nun seien sie wegen dieser Stelle in großer Sorge und meinten, da
schon der eine Hügel von den Römern besetzt sei, beim Verlust

des zweiten fast eingekesselt, von jeder Verbindung nach außen und aller Möglichkeit zum Futterholen so gut wie abgeschnitten
5 zu sein. Vercingetorix habe alle seine Leute aufgeboten, um diesen Punkt zu befestigen.

45

1 Auf diese Aussagen hin schickte Caesar um Mitternacht mehrere Reitereinheiten mit dem Befehl dorthin, überall recht lärmend her-
2 umzustreifen. Bei Tagesanbruch läßt er viele Packpferde und Maultiere aus dem Lager führen, ihnen die Packsättel abnehmen und behelmte Troßknechte, die aussahen und sich verhielten wie
3 Reiter, um die Hügel streifen. Ihnen gab er einige Reiter mit, die weiter ausschwärmen sollten, um die Täuschung zu verstärken. Auf einem langen Umweg läßt er alle zum gleichen Ziel hin reiten.
4 Dies sah man von weitem aus der Stadt, da man aus Gergovia ins Lager herabschauen konnte; doch war bei der großen Entfernung
5 nicht auszumachen, was eigentlich vorging. Er ließ eine Legion auf dem gleichen Höhenzug vorgehen, doch nach kurzem Marsch in
6 einer Senke und durch Wald gedeckt haltmachen. Bei den Galliern wächst der Argwohn, und sie ziehen alle Streitkräfte an diesem
7 Punkt der Befestigung zusammen. Als Caesar das Lager der Feinde leer sah, ließ er seine Soldaten ihre Abzeichen verdecken und die Feldzeichen einhüllen, schickte sie in kleinen Gruppen, damit in der Stadt nichts bemerkt wurde, aus dem großen Lager ins kleine und gab den Legaten, die die einzelnen Legionen befehligten, Ver-
8 haltensmaßregeln; vor allem mahnte er sie, die Soldaten zusammenzuhalten, damit sie nicht aus Kampfeslust oder Beutegier zu
9 weit vorstürmten; er wies auf die bedeutenden Geländeschwierigkeiten hin, die man nur durch Schnelligkeit überwinden könne; es handle sich nur um einen Handstreich, nicht um eine Schlacht.
10 Nach diesen Anweisungen gab er das Zeichen und schickte gleichzeitig die Häduer rechts an einem anderen Aufstieg vor.

46

1 Die Stadtmauer war vom Beginn des Anstiegs in der Ebene in gerader Linie, von den Wegkrümmungen abgesehen, 1200 Schritte
2 entfernt; hinzukommende Kehren zur Erleichterung des steilen
3 Anstiegs verlängerten den Anmarsch. Etwa auf halber Höhe hatten die Gallier eine sechs Fuß hohe Mauer aus großen Felsblöcken dem Gelände angepaßt in Längsrichtung aufgeführt, um einen Angriff von uns aufzuhalten; die ganze Unterseite des Abhangs hatten sie leer gelassen, den oberen Teil des Hügels aber bis zur
4 Stadtmauer dicht mit Lagern besetzt. Die Soldaten stürmen auf

das Zeichen hin rasch zur Mauer hinauf, überklettern sie und erobern drei Lager; so groß war ihre Schnelligkeit dabei, daß Teutomatus, der König der Nitiobrogen, in seinem Zelt überrascht wurde, wo er sich zum Mittagsschlaf hingelegt hatte; nur mit nacktem Oberkörper und auf einem verwundeten Pferd entging er gerade noch den plündernden Soldaten.

47

Da Caesar sein Ziel erreicht hatte, ließ er zur Rückkehr blasen, und die 10. Legion, bei der er stand, machte sogleich halt. Doch bei den anderen Legionen hörten die Soldaten das Trompetensignal nicht, weil ein ziemlich breites Tal dazwischenlag. Zwar versuchten die Kriegstribunen und Legaten sie zurückzuhalten, wie Caesar befohlen hatte, doch waren die Soldaten von der Hoffnung auf raschen Sieg, der Flucht der Feinde und den Erfolgen der letzten Zeit fortgerissen und meinten, nichts sei so schwierig, daß sie es nicht durch ihre Tatkraft meistern könnten; so hörten sie mit der Verfolgung erst auf, als sie vor der Stadtmauer und den Toren standen. Nun aber entstand Geschrei in der ganzen Stadt, und die weiter Entfernten stürzten heraus, erschreckt durch den plötzlichen Lärm und in der Meinung, der Feind sei schon innerhalb der Tore. Frauen warfen Kleider und Geld von der Mauer, beugten sich mit entblößter Brust über die Mauer und beschworen die Römer mit ausgebreiteten Armen, sie zu schonen und nicht wie in Avaricum auch Frauen und Kinder zu töten; einige ließen sich, an fremden Händen hängend, von der Mauer herab und ergaben sich den Soldaten. Lucius Fabius, ein Zenturio der 8. Legion, der, wie feststeht, an diesem Tag gegen seine Kameraden geäußert hatte, ihn locke der Preis von Avaricum, und er werde nicht zulassen, daß einer vor ihm auf der Mauer stehe, nahm drei seiner Leute, ließ sich von ihnen hochheben und erstieg die Mauer; dann reichte er ihnen nacheinander die Hand und zog sie zu sich hinauf.

48

Inzwischen hatten die Gallier, die sich, wie berichtet, am anderen Ende der Stadt zum Schanzen gesammelt hatten, zunächst das Geschrei gehört; dann wurden sie durch vielfache Meldungen aufgeschreckt, die Römer seien schon in der Stadt; so schickten sie ihre Reiter voraus und rannten in größter Eile herbei. Wie jeder kam, stellte er sich unten an die Mauer und verstärkte seine kämpfenden Landsleute. Als eine große Menge beisammen war, begannen die Weiber, die eben noch von der Mauer herab die Hände nach den Römern ausstreckten, die Ihrigen anzuflehen, zeigten ihnen nach

gallischer Sitte das aufgelöste Haar und hielten ihnen die Kinder
4 vor die Augen. Für die Römer war der Kampf durch Gelände und
Kräfteverhältnis ungleich; auch waren sie vom Lauf und der langen Dauer des Gefechtes mitgenommen und konnten dem frischen und ausgeruhten Gegner nicht so recht standhalten.

49

1 Caesar sah, daß der Kampfplatz höchst nachteilig war und die feindlichen Streitkräfte zunahmen. So fürchtete er sehr für seine Männer und sandte dem Legaten Titus Sextius, den er zum Schutz des kleinen Lagers zurückgelassen hatte, Befehl, seine Kohorten rasch aus dem Lager zu führen und am Fuß des Hügels gegen die
2 rechte Flanke der Feinde einzusetzen; sollte er sehen, daß unsere Leute herabgeworfen würden, so solle er den Gegner von freier
3 Verfolgung abschrecken. Er selbst rückte mit der 10. Legion von seinem Standort etwas vor und wartete den Ausgang des Gefechtes ab.

50

1 Während im hitzigsten Nahkampf die Feinde auf das Gelände und ihre Überzahl, die Unseren auf ihre Kampfkraft setzten, tauchten plötzlich auf unserer offenen Flanke die Häduer auf, die Caesar rechts herum auf einem anderen Weg hinaufgeschickt hat-
2 te, um die Feinde zu zersplittern. Die Ähnlichkeit der Waffen erschreckte die Unseren sehr, und obgleich man sah, daß ihre rechte Schulter unbedeckt war (das übliche Erkennungszeichen unserer Verbündeten), meinten unsere Männer, gerade damit wolle
3 der Gegner sie täuschen. Gleichzeitig wurden der Zenturio Lucius Fabius und die Männer, die mit ihm die Mauer erstiegen hatten,
4 umzingelt, niedergemacht und von der Mauer gestürzt. Marcus Petronius, Zenturio in derselben Legion, der das Tor aufsprengen wollte, wurde von der Masse überwältigt, und weil er, schon vielfach verwundet, sich verloren gab, rief er seinen Kameraden, die ihm gefolgt waren, zu: „Da ich mich und euch zugleich nicht retten kann, will ich wenigstens euer Leben erhalten, das ich aus Ehr-
5 geiz in Gefahr gebracht habe. Nützt die Atempause und rettet euch!" Zugleich stürzte er mitten in die Feinde, stieß zwei von ih-
6 nen nieder und trieb die übrigen etwas vom Tor weg. Als ihm seine Kameraden helfen wollten, rief er: „Umsonst! Ihr könnt mein Leben nicht retten, da mir schon Blut und Kräfte schwinden. Fort also, solange es noch geht! Zurück zur Legion!" Kurz darauf fiel er im Kampf für die Rettung seiner Leute.

51

So wurden die Unseren von allen Seiten bedrängt und bei Verlust von 46 Zenturionen zurückgeschlagen. Doch wurden die Gallier an allzu scharfer Verfolgung von der 10. Legion gehindert, die zum Entsatz in etwas ebenerem Gelände in Stellung gegangen war. Sie selbst wieder stützte sich auf die Kohorten der 13. Legion, die das kleine Lager verlassen und mit ihrem Legaten Titus Sextius eine beherrschende Stellung besetzt hatten. Sobald die Legionen ebenen Boden unter den Füßen hatten, machten sie wieder Front gegen den Feind. Vercingetorix führte seine Truppen vom Fuß des Hügels hinter die Verschanzungen zurück. An diesem Tag fielen fast 700 Mann.

52

Tags darauf berief Caesar eine Heeresversammlung und tadelte das blinde Ungestüm der Soldaten, die eigenmächtig bestimmt hätten, wohin man vorrücken oder was man tun solle; sie hätten auch weder auf das Signal zum Rückzug hin haltgemacht noch sich von den Kriegstribunen und Legaten zurückhalten lassen. Er stellte ihnen vor Augen, wie gefährlich ein schlechtes Gelände sei und wie er vor Avaricum gehandelt habe, wo er die Feinde ohne Führer und Reiterei überrascht und dennoch den schon sicheren Sieg hingegeben hatte, um keinen, wenn auch noch so geringen Verlust durch ungünstiges Gelände bei einem Kampf zu riskieren. So sehr er ihre Tapferkeit bewundere, die weder die Lagerbefestigung noch der hohe Berg noch die Stadtmauer aufhalten konnten, ebensosehr müsse er mangelnde Disziplin und Anmaßung an ihnen tadeln, weil sie meinten, mehr als ihr Feldherr von Sieg und Schlachterfolg zu verstehen; er verlange von einem Soldaten ebensoviel Gehorsam und Disziplin wie Tapferkeit und Heldenmut.

53

Am Ende seiner Rede richtete er die Soldaten mit der Mahnung wieder auf, sie sollten nun deshalb nicht den Mut verlieren oder die Wirkung des schlechten Standorts der feindlichen Tapferkeit zuschreiben; doch blieb er bei seinem Entschluß, abzuziehen, führte die Legionen aus dem Lager und stellte sie an einem günstigen Platz zur Schlacht auf. Als Vercingetorix trotzdem seine Streitkräfte im Lager hielt und nicht in die Ebene herabkam, führte Caesar nach einem erfolgreichen leichten Reitergefecht das Heer ins Lager zurück. Dies wiederholte er am nächsten Tag, meinte dann, nun sei genug zur Dämpfung gallischer Anmaßung

und zur Stärkung des Mutes seiner Soldaten geschehen, und brach
4 ins Häduerland auf. Da die Feinde nicht einmal jetzt folgten, ließ
er am dritten Tag die Brücke über den Elaver wiederherstellen
und führte das Heer hinüber.

54

1 Dort wenden sich die Häduer Viridomarus und Eporedorix an
ihn, und er erfährt, Litaviccus sei mit der ganzen Reiterei auf dem
Marsch zu den Häduern, um sie aufzuwiegeln; sie selbst müßten
2 ihnen vorauseilen, um den Stamm treu zu erhalten. Zwar hatte
Caesar schon aus vielen Anzeichen die Heimtücke der Häduer
durchschaut und geglaubt, die Abreise der beiden würde den Abfall des Stammes nur beschleunigen, doch zog er es vor, sie nicht
zurückzuhalten, um den Schein zu vermeiden, er tue ihnen Un-
3 recht oder lasse Besorgnis erkennen. Beim Abschied stellte er ihnen kurz vor Augen, was ihm die Häduer verdankten, in welcher
Lage und wie erniedrigt er sie vorgefunden habe, eingeschlossen
in ihre Städte, ihrer Felder und aller Bundesgenossen beraubt, belastet durch Tribute und bei schlimmster Entehrung zur Stellung
4 von Geiseln gezwungen. Er legte ihnen dar, zu welchem Glück
und zu welchem Ansehen er ihnen verholfen habe, so daß sie nicht
nur ihre frühere Stellung zurückgewonnen hätten, sondern doch
wohl mehr Ansehen und Einfluß besäßen als je zuvor. Mit dieser
Mahnung entließ er sie.

55

1 Noviodunum war eine Stadt der Häduer in günstiger Lage am
2 Ufer des Liger. Dorthin hatte Caesar alle gallischen Geiseln, Getreide, die Provinzkasse und einen großen Teil seines und des
3 Heeresgepäcks schaffen lassen; er hatte auch eine große Anzahl
von Pferden hingeschickt, die für diesen Krieg in Italien und Spa-
4 nien aufgekauft worden waren. Eporedorix und Viridomarus trafen in Noviodunum ein und erfuhren die Lage in ihrem Stamm; sie
hörten auch, daß Litaviccus in Bibracte von den Häduern aufgenommen sei (diese Stadt ist eine ihrer wichtigsten), daß Convictolitavis, ihr höchster Würdenträger, und ein großer Teil des Senats
zu ihm gekommen sei und man im Stammesauftrag Gesandte an
Vercingetorix geschickt habe, um Frieden und Freundschaft zu
schließen. Da meinten sie, eine solche Gelegenheit nicht auslassen
5 zu dürfen. Also machten sie in Noviodunum die Wachtruppe und
alle Kaufleute und Reisenden nieder, die sich dort aufhielten, ver-
6 teilten deren Geld und Pferde unter sich, ließen auch die Geiseln
der Stämme nach Bibracte zu ihrem höchsten Beamten bringen;

und weil sie meinten, die Stadt selbst nicht halten zu können, steckten sie sie in Brand, damit sie auch den Römern nicht nütze. Getreide, das sie in der Eile mitnehmen konnten, fuhren sie auf Schiffen weg; den Rest machten sie unbrauchbar, indem sie ihn in den Fluß schütteten oder verbrannten. Sie selbst boten aus der Umgegend Truppen auf, stellten Posten und Wachen am Ufer des Liger entlang auf und ließen ihre Reiterei überall schwärmen, um Furcht zu erregen, den Römern vielleicht die Getreidezufuhr abzuschneiden oder sie durch Hunger in die Provinz abzudrängen. In dieser Hoffnung bestärkte sie auch sehr, daß der Liger durch die Schneeschmelze angeschwollen und, wie es schien, an einer Furt überhaupt nicht zu durchschreiten war.

56

Auf die Nachricht von diesen Vorgängen glaubte Caesar, eilen zu müssen, um im Fall eines Gefechtes beim Brückenschlag zu kämpfen, bevor dort größere Streitkräfte versammelt wären. Daran nämlich, seinen Plan zu ändern und zur Provinz hin abzuschwenken, was damals alle für unbedingt notwendig hielten, hinderten ihn die Schande, das Unwürdige solchen Verhaltens und die vorgelagerten Cevennen mit ihren beschwerlichen Wegen, hauptsächlich aber die starke Sorge um den abkommandierten Labienus und die mit ihm entsandten Legionen. So kam er nach starken Tag- und Nachtmärschen wider alles Erwarten schnell zum Liger, und als die Reiter eine angesichts der Notlage brauchbare Furt gefunden hatten, in der wenigstens Arme und Schultern zum Hochhalten der Waffen aus dem Wasser ragten, stellte er die Reiterei so auf, daß sie die Gewalt der Strömung brach, und führte das Heer ohne Verluste hinüber, während die Feinde bei seinem ersten Anblick noch fassungslos staunten. Er fand Getreide auf den Feldern, auch eine Menge Vieh, versorgte das Heer reichlich damit und setzte sich zum Gebiet der Senonen in Marsch.

57

Während dieser Vorgänge an Caesars Front ließ Labienus den kürzlich aus Italien eingetroffenen Ersatz in Agedincum zum Schutz des Trosses zurück und marschierte mit vier Legionen nach Lutecia. Dies ist die Stadt der Parisier und liegt auf einer Insel des Flusses Sequana. Als die Feinde von seinem Anmarsch hörten, strömten große Truppenmassen aus den Nachbarstämmen zusammen. Den Oberbefehl erhält der Aulerker Camulogenus, den man trotz schwerer Altersschwäche wegen seiner einzigartigen Kriegserfahrung in dieses Amt berief. Als dieser sah, daß es hier ein zusammenhängendes Sumpfgebiet gab, das in die Sequana abfloß und die ganze Gegend fast unzugänglich machte, ging er dort in Stellung und wollte unser Heer am Übergang hindern.

58

1 Labienus versuchte anfänglich, Schutzdächer voranzuschieben, den Sumpf mit Geflecht und Erde zu füllen und so einen festen
2 Weg aufzuschütten. Als sich dies als zu schwierig erwies, rückte er um die dritte Nachtwache leise aus dem Lager ab und gelangte auf dem gleichen Weg, den er gekommen war, nach Metlosedum, ei-
3 ner Stadt der Senonen, die, wie das eben erwähnte Lutecia, auf ei-
4 ner Insel der Sequana liegt. Er beschlagnahmte etwa 50 Schiffe, verband sie rasch und bemannte sie, und weil die Einwohner bei dieser Überraschung den Kopf verloren (ein großer Teil war auch zum Krieg eingezogen), eroberte er die Stadt ohne Schwert-
5 streich. Dann ließ er die Brücke wiederherstellen, die der Feind in den Tagen vorher zerstört hatte, führte das Heer hinüber und
6 marschierte stromabwärts in Richtung Lutecia. Als dies die Feinde von Flüchtlingen aus Metlosedum erfuhren, ließen sie Lutecia niederbrennen und die Brücken der Stadt abbrechen; sie selbst verließen das Sumpfgebiet und bezogen am Ufer der Sequana gegenüber von Lutecia und dem Lager des Labienus Stellung.

59

1 Schon hieß es, Caesar sei von Gergovia abgezogen, schon kamen die Gerüchte vom Abfall der Häduer und dem geglückten Aufstand Galliens, und die Gallier versicherten in Gesprächen, Caesar sei von seiner Marschlinie und dem Liger abgeschnitten und
2 aus Mangel an Getreide nach der Provinz aufgebrochen. Die Bellovaker aber, an sich zuvor schon unzuverlässig, begannen auf die Nachricht vom Abfall der Häduer ihre Haufen zusammenzuho-
3 len und offen zum Krieg zu rüsten. Da begriff Labienus, daß in derart veränderter Lage eine völlig andere Strategie als bisher
4 nötig sei, und dachte jetzt nicht mehr an Eroberung oder eine Schlacht mit dem Feind, sondern nur, wie er das Heer ohne Ver-
5 luste nach Agedincum zurückführen könne. Bedrohten ihn doch auf der einen Seite die Bellovaker, ein Stamm, der in Gallien als besonders tapfer gilt, und auf der anderen Seite stand Camulogenus mit seinem schlagfertigen und gutgerüsteten Heer; zudem schnitt der riesige Fluß die Legionen von ihrem Standlager und dem
6 Gepäck ab. Bei diesen überraschenden Schwierigkeiten sah Labienus die einzige Hilfe in einem kühnen Entschluß.

60

Gegen Abend berief er einen Kriegsrat und ermahnte zu gewissenhafter und tatkräftiger Ausführung seiner Befehle, unterstellte die von Metlosedum mitgeführten Schiffe jeweils römischen Rittern und gab Weisung, nach der ersten Nachtwache leise vier Meilen stromabwärts zu fahren und ihn dort zu erwarten. Fünf Kohorten, die er als am wenigsten kampfstark einschätzte, ließ er zum Schutz des Lagers zurück; die fünf restlichen Kohorten derselben Legion ließ er nach Mitternacht mit dem ganzen Troß unter großem Getöse stromaufwärts marschieren. Er trieb auch Kähne auf; diese schickte er mit lautem Ruderschlag in dieselbe Richtung. Selbst zog er kurz danach mit drei Legionen leise aus dem Lager und marschierte dorthin, wo die Schiffe nach seinem Befehl landen sollten.

61

Als er dort angelangt war, wurden die überall am Fluß verteilten Späher der Feinde bei plötzlich einsetzendem starkem Unwetter nichtsahnend von den Unseren überfallen; Heer und Reiter wurden unter Führung der römischen Ritter, die er damit beauftragt hatte, rasch übergesetzt. Fast gleichzeitig erhielten die Feinde bei Tagesanbruch Meldung, im römischen Lager herrsche ungewöhnlicher Lärm, eine große Kolonne marschiere flußaufwärts, man höre in derselben Richtung auch Ruderschlag, und etwas weiter unterhalb setze man Soldaten auf Schiffen über. Bei dieser Nachricht meinten die Feinde, die Legionen setzten an drei Stellen über und alle Römer machten sich, bestürzt über den Abfall der Häduer, auf die Flucht. Sie teilten daher auch ihre Truppen in drei Kontingente: Eine Abteilung nämlich ließen sie gegenüber unserem Lager zurück, schickten eine zweite, kleinere in Richtung Metlosedum, die so weit vorrücken sollte, wie die Schiffe vorankamen, und den Rest ihrer Truppen führten sie gegen Labienus.

62

Bei Tagesanbruch standen alle unsere Soldaten über dem Fluß, und gleichzeitig kam das feindliche Heer in Sicht. Labienus feuerte seine Männer an, sie sollten an ihre alte Tapferkeit und die großartigen Siege denken, sich auch vorstellen, Caesar selbst, unter dessen Führung sie den Feind so oft besiegt hätten, sei persönlich gegenwärtig, und gab dann das Zeichen zum Kampf. Im ersten Anlauf werden die Feinde auf dem rechten Flügel, wo die 7. Legion stand, geschlagen und in wilde Flucht gejagt; auf dem linken Flügel, den die 12. Legion hielt, fielen zwar die ersten Reihen der Feinde, von den Speeren durchbohrt, doch leisteten die übrigen erbitterten Widerstand, und niemand schien an Flucht zu denken. Der feindliche Führer Camulogenus stand den Seinen selbst zur Seite und feuerte sie an. Während sich auch jetzt noch der Sieg keiner Seite zuneigte, erhielten die Tribunen der 7. Legion Meldung, wie es auf dem linken Flügel stand, führten die Legion den Feinden in den Rücken und griffen sie an. Auch jetzt wich keiner vom Platz, sondern sie wurden alle eingekreist und niedergemacht. Camulogenus erlitt das gleiche Schicksal. Als aber die als Wache gegenüber dem Lager des Labienus zurückgelassenen Gallier vom Beginn des Treffens hörten, eilten sie den Ihren zu Hilfe und besetzten eine Anhöhe; doch konnten sie dem Ansturm unserer siegreichen Männer nicht standhalten. So wurden sie in die Flucht ihrer Landsleute mit hineingerissen und, soweit ihnen nicht Wald und Berge Schutz boten, von den Reitern niedergemacht. Nach diesem Unternehmen kehrte Labienus nach Agedincum zurück, wo das Gepäck des ganzen Heeres geblieben war; von dort führte er seine gesamten Streitkräfte zu Caesar zurück.

63

Als sich der Abfall der Häduer herumsprach, gewann der Krieg an Ausdehnung. Gesandtschaften werden überall herumgeschickt; sie bieten ihr ganzes Ansehen, ihren Einfluß und ihr Vermögen auf, um die Stämme aufzuhetzen; im Besitz der Geiseln, die Caesar bei ihnen gelassen hatte, erschrecken sie Unschlüssige durch deren angedrohte Hinrichtung. Sie baten Vercingetorix, zu ihnen zu kommen und mit ihnen den Kriegsplan zu beraten. Als sie damit Erfolg haben, beanspruchen sie für sich den Oberbefehl, und da es Streit darüber gibt, wird eine Versammlung ganz Galliens in Bibracte angesetzt. Massenhaft kommen sie aus allen möglichen Teilen Galliens zusammen. Man läßt die Menge über die Frage abstimmen, und sie bestätigt einstimmig Vercingetorix als Oberbefehlshaber. Bei dieser Versammlung fehlten die Remer, Lingonen und Treverer, die einen, weil sie an der Freundschaft zu den Römern treu festhielten, die Treverer, weil sie zu weit entfernt wohnten und von Germanen bedrängt wurden, weshalb sie auch dem ganzen Krieg fernblieben und keiner Partei Hilfe sandten. Die Häduer sind sehr gekränkt, daß ihnen die Führungsrolle entrissen ist, beklagen den Wechsel des Glücks und wünschen Caesars rücksichtsvolle Behandlung zurück, wagen aber doch nicht, nach ihrer Entscheidung für den Krieg Politik auf eigene Faust zu trei-

ben. Unwillig gehorchen auch die beiden hochstrebenden jungen 9
Männer Eporedorix und Viridomarus dem Vercingetorix.

64

Dieser gebietet den übrigen Stämmen, Geiseln zu stellen, und legt 1
einen Termin dafür fest, befiehlt auch allen Reitern, 15000 Mann
stark, sich rasch bei ihm einzufinden. Mit dem bisherigen 2
Fußvolk, erklärt er, wolle er sich begnügen, werde weder das
Glück herausfordern noch in offener Feldschlacht kämpfen. Bei
seiner Überlegenheit an Reitern sei es ein Kinderspiel, die Römer
am Getreide- und Futterholen zu hindern; sie sollten nur gefaßten 3
Mutes selbst ihr Getreide vernichten und ihre Häuser niederbrennen in der Gewißheit, durch dieses Vermögensopfer Herrschaft
und Freiheit für alle Zukunft zu erkaufen. Nach diesen Anord- 4
nungen verlangt er von den Häduern und Segusiavern, den
Grenznachbarn der Provinz, 10000 Mann Fußtruppen und verstärkt sie mit 800 Reitern. Zu ihrem Führer bestimmt er den Bru- 5
der des Eporedorix und befiehlt, die Allobroger zu überfallen.
Auf der anderen Seite schickt er die Gabaler und die nächsten 6
Gaue der Arverner gegen die Helvier, ebenso die Rutener und Kadurker, um das Gebiet der arekomischen Völker zu verwüsten.
Gleichwohl hetzt er mit geheimen Boten und Gesandten die Allobroger auf, weil er hofft, sie hätten sich seit dem letzten Krieg 7
noch nicht beruhigt. Ihren ersten Männern verspricht er Geld, 8
dem Stamm aber die Herrschaft über unsere ganze Provinz.

65

Zur Abwehr aller dieser Gefahren stand eine Schutztruppe von 22 1
Kohorten bereit, die aus der Provinz selbst aufgeboten war und
von dem Legaten Lucius Caesar auf allen Seiten gegen den Feind
eingesetzt wurde. Die Helvier wagten auf eigene Faust eine 2
Schlacht gegen ihre Nachbarn, wurden aber geschlagen; Gaius
Valerius Domnotaurus, Sohn des Caburus und führender Mann
des Stammes, wurde mit mehreren anderen getötet und sie selbst
hinter die Mauern ihrer Städte gejagt. Die Allobroger stellten 3
längs des Rhodanus eine dichte Postenkette auf und sicherten ihr
Gebiet mit großer Wachsamkeit und Umsicht. Weil Caesar sah, 4
daß die Feinde an Reiterei überlegen waren, und er, von jeder
Verbindung abgeschnitten, keinerlei Hilfe aus der Provinz oder
Italien erhalten konnte, schickte er über den Rhein zu den germanischen Stämmen, die er in früheren Jahren unterworfen hatte. Er
ließ von dort Reiter und leichtbewaffnetes Fußvolk kommen, das
zwischen den Reitern zu kämpfen gewohnt war. Nach ihrer An- 5

kunft nahm er, weil sie weniger gute Pferde hatten, die Pferde der Kriegstribunen, der übrigen römischen Ritter und der freiwillig Längerdienenden und verteilte sie an die Germanen.

66

1 Unterdessen kamen die feindlichen Truppen aus dem Land der Arverner und die Reiter zusammen, die ganz Gallien stellen muß-
2 te. Mit dieser großen Streitmacht bezog Vercingetorix, als Caesar durch das Grenzgebiet der Lingonen zu den Sequanern marschierte, um der Provinz leichter Hilfe zu bringen, etwa 10 Meilen
3 von den Römern entfernt drei Lager. Dann berief er die Reiterführer zur Befehlsausgabe und erklärte ihnen, nun sei die Stunde des Sieges da: Die Römer flüchteten in ihre Provinz und räumten
4 Gallien. Dies genüge ihm zwar, um die Freiheit für den Augenblick zu erringen, doch sei es nicht genug für Frieden und Ruhe in der Zukunft, würden doch die Römer bald mit stärkerer Macht
5 wiederkommen und den Krieg fortsetzen. So sollten sie diese auf dem Marsch, wo sie nicht kampfbereit seien, angreifen. Sollten die römischen Fußtruppen den Ihren zu Hilfe kommen und dabei aufgehalten werden, kämen sie auf dem Marsch nicht voran; sollten sie aber, was er eher kommen sehe, das Gepäck im Stich lassen und sich selbst retten, dann verlören sie den notwendigen Kriegs-
6 bedarf und ihr Ansehen. Denn was die feindlichen Reiter angehe, dürften sie selbst nicht daran zweifeln, daß keiner davon sich aus der Marschkolonne auch nur hervorwagen werde. Um ihren Mut für den Angriff zu stärken, werde er das ganze Heer vor dem La-
7 ger aufstellen und dem Feind Angst einjagen. Laut rufen die Reiter: Man müsse durch den heiligsten Eid festlegen, daß keiner mehr unter ein Dach treten, keiner mehr Kinder, Eltern und Gattin wiedersehen dürfe, der nicht zweimal durch die feindliche Kolonne gesprengt sei.

67

1 Der Vorschlag fand Beifall, und alle leisteten den Eid. Am nächsten Tag teilten sie die Reiterei in drei Abteilungen, von denen zwei kampfbereit auf beiden Seiten drohten und die dritte sich der
2 Vorhut entgegenstellte. Auf die Meldung davon teilte auch Caesar seine Reiterei in drei Abteilungen und warf sie dem Feind entge-
3 gen. Es kam an allen drei Fronten gleichzeitig zum Gefecht. Die Marschkolonne macht halt; die Legionen nehmen das Gepäck in
4 die Mitte. Sowie an einer Stelle die Unseren in Gefahr oder gar in Not geraten, läßt Caesar dort angreifen und eine kampfbereite Abteilung vorgehen; dieses Verfahren behindert die Feinde beim

Nachsetzen und ermutigt unsere Truppen durch die Hoffnung
auf Entsatz. Endlich gewinnen die Germanen auf der rechten Seite den Kamm der Höhe, treiben den Feind von dort herab und verfolgen die Fliehenden bis zum Fluß, wo Vercingetorix mit seinen Fußtruppen sitzt; sie töten ziemlich viele. Wie dies die übrigen sehen, fürchten sie, umgangen zu werden, und ergreifen die Flucht. Überall werden sie zusammengehauen. Drei der vornehmsten Häduer werden gefangen und vor Caesar gebracht: Cotus, der Reiterführer, der bei der letzten Wahlversammlung den Streit mit Convictolitavis hatte, Cavarillus, der nach dem Abfall des Litaviccus die Fußtruppen befehligte, und Eporedorix, der vor Caesars Ankunft die Häduer im Krieg gegen die Sequaner geführt hatte.

68

Als die ganze Reiterei geschlagen war, führte Vercingetorix seine Fußtruppen, so wie er sie vor dem Lager aufgestellt hatte, zurück, brach sogleich in Richtung Alesia, der Stadt der Mandubier, auf, wohin er auch rasch das Gepäck aus dem Lager wegführen und nachbringen ließ. Caesar führte den Troß auf die nächste Anhöhe, ließ zwei Legionen zur Bedeckung zurück und folgte ihm nach, solange er Tageslicht hatte, wobei etwa 3000 Feinde aus der Nachhut umkamen; am zweiten Tag danach schlug er das Lager bei Alesia auf. Das Ergebnis einer genauen Lagererkundung der Stadt und die tiefe Bestürzung der Feinde über die Niederlage ihrer Reiterei (auf diesen Heeresteil setzten sie am meisten) bestimmten Caesar, die Soldaten zu unverdrossener Arbeit aufzufordern und die Stadt mit Wall und Graben einzuschließen.

69

Die Stadt Alesia selbst lag hoch oben auf einer Hügelkuppe, so daß sie offensichtlich nur durch Einschließung zu erobern war. Zwei Flüsse umströmten auf zwei Seiten den Fuß der Anhöhe. Vor der Stadt öffnete sich eine Ebene auf eine Länge von etwa drei Meilen; auf allen anderen Seiten umgaben sie Hügel in mäßigem Abstand, die etwa gleich hoch wie die Stadt waren. Unterhalb der Stadtmauer hatten die Streitkräfte der Gallier den ganzen Ostteil des Hügels vollständig besetzt und einen Graben mit einer Lehm- und Kiesmauer von sechs Fuß Höhe davor gezogen. Der Umfang der Befestigung, die von den Römern angelegt wurde, betrug 10 Meilen. An geeigneten Punkten waren Lager angelegt und 23 Stützpunkte ausgebaut. In den Stützpunkten standen bei Tag Feldwachen, um überraschenden Ausfällen zu begegnen; nachts wurden sie von starken Wachabteilungen besetzt, die dort lagerten.

70

1 Nach Beginn der Schanzarbeiten kam es zu einem Reitergefecht in der Ebene, die sich, wie erwähnt, auf dem Raum zwischen den Hügeln drei Meilen weit hinzieht. Beide Seiten fechten mit höchster Anstrengung. 2 Den Unseren, die in Bedrängnis gerieten, schickte Caesar die Germanen zu Hilfe und ließ die Legionen vor dem Lager in Stellung gehen, um ein plötzliches Vorpreschen der 3 feindlichen Fußtruppen zu verhindern. Die Deckung durch die Legionen erfüllte die Unseren mit neuem Mut; die Feinde wurden geschlagen, behinderten einander durch ihre Masse und stauten 4 sich in den ziemlich engen Mauerdurchlässen. Die Germanen verfolgen sie ziemlich hitzig bis zur Mauer. Es gibt ein großes Blut- 5 bad. Einige lassen ihre Pferde im Stich und versuchen, über den Graben zu springen und die Lehmmauer zu überklettern. Caesar ließ die vor dem eigenen Wall aufmarschierten Legionen vor- 6 rücken. Nun geraten auch die Gallier innerhalb der Schanzen in Verwirrung und schlagen in Befürchtung eines sofortigen Angriffes Alarm; manche stürzen, außer sich vor Schrecken, in die Stadt. 7 Vercingetorix läßt die Stadttore schließen, um eine allgemeine Flucht aus dem Lager zu verhindern. Nachdem zahlreiche Gallier getötet und ziemlich viele Pferde erbeutet sind, ziehen sich die Germanen zurück.

71

1 Vercingetorix beschloß, seine ganze Reiterei bei Nacht zu entlas- 2 sen, bevor die Römer ihre Verschanzungen fertigstellten. Beim Abzug trug er ihnen auf, jeder solle seinen Stamm aufsuchen und 3 alle Männer im waffenfähigen Alter zum Krieg aufbieten. Er hält ihnen seine Verdienste um sie vor und beschwört sie, nun an seine Rettung zu denken und ihn nicht für seine hohen Verdienste um die Freiheit aller den Feinden zu einem qualvollen Tod preiszugeben. Wenn sie es an Energie fehlen ließen, seien 80000 auserlesene 4 Kämpfer und er selbst verloren. Nach seiner Berechnung hätten sie für knapp 30 Tage Getreide, könnten aber bei sparsamem Ver- 5 brauch noch etwas länger aushalten. Mit diesen Aufträgen schickt er um die zweite Nachtwache die Reiter in aller Stille durch eine 6 Lücke unserer Einschließung fort. Er läßt alles Getreide bei sich abliefern; für alle, die dem Befehl nicht Folge leisten, setzt er die 7 Todesstrafe fest; das Vieh, das die Mandubier in großer Menge zusammengetrieben hatten, verteilte er nach der Kopfzahl und ließ

das Korn in sparsamen Zuteilungen ausgeben. Alle Streitkräfte, die vor der Stadt lagerten, zog er in die Stadt zurück. Diese Maßregeln ermöglichten es ihm, den Entsatz durch Gallien abzuwarten und den Krieg fortzusetzen.

72

Als Caesar durch Überläufer und Gefangene von allen Maßnahmen des Vercingetorix erfahren hatte, führte er folgende Arten von Befestigungen auf: Er ließ einen 20 Fuß breiten Graben mit senkrechten Seitenwänden anlegen, so daß der Graben am Boden ebenso breit war wie an den oberen Rändern. Alle weiteren Befestigungen legte er erst 400 Fuß dahinter an, um zu verhindern, daß bei der Notwendigkeit einer Umfassung dieser Riesenfläche und der Schwierigkeit, das ganze Werk mit einer durchgehenden Reihe von Soldaten zu besetzen, die feindliche Masse überraschend nachts an die Befestigung herangerannt oder tagsüber unsere zur Arbeit eingeteilten Männer beschießen konnte. Nach diesem Zwischenraum zog er zwei 15 Fuß breite und ebenso tiefe Gräben; den inneren füllte er an ebenen und niedrig gelegenen Stellen mit Wasser, das er aus einem Fluß ableitete. Hinter den Gräben ließ er einen Wall mit Palisaden von insgesamt 12 Fuß Höhe errichten. Diesen rüstete er mit einer Brustwehr und Zinnen aus, dazu dort, wo die Deckungen auf dem Wall aufsaßen, mit starken gabelförmigen Spitzpfählen, um den Feinden das Hinaufklettern zu erschweren; er ließ auch rings um die ganze Belagerungslinie Türme in Abständen von 80 Fuß errichten.

73

Man mußte zur gleichen Zeit Holz schlagen, Getreide besorgen und diese großen Befestigungen anlegen, so daß unsere Streitkräfte durch die weiter vom Lager wegführenden Entsendungen nie ihre Sollstärke aufwiesen. Daher versuchten die Gallier nicht selten, unsere Werke anzugreifen und aus mehreren Toren mit aller Gewalt einen Ausfall aus der Stadt zu unternehmen. Caesar meinte deshalb, seine Werke verstärken zu müssen, um die Linien mit möglichst wenig Mannschaft verteidigen zu können. Also wurden Baumstämme oder sehr starke Äste abgeschlagen und ihre Spitzen entrindet und zugespitzt. Dann zog man durchlaufende fünf Fuß tiefe Gräben. In diese wurden die Stämme gerammt und unten so verankert, daß man sie nicht herausreißen konnte; dort, wo die Äste anfingen, ragten sie über den Grabenrand. Immer fünf Reihen von Stämmen waren miteinander verbunden und verflochten; wagte sich jemand hinein, geriet er in die scharfen Spitzen der Pfähle. Diese nannten die Soldaten ‚Leichensteine'. Vor ihnen wurden in schrägen Reihen, angeordnet in Form einer Würfelfünf, trichterförmige Gruben von drei Fuß Tiefe angelegt. In diesen brachte man unten glatte, oben zugespitzte und im Feuer gehärtete schenkeldicke Pfähle so an, daß sie nur vier Finger aus dem Boden ragten; zugleich wurde zur Befestigung und Sicherung der Pfähle in der Grube Erdreich einen Fuß hoch festgestampft, während der obere Teil der Grube zur Tarnung der Falle mit Flechtwerk und Reisig überdeckt wurde. Von diesen Gruben wurden acht Reihen angelegt, die je drei Fuß voneinander entfernt waren. Diese nannte man wegen der Ähnlichkeit mit der Blume ‚Lilie'. Vor ihnen wurden einen Fuß lange Fußangeln mit eisernen Haken fast ganz in die Erde eingegraben und mit kleinen Zwischenräumen überall verteilt; diese hießen ‚Ochsenstacheln'.

74

Nach Fertigstellung dieser Anlagen legte Caesar in Anlehnung an möglichst ebenes Gelände und in einem Umkreis von 14 Meilen noch einmal die gleichen Befestigungen mit der Front nach außen gegen den dortigen Feind an, um bei eigenem Teilabzug eine Einschließung der Besatzungen der Werke durch das feindliche Entsatzheer, selbst wenn es in größter Stärke anrückte, unmöglich zu machen. Um auch nicht gezwungen zu sein, das Lager unter Gefahr zu verlassen, befahl er, das ganze Heer mit Futter und Getreide für 30 Tage zu bevorraten.

75

Während dieses Vorgangs bei Alesia beriefen die Gallier eine Versammlung ihrer führenden Männer und beschlossen, nicht alle Waffenfähigen aufzubieten, wie Vercingetorix gewollt hatte, sondern jedem Volk ein bestimmtes Kontingent vorzuschreiben. Es sollte verhindert werden, daß man eine so riesige zusammengewürfelte Masse weder führen noch seine Leute unterscheiden noch für Verpflegung sorgen könne. Sie befehlen den Häduern und den von ihnen abhängigen Segusiavern, den Ambivareten, Aulerkern, Brannoviken 35000 Mann; dieselbe Zahl den Arvernern in Verbindung mit den Eleutetern, Kadurkern, Gabalern, Vellaviern, die gewöhnlich den Arvernern unterstehen; den Sequanern, Senonen, Biturigen, Santonern, Rutenern, Karnuten je 12000; den Bellovakern 10000, ebensoviel den Lemovikern, je 8000 den Piktonen, Turonern, Parisiern und Helvetiern; je 6000 den Suessionen, den Ambianern, Mediomatrikern, Petrokoriern, Nerviern, Morinern, Nitiobrogen; je 5000 den Aulerkern und Kenomanern; ebenso viele den Atrebaten; 4000 den Veliokassern, Lexoviern und Aulerkern; den Eburoviken 3000; den Raurakern und Boiern 2000; 10 000 den ganzen Stämmen, die am Ozean wohnen und gewöhnlich Aremoriker heißen; zu diesen gehören die Koriosoliten, Redonen, Ambibarier, Kaleten, Osismer, Veneter ... Uneller. Von allen stellten die Bellovaker nicht ihre volle Zahl, indem sie erklärten, sie würden auf eigene Faust und nach ihrem Ermessen mit den Römern Krieg führen und brauchten niemand zu gehorchen; doch schickten sie auf Bitten des Commius und aus Freundschaft zu ihm 2000 Mann.

76

Dieser Commius hatte Caesar, wie oben berichtet, in früheren Jahren in Britannien treue und nützliche Dienste geleistet; für diese Verdienste hatte Caesar seinen Stamm von Abgaben befreit, ihm seine Verfassung zurückgegeben und die Moriner unterstellt. So gewaltig aber war der einmütige Wille ganz Galliens, die Freiheit zu erkämpfen und den alten Kriegsruhm wiederzuerlangen, daß ihnen solche Wohltaten und das Andenken an die Freundschaft nichts mehr galten und jeder Mut und Gut für diesen Krieg einsetzte. Als nun 8000 Reiter und etwa 250 000 Mann zu Fuß beisammen waren, wurden sie im Gebiet der Häduer gemustert, eine Zählung durchgeführt und Führer aufgestellt. Der Atrebate Commius, die Häduer Viridomarus und Eporedorix, der Arverner Vercassivellaunus, ein Vetter des Vercingetorix, erhalten den Oberbefehl. Ihnen stellte man ausgewählte Männer aus den Stämmen als Kriegsrat zur Seite. Alle zogen munter und voller Zuversicht in Richtung Alesia und waren fest überzeugt, niemand könne auch nur den Anblick einer solchen Masse aushalten, besonders bei einer Schlacht nach zwei Fronten, wenn aus der Stadt ein Ausfall erfolgte und zugleich draußen solche Massen an Reiterei und Fußtruppen auftauchten.

77

Die Belagerten aber in Alesia beriefen, als der Tag vorüber war, an dem sie das Entsatzheer der Ihren erwartet hatten, alles Getreide verbraucht war und sie auch nicht wußten, was bei den Häduern vorging, eine Versammlung und hielten Rat über den Ausgang ihres Schicksals. Unter den verschiedenen Vorschlägen, die zum Teil für Ergebung, zum Teil, solange die Kräfte reichten, für einen Ausfall stimmten, muß man wohl die Rede des Critognatus wegen ihrer beispiellosen, frevelhaften Grausamkeit erwähnen. Dieser hochangesehene Mann von höchstem arvernischem Adel sagte:

„Ich will über den Vorschlag jener kein Wort verlieren, die schändlichste Knechtschaft mit dem Wort ‚Ergebung' beschönigen, glaube vielmehr, sie verdienen nicht, als Mitbürger angesehen
4 oder zu einer Beratung beigezogen zu werden. Um die soll es mir gehen, die für einen Ausfall stimmen; in ihrem Vorschlag scheint nach eurem einstimmigen Urteil noch ein Abglanz der alten Tap-
5 ferkeit lebendig zu sein. Es ist aber Schwäche, nicht Tapferkeit, Entbehrungen für kurze Zeit nicht zu ertragen; Menschen, die sich freiwillig in den Tod stürzen, finden sich leichter als solche,
6 die im Leiden geduldig ausharren. Ich würde ihrem Vorschlag beistimmen (so viel bedeutet mir unsere Würde), wenn ich sähe, es
7 gehe hier nur um das Opfer unseres Lebens; doch müssen wir bei unserem Entschluß an ganz Gallien denken, das zu unserer Ret-
8 tung aufgeboten ist. Was, meint ihr, wird in unseren Verwandten und Nächsten vorgehen, wenn 80000 Menschen auf einen Schlag gefallen sind und sie fast auf den Leichen selbst die Entscheidung
9 ausfechten müssen? Ihr dürft nicht denen eure Hilfe rauben, die für eure Rettung der Gefahr trotzen, dürft nicht aus Dummheit, Unbesonnenheit oder Schwäche ganz Gallien zugrunde richten
10 und in ewige Knechtschaft stürzen. Oder zweifelt ihr an der Treue und Zuverlässigkeit unserer Landsleute, weil sie nicht genau auf den Tag da sind? Meint ihr denn, die Römer würden sich in ihren
11 Außenschanzen täglich zum Vergnügen müde arbeiten? Wenn ihr durch Botschaften der Freunde nicht Gewißheit erlangen könnt, da alle Wege abgeschnitten sind, so glaubt den Römern, daß ihre Ankunft bevorsteht, denn aus Furcht davor schuften sie Tag und
12 Nacht in der Befestigung. Was also rate ich? Zu tun, was unsere Vorfahren in dem längst nicht so schlimmen Krieg gegen die Kimbern und Teutonen getan haben: Eingeschlossen in ihre Städte und von ähnlichem Mangel gequält, hielten sie sich mit den Leibern der kriegsuntüchtigen Greise am Leben und dachten nicht an
13 Ergebung. Und dienten sie uns nicht als Beispiel, so hielte ich es für eine Großtat, dieses Vorbild für die Freiheit zu stiften und der
14 Nachwelt zu überliefern. Denn wo gibt es eine Ähnlichkeit mit jenem Krieg? Die Kimbern verwüsteten Gallien und suchten es schwer heim, doch verließen sie endlich unser Gebiet wieder und suchten andere Länder auf; sie ließen uns Recht, Gesetze, Felder
15 und Freiheit unangetastet. Die Römer aber, worauf geht ihr ganzes Sinnen und Trachten denn sonst, als in ihrer Habgier das Staatsgebiet aller Völker zu besetzen und die in ewige Knechtschaft zu stürzen, von deren Ruhm und Kriegsmacht sie hören? Niemals nämlich haben sie ihre Kriege mit einem anderen Ziel ge-
16 führt. Und ist euch das Schicksal ferner Völker unbekannt, so seht

auf das benachbarte Gallien, das zur Provinz erniedrigt ist, dessen Recht und Verfassung gebeugt sind und das, den Beilen unterworfen, in ewiger Knechtschaft schmachtet!"

78
Nach Abschluß der Debatte beschließen sie, alles, was durch Schwäche oder Alter kriegsuntüchtig sei, solle die Stadt verlassen, und man wolle erst alles versuchen, ehe man auf den Vorschlag des Critognatus eingehe; doch müsse man im äußersten Falle und bei Ausbleiben des Entsatzes eher zu diesem Mittel greifen, als sich bedingungslos ergeben oder Friedensartikel diktieren zu lassen. Sie weisen die Mandubier, die sie doch in ihrer Stadt aufgenommen hatten, mit Kindern und Frauen aus. Die Vertriebenen kamen zu den Befestigungen der Römer und baten weinend und flehentlich, man solle sie als Sklaven aufnehmen, aber ihnen wenigstens etwas zu essen geben. Doch Caesar besetzte den Wall mit Posten und verbot, sie einzulassen.

79
Indessen erscheinen Commius und die übrigen Heerführer mit ihrer gesamten Streitmacht vor Alesia, besetzen einen Hügel außerhalb unserer Linien und lagern kaum eine Meile von unseren Schanzwerken entfernt. Am nächsten Tag rückten sie mit der Reiterei aus dem Lager, nahmen damit die ganze Ebene ein, die sich, wie berichtet, drei Meilen lang hinzieht, und ließen ihr Fußvolk in einiger Entfernung die Höhen besetzen. Man konnte von Alesia aus auf die Ebene herabsehen. Beim Anblick des Entsatzheeres laufen die Belagerten zusammen; sie beglückwünschen sich, alles ist vor Freude außer sich. In Massen rückt man vor die Stadt und geht in Stellung; sie werfen Hürden über den ersten Graben, füllen ihn mit Erde und rüsten sich für den Ausbruch und alle möglichen Fälle.

80
Caesar verteilte sein ganzes Heer auf beide Linien der Befestigung, damit jeder im voraus wußte, welchen Platz er im Ernstfall zu halten hatte. Dann ließ er die Reiterei vor das Lager rücken und den Kampf eröffnen. Man konnte von allen Lagern ringsum auf der Kammhöhe herabsehen, und alle Soldaten erwarteten gespannt den Ausgang der Schlacht. Die Gallier hatten unter ihre Reiter einige Bogenschützen und bewegliche Leichtbewaffnete gemischt, die ihren Kameraden bei einem Rückzug Hilfe bringen und Angriffe unserer Reiter abweisen sollten. Von diesen wurden

mehrere unserer Reiter überraschend verwundet und verließen
4 das Gefecht. Da die Gallier nun die Überlegenheit der Ihren für
ausgemacht hielten, auch sahen, wie unsere Leute von der Übermacht bedrängt wurden, erhoben sie auf allen Seiten, und zwar
sowohl die Belagerten wie die Entsatztruppen, ein wildes Ge-
5 brüll, um ihre Leute anzufeuern. Weil der Kampf vor aller Augen
stattfand und keine rühmliche oder schimpfliche Tat unbemerkt
bleiben konnte, trieben Ehrgeiz und Furcht vor Schande beide
6 Seiten zu tapferem Kampf an. So wurde von Mittag bis fast zum
Sonnenuntergang ohne Entscheidung gekämpft, bis die Germanen an einer Stelle in dicht geschlossenen Haufen die Gallier an-
7 griffen und zurückwarfen; da sie fliehend davonsprengten, wur-
8 den die Bogenschützen umzingelt und niedergehauen. Auch an
den übrigen Abschnitten verfolgten unsere Männer die Zurückweichenden bis zum Lager und ließen sie sich nicht mehr sam-
9 meln. Die aus Alesia herausgekommenen Gallier aber zogen sich
niedergeschlagen und fast schon am Sieg verzweifelnd in die Stadt
zurück.

81

1 Nach nur einem Tag – und in dieser Zeit hatten sie eine große
Menge von Hürden, Leitern, Haken hergestellt – rückten die Gallier um Mitternacht leise aus ihrem Lager und schlichen sich an
2 unsere Verschanzungen in der Ebene heran. Dann erhoben sie
plötzlich ein Geschrei – für die Belagerten in der Stadt das Zeichen
ihres Anrückens –, warfen die Hürden vor sich hin, suchten unsere Leute mit Schleudern, Pfeilen, Steinen vom Wall zu treiben und
3 trafen alle weiteren Vorbereitungen zu einem Sturmangriff. Zur
gleichen Zeit ließ Vercingetorix auf das Geschrei hin Alarm blasen
4 und führte seine Truppen aus der Stadt. Jeder der Unseren besetzte auf den Schanzen seinen Posten, den man ihm an den Vortagen
zugewiesen hatte; mit geschleuderten Pfundsteinen, Pfählen, die
sie überall auf dem Werk bereitgelegt hatten, und mit Bleikugeln
5 treiben sie die Gallier zurück. Da man in der Dunkelheit nichts sehen kann, gibt es auf beiden Seiten viele Verwundete. Die Ge-
6 schütze entfalteten starke Wirkung. Die Legaten Marcus Antonius und Gaius Trebonius, die diese Abschnitte zu verteidigen hatten, holten aber Reserven aus entfernteren Stützpunkten heran,
wenn sie unsere Leute irgendwo in Bedrängnis sahen.

82

1 Solange die Gallier noch weiter von unseren Schanzen entfernt
standen, waren sie durch die Masse ihrer Geschosse einigermaßen

im Vorteil; als sie aber näher kamen, spießten sie sich nichtsahnend an den Stacheln auf, fielen in die Gruben und wurden durchbohrt oder vom Wall und den Türmen durch Mauerspieße getötet. Überall schon hatten sie hohe Verluste, nirgends war die Befestigung durchbrochen; als der Tag aufkam, fürchteten sie, man könnte ihnen aus den oberen Lagern in die offene Flanke fallen und sie einschließen, und zogen sich zu den Ihren zurück. Die Feinde in der Stadt aber, die alles, was Vercingetorix für den Ausbruch vorbereitet hatte, nach vorne trugen und die ersten Gräben ausfüllten, hielten sich dabei ziemlich lange auf und mußten sehen, daß das Entsatzheer schon abgezogen war, ehe sie selbst an die Befestigung herankamen. So kehrten sie ohne Erfolg in die Stadt zurück.

83

Zweimal mit großem Verlust zurückgeschlagen, beraten die Gallier, was sie unternehmen sollen, ziehen ortskundige Leute bei und erfahren von diesen Stellung und Anlage der oberen Lager. Im Norden lag ein Hügel, den unsere Männer wegen seiner Größe nicht ganz in die Linien hatten einbeziehen können. Notgedrungen schlugen sie auf einem fast ungeeigneten, leicht abfallenden Gelände ihr Lager auf. Dieses hielten die Legaten Gaius Antistius Reginus und Gaius Caninius Rebilus mit zwei Legionen besetzt. Nach Erkundung des Geländes durch Späher wählten die feindlichen Führer 60000 Mann aus dem gesamten Entsatzaufgebot, und zwar von den anerkannt tapfersten Stämmen; Ziel und Ablauf des Unternehmens sprachen sie geheim unter sich ab; als Angriffszeit legen sie den Mittag fest. Zum Führer dieser Truppen ernennen sie den Arverner Vercassivellaunus, einen der vier Befehlshaber und Vetter des Vercingetorix. Dieser verließ das Lager um die erste Nachtwache, hatte gegen Tagesanbruch sein Ziel fast erreicht, verbarg sich hinter dem Berg und ließ seine Krieger sich von der nächtlichen Anstrengung erholen. Als es schon gegen Mittag ging, rückte er gegen das erwähnte Lager vor, während zu gleicher Zeit die Reiterei zu den Befestigungen in der Ebene vorsprengte und die restlichen gallischen Truppen vor dem Lager erschienen.

84

Vercingetorix, der von der Burg in Alesia aus seine Landsleute sah, rückte aus der Stadt; Stangen, Schutzdächer, Mauersicheln und alles, was er für den Ausbruch vorbereitet hatte, läßt er aus dem Lager mitnehmen. An allen Punkten tobt gleichzeitig der Kampf, und alles wird versucht; zu der Stelle, die am schwächsten

3 erscheint, wenden sich die Massen. Die Mannschaft der Römer ist
 durch die weitläufigen Werke zersplittert und kann nur schwer an
4· mehreren Orten zugleich Widerstand leisten. Auch das Geschrei,
 das sich im Rücken der Kämpfenden erhebt, trägt viel dazu bei,
 die Unseren zu erschrecken, die sich sagen müssen, die eigene Si-
5 cherheit hänge vom Erfolg anderer ab; beunruhigt doch den Menschen in der Regel besonders das, was er nicht sieht.

85

1 Caesar wählte einen günstigen Standort und beobachtet das
 Kampfgeschehen an den einzelnen Abschnitten; bedrohten Trup-
2 penteilen schickt er Hilfe. Beiden Seiten steht vor Augen, eben
 jetzt sei der Augenblick da, der den Einsatz aller Kraft verlange.
3 Die Gallier müssen an jeder Möglichkeit der Rettung verzweifeln,
 wenn sie nicht die Schanzen durchbrechen; die Römer erwarten
4 das Ende aller Mühen, wenn sie die Oberhand behalten. Die
 schlimmste Bedrängnis herrscht bei den oberen Befestigungen,
 gegen die, wie berichtet, Vercassivellaunus geschickt war. Die
5 ungünstige Neigung des Hügels ist von großem Nachteil. Die einen Gallier werfen Geschosse, andere bilden eine ‚Schildkröte‘
 und kommen unten heran; frische Streiter lösen die Abgekämpf-
6 ten ab. Schüttgut, das alle in die Schanzgräben werfen, gibt den
 Galliern die Möglichkeit hinaufzuklettern und bedeckt zugleich
 die in der Erde versteckten Annäherungshindernisse der Römer;
 allmählich gingen unseren Männern Waffen und Kräfte aus.

86

1 Da Caesar die Gefahr erkannte, schickte er Labienus mit sechs
2 Kohorten den Bedrängten zu Hilfe und befahl, wenn er nicht
 standhalten könne, solle er die Kohorten vom Wall holen und ei-
3 nen Ausfall machen, doch dies nur im äußersten Notfall. Er selbst
 begibt sich zu den Truppen in der Ebene und fordert sie zum
 Durchhalten auf; die Frucht aller früheren Kämpfe hänge von die-
4 sem Tag und dieser Stunde ab. Die eingeschlossenen Gallier verzweifeln wegen der machtvollen Befestigung an einem Erfolg in
 der Ebene und greifen an den abschüssigen Stellen vom steigenden Hang aus an. Hierhin schaffen sie alles, was sie vorbereitet ha-
5 ben. Durch einen Hagel von Geschossen vertreiben sie die Verteidiger von den Türmen, füllen die Gräben mit Erde und Faschinen
 und reißen mit den Sicheln Wall und Brustwehr ein.

87

Caesar schickt zuerst den jungen Brutus mit einigen Kohorten dorthin, dann den Legaten Gaius Fabius mit weiteren Einheiten; schließlich führt er selbst, da der Kampf immer wütender wird, frische Reserven zum Entsatz heran. Als die Lage gefestigt und der Feind abgewiesen ist, eilt er an den Abschnitt, zu dem er Labienus geschickt hat, holt vier Kohorten aus dem nächsten Kastell und befiehlt einem Teil der Reiter, ihm zu folgen, während ein anderer Teil um die äußeren Verschanzungen herumreiten und dem Feind in den Rücken fallen soll. Nachdem weder Wall noch Graben dem Ungestüm der Feinde standhalten konnten, rafft Labienus elf Kohorten zusammen, wie sie ihm der Zufall aus den nächsten Feldwachen darbietet, und meldet Caesar durch Boten, was er jetzt unternehmen wolle. Caesar beeilt sich, selbst in den Kampf einzugreifen.

88

Als man sein Eintreffen an der Farbe des Mantels erkennt, der sein gewöhnliches Kennzeichen bei Gefechten war, und auch die Reiterabteilungen und Kohorten sieht, die ihm zu folgen haben (man übersah von oben her diese Abhänge und Senkungen), gehen die Feinde zum Angriff vor. Auf beiden Seiten erhebt sich Geschrei, dem wieder vom Wall und allen Schanzen der Kampfruf folgt. Unsere Männer werfen die Wurfspieße weg und greifen mit dem blanken Schwert an. Plötzlich erscheint im Rücken der Gallier unsere Reiterei; weitere Kohorten eilen heran. Der Feind wendet sich zur Flucht; den Fliehenden sprengen die Reiter entgegen. Es entsteht ein furchtbares Blutbad. Sedullus, Befehlshaber und erster Mann der Lemoviken, fällt; der Arverner Vercassivellaunus wird lebend auf der Flucht gefaßt; 74 Feldzeichen werden zu Caesar gebracht; nur wenige von der riesigen Zahl retten sich unverwundet in ihr Lager. Als die Belagerten von der Stadt aus Niederlage und Flucht der Ihren sehen, geben sie alles verloren und ziehen ihre Truppen von den Schanzen zurück. Auf die Nachricht von dieser Niederlage beginnt sofort die allgemeine Flucht aus dem gallischen Lager. Wären unsere Soldaten nicht durch die vielen Entsatzangriffe und die Mühe des langen Tages erschöpft gewesen, hätten sie die ganze Streitmacht der Feinde vernichten können. Um Mitternacht wird die Reiterei ausgeschickt, holt die Nachhut ein, macht eine große Anzahl Gefangener und haut eine Menge nieder; der Rest lief auseinander und floh nach Hause.

89

1 Am nächsten Tag beruft Vercingetorix eine Versammlung und erklärt, er habe diesen Krieg nicht im eigenen Interesse unternom-
2 men, sondern für die gemeinsame Freiheit, und da man sich dem Schicksal fügen müsse, biete er sich für beides dar, ob sie nun durch seinen Tod den Römern Genugtuung verschaffen oder ihn
3 lebend ausliefern wollten. In dieser Angelegenheit gehen Gesandte an Caesar. Er befiehlt, die Waffen abzugeben und die Führer
4 auszuliefern. Er selbst nimmt auf dem Wall vor dem Lager Platz; dort werden die Heerführer vorgeführt, Vercingetorix ausgelie-
5 fert, die Waffen hingeworfen. Jeder Soldat Caesars erhielt einen Gefangenen als Beute, wobei die Häduer und Arverner verschont blieben, um dadurch die Stämme wiederzugewinnen.

90

1 Nach diesem Feldzug marschiert er zu den Häduern und nimmt
2 die Ergebung des Stammes an. Dort finden sich auch Gesandte der Arverner ein und erklären unbedingten Gehorsam. Er verlangt eine erhebliche Zahl von Geiseln. Die Legionen schickt er in die
3 Winterquartiere. Etwa 20000 Gefangene gibt er den Häduern und
4 Arvernern zurück. Titus Labienus läßt er mit zwei Legionen und der Reiterei zu den Sequanern marschieren und teilt ihm Marcus
5 Sempronius Rutilus zu. Den Legaten Gaius Fabius und mit ihm Lucius Minucius Basilus verlegt er mit zwei Legionen zu den Remern, um sie vor Überfällen der benachbarten Bellovaker zu
6 schützen. Gaius Antistius Reginus schickt er zu den Ambivaretern, Titus Sextius zu den Biturigen, Gaius Caninius Rebilus zu
7 den Rutenern, jeden mit einer Legion. Quintus Tullius Cicero und Publius Sulpicius verlegt er zur Sicherung des Getreidenachschubs nach Cavillonum und Matisco am Arar im Gebiet der Häduer. Er selbst beschloß, in Bibracte zu überwintern.
8 Auf Caesars Bericht über die Erfolge dieses Jahres wurde in Rom ein Dankfest von zwanzig Tagen gefeiert.

ACHTES BUCH

Wegen deiner dauernden Bitten, lieber Balbus, und weil mein ewiges Sträuben nicht von den Schwierigkeiten verursacht, sondern Ausflucht für meine Trägheit zu sein schien, habe ich eine sehr schwere Aufgabe übernommen. Weil die früheren Bücher der ‚Kommentare' unseres Caesar über seine Feldzüge in Gallien mit seinen folgenden Berichten nicht zusammenhängen, habe ich die Lücke geschlossen und sein letztes, unvollendetes Buch von den Kämpfen in Alexandria an fortgeführt bis zum Ende zwar nicht des Bürgerkrieges, das gar nicht abzusehen ist, sondern bis zu Caesars Tod. Ich wünschte, künftige Leser könnten wissen, wie ungern ich die Arbeit übernahm; so entginge ich leichter dem Vorwurf törichter Anmaßung, daß ich mich mitten zwischen Caesars Schriften drängte; wissen doch alle, daß die mühseligsten Stilübungen anderer die Eleganz dieser Berichte nicht erreichen. Diese sind zwar als Quelle für die Geschichtsschreiber des gewaltigen Geschehens geschrieben, doch besitzen sie so sehr den allgemeinen Beifall, daß folgenden Historikern der Stoff genommen, nicht gegeben scheint. Dabei ist unser Staunen über Caesars Kunst noch größer als das aller anderen; diese nämlich wissen nur, wie gut und vollkommen er seine Berichte schrieb, wir aber dazu noch, wie leicht und rasch. Neben ungemeiner stilistischer Gewandtheit und Eleganz besaß aber Caesar die Fähigkeit, seine Planungen höchst einleuchtend zu erläutern. Ich selbst konnte nicht einmal am Krieg in Alexandria und in Afrika teilnehmen; wenn wir diese Kriege auch zum Teil aus Caesars mündlicher Mitteilung kennen, so hören wir doch anders zu, wenn uns Reiz der Neuheit und Staunen fesseln, als wenn wir Verbürgtes glaubwürdig nacherzählen wollen. Aber während ich noch alle möglichen Entschuldigungen zusammensuche, um einem Vergleich mit Caesar zu entgehen, komme ich gerade dadurch in den Verdacht, ich meine in meiner Anmaßung, jemand könne mich in seinem Urteil mit Caesar vergleichen. Leb' wohl!

1

Nach dem Sieg über ganz Gallien und den ununterbrochenen Feldzügen seit dem Sommer des letzten Jahres wollte Caesar seinen Soldaten in der Ruhe der Winterquartiere Erholung von den schweren Strapazen gönnen, erfuhr jedoch, daß mehrere Stämme gleichzeitig von neuem Kriegspläne schmiedeten und Verschwörungen anzettelten. Als wahrscheinlicher Grund dafür verlautete, alle Gallier wüßten zwar, man könne den Römern mit kei-

ner noch so großen versammelten Masse widerstehen; schlügen jedoch mehrere Stämme an räumlich weit auseinanderliegenden Orten gleichzeitig los, so besitze das römische Heer nicht genug Hilfsmittel, Raumdeckung und Streitkräfte, um überall einzu-
3 greifen; es dürfe sich aber kein betroffener Stamm sträuben, das Unglück einer Niederlage zu ertragen, wenn alle anderen mit dieser hinhaltenden Taktik die Freiheit gewinnen könnten.

2

1 Um sich diesen Wahn bei den Galliern nicht festsetzen zu lassen, übergab Caesar dem Quästor Marcus Antonius den Befehl über sein Winterlager. Er selbst brach mit einem Geleit von Reitern am 29. Dezember von der Stadt Bibracte zur 13. Legion auf, die er nicht weit von der Grenze der Häduer ins Gebiet der Biturigen verlegt hatte, und fügt ihr die 11. Legion bei, die ganz in der Nähe
2 stand. Je zwei Kohorten ließ er zur Sicherung des Trosses zurück und führte das übrige Heer in das reiche Land der Biturigen, die ein so großes Gebiet und so viele Städte besaßen, daß sie durch die eine Legion im Winterlager nicht gehindert werden konnten, zum Krieg zu rüsten und geheime Umtriebe anzuzetteln.

3

1 Caesars überraschendes Erscheinen hatte den Erfolg, der bei unvorbereiteten und zerstreut wohnenden Feinden eintreten mußte: Da sie ohne Furcht ihre Felder bestellten, wurden sie von der Rei-
2 terei überrascht, bevor sie in die Städte flüchten konnten. Caesar hatte nämlich verboten, die Gehöfte anzuzünden, was immer das Zeichen für feindliche Einfälle ist; er wollte ja bei weiterem Vormarsch nicht ohne Nachschub an Futter und Getreide dastehen
3 und die Feinde nicht durch die Brände alarmieren. Viele Tausende gerieten in Gefangenschaft; die Biturigen, die gleich bei Ankunft der Römer entkamen, waren zu den Nachbarstämmen geflohen, im Vertrauen auf private Gastfreundschaft oder den ge-
4 meinsam gefaßten Kriegsplan. Vergeblich: Caesar kam ihnen nämlich überall in Eilmärschen zuvor und ließ keinem Stamm Zeit, eher an fremde als an eigene Rettung zu denken. Durch dieses rasche Eingreifen sicherte er sich die Treue seiner Anhänger, erschreckte die Schwankenden und zwang sie, Frieden zu erbit-
5 ten. Da die Biturigen bei dieser Sachlage sahen, Caesars Milde ebne ihnen die Rückkehr zu seiner Freundschaft und auch die Nachbarstämme seien ohne weitere Strafe nach Stellung von Geiseln wieder in Gnaden angenommen, folgten sie diesem Beispiel.

4

Da die Soldaten im tiefsten Winter bei unendlich schweren Märschen und unerträglicher Kälte mit höchster Bereitwilligkeit alle Mühen durchgestanden hatten, versprach ihnen Caesar für ihre Mühe und Ausdauer pro Mann 200 und den Zenturionen 2000 Sesterzen als Beutegeschenk, ließ die Legionen in die Winterlager zurückgehen und kehrte selbst nach 40 Tagen nach Bibracte zurück. Während er dort Recht sprach, schickten die Biturigen Gesandte an ihn und baten um Hilfe gegen die Karnuten, die, wie sie klagten, über sie hergefallen seien. Auf diese Nachricht hin führte er nach einem eigenen Aufenthalt von nur 18 Tagen im Winterlager die Legionen 14 und 6 aus dem Quartier vom Arar weg; wie im vorigen Buch berichtet, waren diese zur Sicherung des Getreidenachschubs dorthin verlegt. So brach er mit zwei Legionen auf, um die Karnuten zur Rechenschaft zu ziehen.

5

Als das Gerücht vom Anmarsch des Heeres zu den Feinden drang, ließen die Karnuten, klug geworden aus dem Mißgeschick der übrigen, ihre Weiler und Städte, wo sie zum Schutz vor der Winterkälte in rasch erbauten kleinen Nothäusern wohnten (hatten sie doch bei ihrer jüngsten Niederlage nicht wenige Städte verloren), im Stich und flohen in alle Himmelsrichtungen. Da Caesar die Soldaten den jetzt eben losbrechenden äußerst harten Stürmen nicht aussetzen wollte, schlug er in Cenabum, einer Stadt der Karnuten, Lager und pferchte die Soldaten teils in die Häuser der Gallier, teils in Unterkünfte, die aus Zelten mit rasch aufgelegter Strohpackung bestanden. Doch schickte er Reiter und Hilfstruppen zu Fuß überall dorthin, wo nach den eingetroffenen Nachrichten die Feinde steckten, und dies nicht ohne Erfolg; denn fast immer kamen unsere Leute mit großer Beute zurück. Die Karnuten litten schwer unter dem harten Winter, fürchteten die Gefahr, da sie seit der Vertreibung aus ihren Häusern nirgendwo länger zu bleiben wagten, auch in den Wäldern vor den eisigen Stürmen keinen Schutz fanden; so verliefen sie sich nach großen Verlusten und zerstreuten sich auf benachbarte Stämme.

6

Da es Caesar in der schlimmsten Jahreszeit für ausreichend hielt, sich sammelnde Feinde zu zerstreuen, um jeden Krieg im Keim zu ersticken, und es nach menschlichem Ermessen für ausgemacht ansah, daß im Sommer kein ernsthafter Krieg entstehen könne,

legte er Gaius Trebonius mit den zwei Legionen, die er bei sich
2 hatte, in Cenabum ins Winterlager; dann erfuhr er durch zahlreiche Gesandtschaften der Remer, die Bellovaker, die kriegsberühmtesten aller Gallier und Belger, und ihre Nachbarstämme unter Führung des Bellovakers Correus und des Atrebaten Commius stellten Heere auf und versammelten sie, um mit der ganzen Streitmacht ins Gebiet der Suessionen, Unterworfenen der Remer, einzufallen: Nun glaubte er, nicht nur seine Ehre, sondern auch seine Sicherheit verlangten, hervorragend um Rom verdien-
3 te Verbündete vor jedem Schaden zu bewahren, berief wieder die 11. Legion aus dem Winterlager und schrieb zugleich an Gaius Fabius, er solle seine zwei Legionen ins Land der Suessionen führen, ließ auch noch eine von den zwei Legionen des Labienus kom-
4 men. Soweit es also die Lage der Winterquartiere und die Kriegführung verlangten, legte er bei eigener andauernder Tätigkeit die Last der Feldzüge den Legionen abwechselnd auf.

7

1 Mit diesen Truppen rückt er gegen die Bellovaker vor, schlägt Lager in ihrem Gebiet und schickt Reitereinheiten nach allen Seiten, um Gefangene zu machen und von ihnen die Pläne der Feinde zu
2 erfahren. Die Reiter erfüllen ihren Auftrag und melden, sie hätten in Gehöften ein paar Leute gefunden, die nicht etwa zum Feldbau zurückblieben (die Räumung sei überall sorgsam durchgeführt),
3 sondern zum Spionieren wieder hergeschickt seien. Als Caesar diese befragte, wo die Masse der Bellovaker stehe und was sie vorhabe, erfuhr er, alle kampffähigen Bellovaker seien an einem Punkt versammelt, ebenso die Ambianer, Aulerker, Kaleter, Ve-
4 liokassen, Atrebaten; sie hätten für ihr Lager eine von Sumpf umgebene Anhöhe in einem Wald gewählt und ihr ganzes Gepäck noch tiefer in die Wälder gebracht. Mehrere führende Männer hetzten zum Krieg, doch hänge die Menge am meisten an Correus, der als Todfeind von allem, was römisch heiße, bekannt sei.
5 Vor einigen Tagen sei Commius aus dem Lager abgegangen, um Hilfstruppen von den Germanen zu holen, die ganz in der Nähe
6 wohnten und ungeheuer zahlreich seien. Volk und Führer der Bellovaker hätten einstimmig und einmütig beschlossen, wenn, wie es heiße, Caesar mit nur drei Legionen anrücke, ihm eine Schlacht anzubieten, um sich nicht später in schlechterer und
7 schwerer Lage mit dem ganzen Heer messen zu müssen; sollte er aber stärkere Truppen herbeiführen, so wolle man den ausgewählten Platz behaupten, die Römer jedoch aus dem Hinterhalt am Einholen von Futter hindern, das in dieser Jahreszeit nur spär-

lich und an zerstreuten Orten zu finden war, ebenso am Getreideholen und Besorgen des übrigen Nachschubes.

8

Als Caesar dies der übereinstimmenden Aussage mehrerer Befragter entnahm und fand, die mitgeteilten Pläne seien wohldurchdacht und weit entfernt von der üblichen Leichtfertigkeit der Barbaren, beschloß er, mit allen Mitteln zu bewirken, daß der Feind sein schwaches Heer verachtete und desto rascher zum Kampf ausrückte. Er hatte nämlich die hervorragend tapferen altgedienten Legionen 7, 8 und 9 bei sich, dazu die zu höchster Hoffnung berechtigende 11. mit auserlesener junger Mannschaft; sie hatte zwar schon acht Feldzüge mitgemacht, besaß aber noch nicht den gleichen Ruf alterprobter Kampfkraft wie die anderen. Er berief also den Kriegsrat, teilte alle ihm vorliegenden Nachrichten mit und ermutigte die Truppe. Um den Feind durch die geringe Zahl von drei Legionen zur Schlacht zu verlocken, richtete er seine Marschordnung so ein, daß die 7., 8. und 9. Legion vor dem gesamten Troß marschierten, dann das ganze Gepäck kam, das jedoch, wie bei Unternehmungen üblich, nicht zu umfangreich war, und die 11. den Schluß bildete; der Feind sollte ja nicht meinen, es seien mehr Römer, als er sich selbst für den Kampf gewünscht hatte. Aufgrund dieser Überlegung führte er das Heer in quadratischer Formation den Feinden rascher als von ihnen erwartet in Sicht.

9

Als die Gallier, deren selbstbewußte Pläne Caesar hinterbracht waren, sahen, wie die Legionen plötzlich wie zum Kampf geordnet in festem Schritt anrückten, stellten sie ihre Truppen vor dem Lager auf, kamen jedoch, bedenklich geworden durch die Gefahr einer Schlacht und unser plötzliches Anrücken oder in Erwartung unseres weiteren Vorgehens, nicht von ihrer erhöhten Stellung herab. Hatte Caesar auch den Kampf gewünscht, so staunte er doch über die riesige Menge der Feinde und schlug sein Lager gegenüber dem feindlichen diesseits eines Tales, das eher tief eingeschnitten als breit war. Er läßt um das Lager einen Wall von 12 Fuß Höhe errichten und auf diesen entsprechend seiner Höhe eine Erdbrustwehr setzen, ferner zwei Gräben von fünfzehn Fuß Breite mit senkrechten Wänden ziehen; endlich ließ er viele dreistöckige Türme bauen und diese durch überdeckte Brücken verbinden, deren Frontseite mit einer Brustwehr aus Flechtwerk gesichert war. So sollte das Lager gegen den Feind durch den Doppelgraben und eine Doppelreihe von Verteidigern geschützt sein, wobei die eine Reihe aus sicherer Höhe ihre Geschosse von den Brücken möglichst furchtlos und weit schleudern, die andere, näher am Feind auf dem Wall selbst stehend, durch die Brücke vor einfallenden Geschossen gedeckt sein sollte. Die Tore ließ er mit Flügeln und höheren Türmen versehen.

10

1 Mit dieser Anlage verfolgte er ein zweifaches Ziel. Er hoffte nämlich, die Größe der Werke und seine vermeintliche Angst würden den Barbaren Zuversicht einflößen; und mußte man zum Futter- und Getreideholen weiter ausrücken, dann konnte man, wie er sah, das befestigte Lager mit einer kleinen Besatzung halten. 2 Inzwischen wurde häufig, aber nur in kleinen Gruppen, gekämpft, da aus beiden Lagern wegen des Sumpfes immer nur wenige herausliefen. Doch drangen manchmal unsere gallischen und germanischen Hilfsvölker über den Sumpf und setzten dem Feind scharf zu, oder die Feinde gingen ihrerseits darüber hinaus 3 und drängten unsere Leute weiter zurück. Und weil man das Futter täglich in vereinzelten und zerstreuten Gehöften suchte, konnte es nicht ausbleiben, daß zerstreute Futterholer auf ungün- 4 stigem Gelände abgefangen wurden. Brachte dieser Umstand den Unseren auch nur mäßige Verluste an Zugtieren und Sklaven, so bestärkte er doch die Barbaren in ihrer dummen Einbildung; dies traf um so mehr ein, als Commius, der, wie erwähnt, weggeritten war, um Hilfsvölker aus Germanien zu holen, mit Reitern zurückgekehrt war. Waren es auch nicht mehr als 500, so machte die Ankunft der Germanen die Barbaren doch ganz übermütig.

11

1 Als Caesar feststellte, daß sich der Feind eine Reihe von Tagen in seinem durch Sumpf und Gelände geschützten Lager hielt, daß man das Lager nur unter schwersten Opfern angreifen und daß nur ein größeres Heer den Platz mit Schanzwerken einschließen könne, befahl er Trebonius schriftlich, er solle die 13. Legion, die mit dem Legaten Titus Sextius bei den Biturigen im Winterlager stand, holen und dann mit drei Legionen in Eilmärschen zu ihm 2 stoßen. Er selbst schickte abwechselnd die Reiter der Remer, Lingonen und der übrigen Stämme, von denen er starke Aufgebote hatte, zum Schutz der Futterholer aus, um feindliche Überfälle abzuweisen.

12

Da dies täglich geschah und die Sorgfalt durch die Gewöhnung schon nachließ, wie es auf die Dauer zumeist geschieht, legten die Bellovaker eine erlesene Schar ihres Fußvolks an den bekannten täglichen Standplätzen unserer Reiter in einer Waldgegend in den Hinterhalt und schickten am nächsten Tag Reiter in diese Richtung, um zuerst die Unseren in die Falle zu locken; die Leute im Hinterhalt sollten sie dann umzingeln und angreifen. Das Unglückslos traf die Remer, die an diesem Tag mit der Sicherung betraut waren. Denn als sie plötzlich die feindlichen Reiter ausmachten und bei ihrer Überlegenheit deren geringe Zahl verachteten, warfen sie sich blind auf sie und wurden überall eingekreist. Dadurch gerieten sie in Verwirrung und gingen rascher zurück als bei Reitergefechten üblich, wobei Vertiscus, der führende Mann ihres Stammes und ihr Reiterführer, fiel. Obgleich er sich wegen seines Alters kaum auf dem Pferd halten konnte, hatte er dennoch, gallischer Sitte treu, weder die Übernahme des Oberbefehls wegen seines Alters abgelehnt noch zugelassen, daß man ohne ihn kämpfte. Der Mut der Feinde wird durch den Kampferfolg gesteigert und angeheizt, besonders weil der erste Mann und Anführer der Remer gefallen war, während der Verlust unseren Leuten eine Mahnung war, das Gelände genauer zu erkunden, dann Posten auszustellen und einem weichenden Feind vorsichtiger nachzusetzen.

13

Unterdessen hörten die täglichen Gefechte im Blickfeld beider Lager an den Furten und Übergängen des Sumpfes nicht auf. Als bei einem solchen Gefecht die Germanen, die Caesar über den Rhein geholt hatte, um sie zwischen die Reiter eingereiht kämpfen zu lassen, entschieden und geschlossen den Sumpf überschritten, die wenigen, die ernstlich Widerstand leisteten, niedermachten und die übrige Masse hartnäckig verfolgten, gerieten nicht nur die Gallier in Furcht, die aus der Nähe niedergekämpft oder aus der Ferne verwundet wurden, sondern auch die wie üblich weiter rückwärts stehenden Reserven; sie nahmen schimpflich Reißaus, gaben eine Anhöhe nach der anderen verloren und kamen erst zum Stehen, als sie das eigene Lager erreichten; einige liefen aus Scham noch über das Lager hinaus. Ihre Niederlage versetzte ihr ganzes Heer in solche Bestürzung, daß man kaum sagen konnte, ob sie beim kleinsten Erfolg überheblicher oder bei einer mäßigen Niederlage ängstlicher wurden.

14

1 Als sie mehrere Tage im gleichen Lager verbracht hatten und die Führer der Bellovaker erfuhren, die Legionen und der Legat Gaius Trebonius seien bereits in der Nähe, befürchteten sie eine ähnliche Belagerung wie in Alesia und schickten nachts alles fort, was durch Alter oder Schwäche gebrechlich war oder keine Waffen
2 besaß, dazu ihr gesamtes Gepäck. Während sie den bestürzten und wirren Zug ordneten (gewöhnlich folgt den Galliern, auch wenn sie kampfbereit marschieren, eine große Menge Wagen), überraschte sie das Tageslicht; sie stellten bewaffnete Truppen vor ihrem Lager auf, damit die Römer erst dann mit der Verfolgung
3 begännen, wenn ihr Troß schon gehörigen Vorsprung hätte. Caesar hielt es zwar für falsch, einen zur Gegenwehr bereiten Feind die starke Steigung hinauf anzugreifen, wollte aber doch mit den Legionen so weit vorrücken, daß die Barbaren wegen der drohenden Nähe unserer Soldaten nicht ohne Gefahr abziehen könnten.
4 Zwar sah er, daß die beiden Lager durch den schwer passierbaren Sumpf getrennt waren und der schwierige Übergang an schneller Verfolgung hindern konnte, erkannte aber, daß der Höhenzug jenseits des Sumpfes beinahe an das feindliche Lager stieß und nur durch eine kleine Senke davon getrennt war. Daher ließ er Brücken über den Sumpf legen, führte die Legionen hinüber und erreichte rasch den ebenen Rücken des Hügels, der durch steile
5 Abfälle auf beiden Seiten geschützt war. Dort ließ er die Legionen aufmarschieren, rückte zum Rand der Hochfläche vor und stellte das kampfbereite Heer so auf, daß Geschosse seiner Geschütze die Heerhaufen der Feinde bestreichen konnten.

15

1 Die Barbaren hatten sich zwar im Vertrauen auf ihre günstige Stellung entschlossen, den Kampf anzunehmen, falls die Römer versuchten, die Höhe zu ersteigen, doch wagten sie es nicht, ihre verteilten Streitkräfte nach und nach abzuziehen, um nicht zerstreut und verwirrt zu werden. So blieben sie in Schlachtordnung ste-
2 hen. Als Caesar sah, wie hartnäckig sie waren, ließ er 20 Kohorten unter den Waffen stehen und hinter ihnen ein Lager abstecken
3 und verschanzen. Nach dessen Fertigstellung ließ er die Legionen kampfbereit vor dem Wall in Stellung gehen und verteilte die Rei-
4 ter mit gezäumten Pferden auf die Feldwachen. Als die Bellovaker erkannten, daß die Römer zur Verfolgung bereitstanden, sie aber ohne Gefahr weder übernachten noch länger in ihrer Stellung
5 bleiben konnten, faßten sie folgenden Rückzugsplan: Wie gewohnt, reichten sie einander, wo sie lagerten, Stroh- und Reisig-

bündel, die sie im Überfluß im Lager hatten (Caesar berichtete in den früheren Büchern, daß die Gallier sich gewöhnlich auf dem Schlachtfeld hinsetzen), von Hand zu Hand, warfen sie vor ihre Front und zündeten sie am Spätabend auf ein Rufzeichen hin gleichzeitig an. So entzog auf einmal eine Feuerwand ihre ganze Streitmacht den Blicken der Römer. Dann rannten die Barbaren Hals über Kopf davon.

16
Caesar konnte zwar durch das Flammenmeer den Abzug der Feinde nicht erkennen, vermutete jedoch, daß ihre Maßnahme die Flucht verschleiern solle, ließ die Legionen vorrücken und schickte die Reiterabteilungen zur Verfolgung; da er eine Falle befürchtete, etwa, der Feind könne am alten Ort stehen bleiben und die Unseren auf das ungünstige Gelände locken, rückte er nur zögernd vor. Auch die Reiter scheuten sich, in den dichten Feuerrauch hineinzureiten, und wenn einige von ihnen allzu eifrig hineinsprengten, sahen sie kaum mehr den Kopf ihrer Pferde; also ließen sie aus Furcht vor einem Hinterhalt die Bellovaker ungehindert entwischen. So zogen die Feinde in einer ebenso feigen wie schlauen Flucht ohne jeden Verlust 10 Meilen weiter und nahmen an einem sehr gut geschützten Platz Lager. Da sie von dort aus wiederholt Reiter und Fußvolk in den Hinterhalt legten, brachten sie den Römern beim Futterholen empfindliche Verluste bei.

17
Als dies öfters geschah, erfuhr Caesar von einem Gefangenen, Correus, der Führer der Bellovaker, habe 6000 besonders tapfere Fußkämpfer sowie 1000 Mann aus der ganzen Reiterei ausgewählt, die er dort versteckte, wohin nach seiner Vermutung die Römer ihre Leute wegen der Fülle an Getreide und Futter schicken würden. Auf diese Aussage hin rückte Caesar mit mehr Legionen als sonst ab, schickte die Reiter in gewohnter Weise zum Schutz der Futterholer voraus und gab ihnen Leichtbewaffnete zur Deckung bei; er selbst rückte mit den Legionen nach, so nahe er konnte.

18
Die Feinde hatten zu ihrem Unternehmen aus dem Hinterhalt ein freies Feld gewählt, das sich 1000 Schritt nach jeder Richtung ausdehnt und ringsum von Wäldern oder einem sehr tiefen Fluß umschlossen ist; dieses Feld umstellten sie wie bei einem Kesseltreiben mit versteckten Abteilungen. Da man die Absicht des Feindes

erkundet hatte, rückten unsere Reiter in einzelnen Schwadronen mutig und kampfbereit dorthin vor, im Schutz der nachfolgenden
3 Legionen zu jedem Kampf entschlossen. Correus meinte bei ihrem Eintreffen, nun sei der Augenblick für den Entscheidungsschlag gekommen, zeigte sich zunächst mit einigen wenigen
4 Kämpfern und griff die nächsten Schwadronen an. Die Unseren hielten dem Überfall entschlossen stand, zogen sich aber nicht an einem Punkt zusammen, wie sonst wohl bei Reiterkämpfen sich Massen in der Bestürzung zu ihrem Schaden zusammendrängen.

19

1 Während die Unseren ihre Schwadronen verteilt hielten, abwechselnd in kleinen Abteilungen fochten und ihre Kameraden nicht an den Flanken überflügeln ließen, brachen während dieses Gefechtes mit Correus die übrigen Gallier aus den Wäldern hervor. Es kommt zu einer heftigen Schlacht an verschiedenen Stellen.
2 Die Entscheidung schwankte längere Zeit, bis allmählich die bereitgestellte Masse des feindlichen Fußvolkes aus den Wäldern hervortrat und unsere Reiter zum Weichen brachte. Sogleich kamen diesen die leichtbewaffneten Fußtruppen zu Hilfe, die, wie gesagt, den Legionen vorausgeschickt waren, mischten sich unter unsere Reiterabteilungen und brachten das Gefecht zum Stehen.
3 Eine Zeitlang kämpften beide Seiten mit gleicher Hartnäckigkeit; dann bekamen, wie es der Natur des Gefechtes entsprach, die Unseren, die den ersten Angriff der Gallier aus dem Hinterhalt aufgefangen hatten, eben dadurch die Oberhand, daß sie nicht von
4 den Angreifern überrascht und geschwächt waren. Unterdessen marschieren die Legionen heran, und unsere Kämpfer und die Feinde erfahren zur gleichen Zeit durch mehrere Boten, der Feld-
5 herr sei mit kampfbereiten Truppen da. Auf diese Kunde hin greifen unsere Leute im Vertrauen auf den Schutz durch die Kohorten stürmisch an, um nicht durch zögerndes Vorgehen den Sieges-
6 ruhm mit den Legionen teilen zu müssen. Die Feinde verlieren jeden Mut und suchen in allen möglichen Richtungen einen Fluchtweg. Vergebens: Denn gerade das schwere Gelände, in dem sie die
7 Römer einkesseln wollten, hält sie nun selbst auf. Geschlagen, erschüttert und durch den Verlust ihrer Hauptmacht schwer getrof-
8 fen, fliehen sie teils in die Wälder, teils zum Fluß. Doch wurden sie von den Unseren, die scharf nachsetzten, auf der Flucht niedergehauen. Correus jedoch verlor durch all das Unglück nicht den Mut und war nicht zu bewegen, das Gefecht zu verlassen, in den Wald zu fliehen oder der Aufforderung der Unseren zu folgen und sich zu ergeben. Er wehrte sich mit größter Tapferkeit, ver-

wundete mehrere und zwang so die erbitterten Sieger, ihn zusammenzuschießen.

20

Nach diesem Erfolg traf Caesar auf dem Schlachtfeld ein und kam zur Ansicht, die Feinde würden auf die Nachricht von einer so schweren Niederlage ihr Lager räumen, das von dieser blutigen Stätte nur etwa 8 Meilen entfernt sein sollte. Und wenn er auch die Schwierigkeiten eines Flußüberganges erkannte, führte er das Heer doch hinüber und rückte vor. Als aber zu den Bellovakern und den übrigen Stämmen wider alles Erwarten nur wenige und dazu noch verwundete Flüchtlinge zurückkehrten (sie entkamen dem Unheil im Schutz der Wälder), als also alles gegen sie war, die Niederlage bekannt wurde, Correus tot war, die Reiterei und die besten Fußtruppen verloren waren und sie glaubten, die Römer seien schon fast da, beriefen sie rasch mit der Tuba eine Versammlung ein und forderten im Chor, Unterhändler und Geiseln an Caesar zu schicken.

21

Als diese Forderung allgemeinen Beifall fand, floh der Atrebate Commius zu den Germanen, von denen er für diesen Krieg Hilfsvölker entlehnt hatte. Die übrigen schickten auf der Stelle Gesandte an Caesar und baten, er möge mit der bereits erreichten Bestrafung seiner Feinde zufrieden sein, die er ihnen bei seiner Gnade und Milde sicher erspart hätte, wenn er sie vor diesem Verlust ohne Schlacht hätte strafen können. Die Macht der Bellovaker sei durch die Reiterschlacht gebrochen; von der Elite ihres Fußvolkes seien viele Tausende gefallen und kaum die Boten der Niederlage zurückgekommen. Doch hätten die Bellovaker bei all dem Unglück durch die Schlacht den großen Vorteil gewonnen, daß Correus, der Anstifter des Krieges und Aufwiegler der Menge, umgekommen sei; niemals nämlich habe bei dessen Lebzeiten in ihrem Stamm der Ältestenrat so viel Einfluß besessen wie die dumme Volksmenge.

22

Auf diese Bittrede der Gesandten hält ihnen Caesar folgendes vor: Zur gleichen Zeit hätten auch im Vorjahr die Bellovaker und anderen gallischen Stämme Krieg angefangen, und von allen seien gerade sie am hartnäckigsten bei ihrem Vorsatz geblieben, und auch die Kapitulation der übrigen habe sie nicht zur Vernunft gebracht. Er wisse nur zu gut, wie leicht man die Schuld an einem

Fehler auf Tote schieben könne. Doch niemand sei mächtig genug, um gegen den Willen der maßgebenden Leute, den Widerstand des Senates und den Widerspruch aller Gutgesinnten mit der schwachen Menge der einfachen Leute einen Krieg zu entfesseln und durchzuführen; trotzdem genüge ihm die Strafe, die sie sich selbst zugezogen hätten.

23

1 In der folgenden Nacht überbrachten die Gesandten den Ihrigen die Antwort, und man stellte die Geiseln. Gesandte der übrigen Stämme, die beobachteten, wie es den Bellovakern erging, stellten
2 sich eiligst ein. Sie bringen Geiseln und führen alle Befehle aus mit Ausnahme des Commius, den die Angst hinderte, sein Leben jemandem anzuvertrauen. Im Jahr zuvor nämlich hatte Titus Labie-
3 nus, während Caesar im diesseitigen Gallien Recht sprach, erfahren, Commius wiegle die Stämme auf und stifte eine Verschwörung gegen Caesar an; er glaubte deshalb, keine Heimtücke zu begehen, wenn er dessen meineidiges Unternehmen unter-
4 drücke. Da er annahm, er werde einem Ruf ins Lager nicht folgen und durch eine Vorladung nur mißtrauisch, schickte er Gaius Volusenus Quadratus, der ihn unter dem Vorwand einer Unterredung umbringen sollte. Als taugliche Werkzeuge gab er ihm ein
5 paar ausgesuchte Zenturionen mit. Als es zu der Unterredung kam und Volusenus, wie verabredet, die Hand des Commius ergriff, konnte der Zenturio, den die ungewohnte Aufgabe befangen machte oder die Freunde des Commius geistesgegenwärtig behinderten, den Menschen nicht niederhauen; allerdings verwundete
6 er ihn beim ersten Schlag schwer am Kopf. Als dann beiderseits die Schwerter herausflogen, wollte man nicht so sehr kämpfen als sich davonmachen, die Unseren in der Annahme, Commius sei tödlich getroffen, die Gallier, weil sie den Hinterhalt erkannten und noch Schlimmeres fürchteten, als ihnen eben begegnete. Seitdem hatte Commius, wie es hieß, geschworen, nie wieder einem Römer unter die Augen zu kommen.

24

1 Als Caesar nun sah, daß nach dem Sieg über die streitbarsten Völker kein Stamm mehr zum Krieg rüstete, um sich gegen ihn aufzulehnen, sondern nur noch einzelne Gallier die Städte verließen, oder aus dem Land flohen, um der gegenwärtigen römischen Herrschaft zu entgehen, beschloß er, sein Heer nach verschiede-
2 nen Richtungen auszusenden. Den Quästor Marcus Antonius mit der 12. Legion behielt er bei sich. Den Legaten Gaius Fabius

schickte er mit 25 Kohorten zum anderen Ende von Gallien, weil er hörte, dort hätten sich einige Stämme bewaffnet, und meinte, der Legat Gaius Caninius Rebilus, der dort stand, sei mit seinen zwei Legionen nicht stark genug. Titus Labienus berief er zu sich; die 15. Legion dagegen, die mit ihm im Winterlager war, schickte er zum Schutz der römischen Bürgerkolonien in die Gallia Togata, damit diesen nicht durch einen Einfall der Barbaren ähnlicher Schaden entstehe wie im Sommer vorher den Einwohnern von Tergeste, die einen plötzlichen Raubüberfall der Illyrer erlitten. Er selbst zog aus, um das Land des Ambiorix völlig zu verwüsten; hatte er auch die Hoffnung aufgegeben, den tief erschreckten und flüchtigen Mann in seine Gewalt zu bekommen, so hielt er es wenigstens für seine Ehrenpflicht, in seinem Gebiet Menschen, Gebäude und Vieh derart zu vernichten, daß Ambiorix durch den Haß seiner etwa durch Zufall entkommenen Landsleute als Urheber so schlimmen Unheils nicht mehr zu seinem Stamm zurückkönne.

25

Als er im Gebiet des Ambiorix Legionen oder Hilfstruppen nach allen Seiten geschickt und alles durch Mord, Brand und Raub verwüstet hatte und eine große Anzahl von Menschen getötet oder gefangen war, schickte er Labienus mit zwei Legionen zu den Treverern, einem Stamm, der wegen seiner Nachbarschaft zu Germanien durch täglichen Kampf geübt war, an Wildheit der Sitten den Germanen wenig nachstand und Befehle nur ausführte, wenn ihn ein Heer dazu zwang.

26

Als in der Zwischenzeit der Legat Gaius Caninius durch Briefe und Boten des Piktonen Duratius, eines trotz des teilweisen Abfalls seines Stammes bewährten Römerfreundes, erfuhr, daß sich eine große feindliche Menge im Gebiet der Piktonen gesammelt hatte, marschierte er zu der Stadt Lemonum. Bei seiner Ankunft erfuhr er von Gefangenen Genaueres: Duratius sei von Dumnacus, dem Heerführer der Anden, mit vielen tausend Menschen in Lemonum eingeschlossen und belagert; da Caninius es aber nicht wagte, seine schwachen Legionen einem Treffen mit dem Feind auszusetzen, schlug er an einem festen Punkt Lager. Als Dumnacus vom Anmarsch des Caninius erfuhr, führte er sein ganzes Aufgebot gegen die Legionen und griff das römische Lager an. Nachdem er aber mehrere Tage mit erfolglosen Angriffen hingebracht und bei großen Verlusten der Seinigen kein Stück der

Befestigungen hatte einreißen können, kehrte er wieder zur Belagerung von Lemonum zurück.

27

1 Gleichzeitig nimmt der Legat Gaius Fabius die freiwillige Unterwerfung mehrerer Stämme an, versichert sich durch Geiseln ihrer Treue und erfährt durch einen Brief des Gaius Caninius Rebilus von den Vorgängen bei den Piktonen. Auf diese Nachricht brach
2 er auf, um Duratius Hilfe zu bringen. Als Dumnacus von der Ankunft des Fabius erfuhr, gab er die Hoffnung auf Erfolg auf, wenn er gleichzeitig den Feind von außen aufhalten, die Belagerten im Auge behalten und vor ihnen auf der Hut sein müßte; daher zog er plötzlich mit seinen Truppen von dort ab und hielt sich erst dann für sicher, wenn er mit seinen Streitkräften den Liger hinter sich hätte, den man wegen seiner Breite auf einer Brücke überschreiten
3 mußte. Wenn auch Fabius den Feinden noch nicht zu Gesicht gekommen und noch nicht auf Caninius gestoßen war, nahm er doch die Mitteilung ortskundiger Leute als sicher an, die Feinde würden in ihrem Schrecken dorthin ziehen, wohin sie auch wirk-
4 lich gingen. So marschierte er mit seinem Heer zu der gleichen Brücke und ließ die Reiterei den Legionen nur so weit voranreiten, daß sie sich ohne Erschöpfung der Pferde ins gemeinsame La-
5 ger zurückziehen konnte. Unsere Reiter gehen befehlsgemäß vor, überfallen das marschierende Heer des Dumnacus, greifen die fliehenden, bestürzten und schwerbepackten Feinde auf dem Marsch an, hauen viele nieder und machen große Beute. So kehrten sie siegreich ins Lager zurück.

28

1 In der Nacht darauf schickte Fabius die Reiter mit dem Befehl vor, das feindliche Heer anzugreifen und so lange aufzuhalten, bis er
2 selbst nachkomme. Um diesen Befehl auszuführen, ermahnt der Reiterführer Quintus Atius Varus, ein ungemein tapferer und umsichtiger Soldat, seine Männer, holt das Heer der Feinde ein, läßt einen Teil der Schwadronen an geeigneten Punkten in Stel-
3 lung gehen und eröffnet mit dem anderen das Gefecht. Die feindliche Reiterei kämpfte recht tapfer, da ihre eigenen Fußtruppen heranrückten; diese machten mit ihrem ganzen Zug halt und kamen ihren Reitern gegen die unseren zu Hilfe. Es entspinnt sich
4 ein heftiges Gefecht. Die Unseren nämlich sahen auf die gestern besiegten Feinde herab, wußten auch, daß die Legionen nachkamen, schämten sich zurückzugehen, wollten die Schlacht aus eigener Kraft entscheiden und fochten mit höchster Tapferkeit gegen

das Fußvolk. Die Feinde dagegen glaubten, es kämen nicht mehr Streitkräfte nach, als sie gestern gesehen hatten, und meinten, nun sei die Gelegenheit da, unsere Reiter zu vernichten.

29
Während der Kampf eine Zeitlang mit höchster Anspannung tobte, bildete Dumnacus eine regelrechte Front, damit sich Reiter und Fußvolk gegenseitig unterstützten, doch erschienen plötzlich die Legionen im geschlossenen Verband vor den Feinden. Ihr Anblick erschreckte die Reiterhaufen der Feinde, die aufgestellten Truppen gerieten in Furcht, der ganze Troß war verwirrt, und mit lautem Geschrei und Hin- und Herrennen stob alles in wilder Flucht auseinander. Unsere Reiter aber, die eben noch gegen den feindlichen Widerstand mit höchster Tapferkeit gefochten hatten, erhoben in begeisterter Siegesfreude überall ein lautes Geschrei, schlossen die Zurückweichenden ein, und solange ihre Pferde nachsetzen und ihre Arme zuhauen konnten, machten sie in diesem Gefecht Gallier nieder. So fielen mehr als 12000 Bewaffnete oder solche, die aus Angst die Waffen weggeworfen hatten, und der ganze Gepäcktroß fiel uns in die Hand.

30
Der Senone Drappes hatte gleich beim Abfall Galliens überall verkommenes Gesindel, Sklaven, denen er die Freiheit versprach, und die Verbannten aller Stämme gesammelt, auch Räuber bei sich aufgenommen und Gepäcktransporte und Nachschub der Römer abgefangen. Er zog nun, wie feststand, mit etwa 2000 Mann, die er auf der Flucht gesammelt hatte, auf unsere Provinz zu, und mit ihm der Kadurker Lucterius, der gemeinsame Sache mit ihm machte. Man weiß von diesem aus dem vorhergehenden Buch, daß er gleich beim Abfall Galliens die Provinz überfallen wollte. Nun setzte ihnen der Legat Caninius mit zwei Legionen nach, um die Schmach zu verhüten, daß die Provinz durch einen Raubzug dieses verkommenen Gesindels Schaden oder Angst erlitt.

31
Gaius Fabius rückte mit dem übrigen Heer zu den Karnuten und den restlichen Stämmen, deren Truppen, wie er wußte, in der Schlacht gegen Dumnacus aufgerieben waren. Er zweifelte nämlich nicht, daß sie wegen der eben erlittenen Niederlage nachgiebiger seien, wenn man ihnen jedoch Zeit und Spielraum lasse, durch Dumnacus aufgehetzt werden könnten. Fabius führte sein

Unternehmen, die Stämme zu unterwerfen, sehr rasch und glück-
4 lich durch. Die Karnuten nämlich, die trotz aller Strafaktionen nie
von Frieden gesprochen hatten, stellten Geiseln und ergaben sich;
auch die übrigen Stämme am äußersten Ende Galliens beim Ozean, die Aremoriker heißen, folgten dem Beispiel der Karnuten
und leisteten beim Anrücken des Fabius und der Legionen ohne
5 Zögern Gehorsam. Dumnacus wurde aus seinem Land vertrieben, irrte auf der Suche nach Verstecken umher und mußte ver-
einsamt die entlegensten Gegenden Galliens aufsuchen.

32

1 Als aber Drappes und Lucterius erfuhren, daß ihnen die Legionen
und Caninius auf den Fersen waren, machten sie im Gebiet der
Kadurker halt; sie sahen ein, daß es ihr sicheres Verderben wäre,
von einem Heer verfolgt in die Provinz einzufallen, erkannten
auch, daß sie nicht mehr frei herumziehen und weitere Räuberei-
2 en begehen konnten. Da Lucterius dort früher, als der Stamm
noch frei war, bei seinen Mitbürgern großen Einfluß besessen und
als steter Unruhestifter bei den Barbaren viel gegolten hatte, besetzte er die Stadt Uxellodunum, die unter seiner Herrschaft stand
und durch ihre natürliche Lage hervorragend gesichert war, mit
seinen und des Drappes Truppen und zwang die Bewohner zur
Gefolgschaft.

33

1 Gaius Caninius erschien unverzüglich dort und sah, daß die Stadt
rundum durch steile Felshänge gedeckt war, auf die Bewaffnete
schon ohne Gegenwehr kaum hinaufkamen; er sah aber auch, daß
in der Stadt ein beträchtlicher Troß lag, der auf einer heimlichen
Flucht nicht nur den Reitern, sondern sogar den Legionen zur
Beute werden mußte. So teilte er seine Kohorten in drei Gruppen
2 ein und errichtete drei Lager an den höchsten Punkten. Von diesen aus ließ er allmählich, soweit es seine Truppen leisten konnten, einen Wall rings um die Stadt ziehen.

34

1 Als dies die Städter sahen, fürchteten sie ein ähnlich jammervolles
Schicksal und einen ähnlichen Ausgang der Belagerung wie bei
Alesia; besonders mahnte sie Lucterius, der jenes Elend miterlebt
hatte, für Getreide zu sorgen, und so beschlossen sie einstimmig,
einen Teil ihres Heeres in der Stadt zu lassen, selbst aber mit
kampfbereiter Truppe auszuziehen, um Getreide hereinzuholen.
2 Nach diesem Beschluß ließen sie in der nächsten Nacht 2000 Be-

waffnete zurück, und Drappes und Lucterius rückten mit den übrigen aus der Stadt. Sie brachten im Verlauf weniger Tage eine große Menge Getreide aus dem Land der Kadurker zusammen (manche von diesen halfen ihnen willig mit Getreide, und andere wieder konnten sie nicht an einer Beschlagnahme hindern); manchmal griffen sie auch in nächtlichen Überfällen unsere Stützpunkte an. Gaius Caninius zögerte daher, die ganze Stadt mit Befestigungen zu umgeben, weil er fürchtete, die fertige Anlage nicht sichern oder an vielen Punkten nur schwache Besatzungen hinstellen zu können.

35

Als sie eine große Menge Getreide beschafft hatten, bezogen Drappes und Lucterius etwa 10 Meilen von der Stadt Lager, um von dort das Getreide nach und nach in die Stadt zu schaffen. Sie teilten die Aufgaben unter sich: Drappes blieb mit einem Teil der Truppen zum Schutz des Lagers zurück, während Lucterius einen Zug Saumtiere zur Stadt führte. Den Weg entlang verteilte er Sicherungen und begann etwa in der zehnten Nachtstunde, das Getreide auf engen Waldpfaden in die Stadt zu schaffen. Da unsere Lagerwachen den Lärm der Transportkolonne hörten und ausgeschickte Spähtrupps den Vorgang meldeten, überfiel Caninius rasch mit bewaffneten Kohorten aus den nächsten Stützpunkten gerade bei Sonnenaufgang die Getreidekolonne. Die Gallier gerieten durch den plötzlichen Überfall in Panik und flohen zu ihren Sicherungskräften; als die Unseren die Bewaffneten sahen, stürzten sie in wilder Wut auf sie und machten keine Gefangenen. Lucterius entkam dort mit einigen wenigen, ging jedoch nicht ins Lager zurück.

36

Nach diesem Erfolg erfuhr Caninius von den Gefangenen, der Rest ihrer Truppen stehe mit Drappes nur 12 Meilen entfernt im Lager. Dies wurde von mehreren bestätigt, und da Caninius wußte, daß nach der Flucht des einen Heerführers die übrigen leicht zu erschrecken und zu überwältigen seien, hielt er es für ein großes Glück, daß niemand aus dem Blutbad ins Lager gekommen war, um Drappes die Nachricht vom erlittenen Schlag zu bringen. Da er aber in einem Versuch keine Gefahr sah, schickte er alle Reiter und die Germanen zu Fuß, eine unglaublich schnelle Truppe, zum feindlichen Lager voraus; er selbst verteilte die eine Legion auf seine drei Lager und führte die andere kampfbereit mit sich. In der Nähe des Feindes angekommen, erfuhr er von den vorausge-

schickten Spähern, das Lager sei nach Barbarenbrauch nicht auf einer Anhöhe, sondern am Flußufer angelegt; die Germanen und die Reiter aber seien völlig überraschend herangeflogen und stün-
4 den bereits im Gefecht. Auf diese Meldung führt er die Legion kampfbereit und in Gefechtsordnung heran. So wurden plötzlich auf sein Zeichen überall die Anhöhen besetzt. Als nun die Germanen und Reiter die Feldzeichen der Legion sahen, fochten sie wie
5 die Besessenen. Sogleich greifen auch die Kohorten überall an, töten oder fangen alle und machen große Beute. Bei diesem Gefecht gerät auch Drappes selbst in Gefangenschaft.

37

1 Nach diesem überaus glücklichen Erfolg, der kaum einen Verwundeten kostete, kehrte Caninius zur Belagerung der Stadt
2 zurück. Da nun der Feind von außen vernichtet war, wegen dessen er vorher nicht gewagt hatte, Stützpunkte verstreut anzulegen und die Gallier in der Stadt mit einer Befestigungslinie zu umfas-
3 sen, ließ er nun überall Werke bauen. Noch am nächsten Tag stieß Gaius Fabius mit seinen Truppen zu ihm und übernahm die Blockade eines Teiles der Stadt.

38

1 Unterdessen ließ Caesar den Quästor Marcus Antonius mit 15 Kohorten bei den Bellovakern, um den Belgern die Möglich-
2 keit eines neuen Aufstandes zu nehmen. Er selbst besuchte die übrigen Stämme, ließ die Zahl der Geiseln erhöhen, beschwichtig-
3 te aber auch die allgemeine Angst. Als er zu den Karnuten kam, deren Stamm, wie Caesar im vorigen Buch berichtet, zuerst losgeschlagen hatte, und merkte, daß gerade sie wegen ihres schlechten Gewissens Angst hatten, verlangte er, um dem Stamm möglichst bald seine Furcht zu nehmen, den Urheber jenes Verbrechens und
4 Anstifter zum Krieg, Cotuatus, zur Bestrafung. Zwar verließ sich dieser nicht einmal auf seine Mitbürger, wurde jedoch unter Mit-
5 wirkung aller rasch entdeckt und ins Lager gebracht. Caesar sah sich zu dessen Hinrichtung gegen seine Natur durch einen riesigen Auflauf der Soldaten gezwungen, die dem Cotuatus an allen Gefahren und Verlusten dieses Feldzuges die Schuld gaben, so daß er totgepeitscht und enthauptet wurde.

39

1 Dort erfuhr er durch mehrere Briefe des Caninius von den Kämpfen mit Drappes und Lucterius und dem hartnäckigen Widerstand
2 der Belagerten. Wenn er auch von dem kleinen Häuflein nichts

befürchtete, glaubte er doch, sie für ihren Starrsinn streng bestrafen zu müssen, damit sich nicht ganz Gallien einbilde, es habe nicht an Kraft zum Widerstand gegen die Römer gefehlt, sondern nur an Ausdauer; auch sollten sich nicht nach diesem schlechten Beispiel andere Städte im Vertrauen auf ihre günstige Lage zu befreien suchen. Allen Galliern war ja, wie er wußte, bekannt, daß seine Statthalterschaft nur mehr diesen einen Sommer währte und sie nichts mehr zu fürchten hatten, wenn sie diesen noch durchhielten. Daher ließ er den Legaten Quintus Calenus mit zwei Legionen zurück, der in üblichen Tagesmärschen folgen sollte; er selbst ging mit der ganzen Reiterei in Eilmärschen zu Caninius voraus.

40

Als Caesar völlig unvermutet vor Uxellodunum erschien, fand er die Stadt durch Schanzwerke eingeschlossen und sah, daß man die Belagerung unbedingt durchführen mußte; er hörte jedoch von Überläufern, die Einwohner besäßen einen großen Getreidevorrat, und so beschloß er, dem Feind die Wasserzufuhr abzuschneiden. Ein Fluß strömte durch die Sohle des Tales, das fast den ganzen Berg umgab, wo die Stadt Uxellodunum auf ringsum abschüssigen Felsen lag. Diesen Fluß konnte man wegen seiner Lage nicht ableiten, denn er floß so tief unten am Fuß des Berges, daß er nirgends durch noch tiefere Gräben abzuleiten war. Für die Städter aber war der Abstieg zu ihm schwierig und steil, so daß ihn die Unseren versperren und jene weder zum Fluß hinunter noch den steilen Berg wieder hinaufklettern konnten, ohne Kopf und Kragen zu riskieren. Kaum hatte Caesar diese Schwachstellen entdeckt, stellte er überall Bogenschützen und Schleuderer auf, dazu Geschütze an einigen Punkten gegenüber den gangbarsten Steigen und schnitt den Belagerten den Zugang zum Flußwasser ab.

41

Später sammelte sich die ganze Menge zum Wasserholen an nur einem Punkt; am Fuß der Stadtmauer entsprang nämlich eine starke Quelle, dort, wo der Flußring um die Stadt sich auf etwa 300 Fuß Breite öffnet. Alle wünschten, die Belagerten von dieser Quelle abzuschneiden, Caesar allein jedoch sah das Mittel dazu; er ließ nämlich in Richtung auf den Quelltopf unter schwerer Mühe und beständigen Kämpfen Schutzdächer und einen Wall bergauf vorantreiben. Die Städter stürmten zwar von oben herab, führten den Kampf gefahrlos aus der Ferne und verwundeten viele, die beharrlich heraufrückten; doch ließen sich unsere Leute nicht abschrecken, trieben die Schutzgänge voran und überwanden durch ihre Arbeit an den Werken alle Geländeschwierigkeiten. Gleichzeitig trieben sie gedeckte Stollen von den Schutzgängen zum Quelltopf; diese Art der Arbeit konnte man ganz ungefährdet und ohne Verdacht der Feinde durchführen. Ein Damm von 60 Fuß Höhe wird gebaut und darauf ein Turm von zehn Stockwerken gesetzt, der freilich nicht die Mauerhöhe erreichte (dies war durch keine Technik zu erreichen), aber doch höher als die Quelle war. Als wir vom Turm aus den Zugang zur Quelle mit Geschützen bestrichen und die Städter nur unter Gefahr Wasser holen konnten, verschmachteten nicht nur Vieh und Zugtiere, sondern auch eine große Menge Menschen.

42

Die Städter gerieten durch die Not in Panik, füllten Fässer mit Talg, Pech und Holzspänen, setzten sie in Brand, rollten sie auf unsere Werke herab und machten gleichzeitig einen wütenden Ausfall, um die Römer durch den gefährlichen Angriff vom Löschen des Brandes abzuhalten. Plötzlich loht eine große Flamme an den Werken selbst empor. Was nämlich den steilen Abhang herabrollte, blieb an den Schutzdächern und dem Damm hängen und setzte in Brand, was ihm im Weg stand. Durch diese gefährliche Kampftechnik und das schlechte Gelände kamen unsere Männer in große Bedrängnis, doch hielten sie trotz allem mit höchster Tapferkeit durch. Der Vorgang spielte sich nämlich an einem hochgelegenen Punkt vor den Augen des Heeres und unter lautem Zuruf von beiden Seiten ab. Daher trotzte jeder möglichst augenfällig den feindlichen Geschossen und der Flamme, um seine Tapferkeit offenkundig zu machen.

43

Als Caesar sah, daß immer mehr seiner Leute verwundet wurden, ließ er die Kohorten auf allen Seiten der Stadt den Berg hinaufsteigen, als ob sie die Mauer bestürmen wollten, und überall Geschrei erheben. Dies setzte die Städter in Schrecken, und weil sie sich bang fragten, was an den anderen Abschnitten geschehe, riefen sie ihre Kämpfer vom Sturm auf die Werke zurück und besetzten mit ihnen die Mauern. So löschten die Unseren nach Abbruch des Gefechtes rasch die brennenden Werke oder verhinderten die weitere Ausbreitung des Feuers. Als die Städter hartnäckig ihren Widerstand fortsetzten und trotz des Verdurstens eines Großteiles ihrer Leute nicht aufgaben, wurden schließlich die Zuflüsse der Quelle durch Stollen unterbrochen und abgeleitet. Dadurch versiegte plötzlich die sonst immer fließende Quelle, und dies stürzte die Städter in solche Verzweiflung, daß sie glaubten, das sei kein Werk von Menschenhand, sondern eine Fügung der Götter. So wichen sie der Not und ergaben sich.

44

Caesar wußte zwar, daß seine Milde allgemein bekannt war, und brauchte nicht zu besorgen, man werde ihm ein härteres Vorgehen als angeborene Grausamkeit auslegen; doch sah er auch, er werde nie zu einem Ende kommen, wenn noch mehr Stämme an verschiedenen Orten solche Pläne faßten, und glaubte, durch exemplarische Strafe die übrigen abschrecken zu müssen. So ließ er allen, die Waffen getragen hatten, die Hände abhauen, schonte aber ihr Leben, um möglichst viele Beispiele für die Bestrafung von Bösewichtern zu schaffen. Drappes, den, wie gesagt, Caninius gefangen hatte, verweigerte einige Tage lang aus Wut und Schmerz über seine Fesseln oder aus Furcht vor einer grausamen Todesstrafe die Nahrung und ging so zugrunde. Gleichzeitig fiel Lucterius, der, wie berichtet, aus der Schlacht floh, dem Arverner Epasnactus in die Hände. Er wechselte nämlich immer wieder den Aufenthaltsort und suchte bei immer neuen Helfern Schutz, weil er sich nirgends lange sicher fühlte und wohl wußte, daß Caesar sein Todfeind sein mußte. Der Arverner Epasnactus, ein treuer Freund des römischen Volkes, ließ ihn unverzüglich in Ketten legen und Caesar ausliefern.

45

Unterdessen schlug Labienus im Trevererland ein glückliches Reitertreffen, tötete ziemlich viele Treverer und Germanen, die niemandem ihre Hilfe gegen Rom versagten, und brachte ihre ersten Männer lebend in seine Gewalt; darunter befand sich der Häduer Surus, gleich ausgezeichnet durch Tapferkeit und Geburt, der als einziger Häduer bis dahin die Waffen nicht niedergelegt hatte.

46

Nach dieser Nachricht durfte Caesar annehmen, es stehe überall in Gallien gut, durfte auch überzeugt sein, Gallien sei durch die letzten Feldzüge auf Dauer besiegt und unterworfen; da er aber Aquitanien noch nie besucht, sondern nur durch Publius Crassus teilweise unterworfen hatte, zog er mit zwei Legionen in diesen Teil Galliens, um dort den Rest des Sommerfeldzuges zu verbringen. Dieses Unternehmen brachte er – wie alles übrige – rasch und

glücklich zu Ende. Alle Stämme Aquitaniens schickten nämlich
3 Gesandte an Caesar und stellten ihm Geiseln. Nach diesem Erfolg
zog er selbst mit einer Reiterbedeckung nach Narbo, während er
4 das Heer durch Legaten in die Winterquartiere führen ließ: Vier
Legionen verlegte er nach Belgium mit den Legaten Marcus Antonius, Gaius Trebonius und Publius Vatinius; zwei Legionen
schickte er ins Gebiet der Häduer, deren Einfluß, wie er wußte,
überall in Gallien am größten war; zwei Legionen verlegte er zu
den Turonern an die Grenze zu den Karnuten, um das ganze Land
bis zur Meeresküste in Pflicht zu halten. Die zwei restlichen Legionen kamen ins Gebiet der Lemoviken in der Nachbarschaft der
Arverner, um keinen Teil Galliens ohne Besetzung durch ein
5 Heer zu lassen. Er selbst blieb nur wenige Tage in der Provinz, er-
6 ledigte rasch alle Versammlungen und entschied öffentliche Streitigkeiten; dann belohnte er seine Getreuen. Dabei war der beste
Maßstab für sein Urteil die Haltung, die einer beim Abfall Gesamtgalliens einnahm, den er durch die treue Hilfe der Provinz
überstanden hatte. Dann ging er zu den Legionen in Belgium und
verbrachte den Winter in Nemetocenna.

47

1 Dort erhielt er die Nachricht von einem Gefecht des Atrebaten
2 Commius mit seiner Reiterei. Als Antonius nämlich sein Winterlager bezog, verhielt sich der Stamm der Atrebaten gehorsam.
Commius dagegen, der sich seit der erwähnten Verwundung für
seine Mitbürger immer als Anstifter zum Kampf und als Führer
bei jedem Umtrieb bereithielt, lebte mit seinen Reitern von Raubzügen, während der Stamm den Römern gehorchte. Auf Streifzügen und bei Überfällen fing er mehrere Versorgungstransporte für
das römische Winterlager ab.

48

1 Zu Antonius war als Reiterführer Gaius Volusenus Quadratus
kommandiert, der bei ihm den Winter verbringen sollte. Diesen
2 entsandte Antonius, um die feindliche Reiterei zu verfolgen. Volusenus verband mit einzigartiger Tapferkeit großen Haß auf
Commius, so daß er diesen Auftrag nur zu gerne übernahm. Er
legte Einheiten in den Hinterhalt, griff mehrfach die feindlichen
3 Reiter an und lieferte erfolgreiche Gefechte. Als es schließlich einen heftigeren Kampf gab und Volusenus in seiner Begierde,
Commius selbst zu fangen, diesen sehr hartnäckig mit wenigen
Leuten verfolgte, jener aber den Volusenus durch wildes Davonreiten allzuweit gelockt hatte, rief Commius in seinem Haß auf

den Verfolger die Seinen um treue Hilfe an, um seine ihm heimtückisch beigebrachten Wunden nicht ungerächt zu lassen; dann riß er sein Pferd herum und sprengte verwegen den Seinen voraus auf den Reiterführer los. Alle seine Reiter folgen diesem Beispiel, jagen unsere wenigen Reiter in die Flucht und setzen ihnen nach. Commius spornt sein Pferd, drängt es neben das Pferd des Quadratus und stößt diesem die gefällte Lanze mit aller Kraft durch den Schenkel. Die Verwundung des Reiterführers bringt die Unseren sogleich zum Stehen; sie machen wieder Front und treiben den Feind zurück. Dabei gerieten mehrere Gegner durch den mächtigen Anprall der Unseren in völlige Verwirrung, wurden verwundet und teils auf der Flucht niedergeritten, teils gefangen. Diesem Schicksal entging ihr Anführer nur durch die Schnelligkeit seines Pferdes. So wurde der Reiterführer bei diesem siegreichen Gefecht so schwer verwundet, daß er dem Tod nahe schien, und wurde ins Lager zurückgebracht. Mochte aber nun Commius seine Rache befriedigt oder einen großen Teil seiner Leute verloren haben, jedenfalls schickte er Gesandte zu Antonius und verpflichtete sich durch Stellung von Geiseln, an einem zugewiesenen Ort zu bleiben und seine Befehle auszuführen; seine einzige Bitte war, man möge ihn wegen seiner Furcht nicht zwingen, je einem Römer vor Augen zu treten. Da seine Bitte nach Ansicht des Antonius einer gerechtfertigten Furcht entsprang, gab er ihm Pardon und nahm die Geiseln in Empfang.

Ich weiß, daß Caesar für jedes Jahr einen eigenen Kommentar schrieb, halte dies aber hier nicht für notwendig, weil das folgende Jahr unter den Konsuln Lucius Paulus und Gaius Marcellus keine wichtigen Ereignisse in Gallien aufweist. Damit man aber wenigstens weiß, an welchen Orten Caesar und das Heer in diesem Jahr standen, will ich dies in aller Kürze angeben und diesem Buch als Anhang beifügen.

49

Während Caesar in Belgium überwinterte, war sein einziges Ziel, die Freundschaft mit allen Stämmen zu erhalten und bei niemandem die Hoffnung auf einen Krieg zu erwecken oder Anlaß dafür zu geben. Ihm lag nämlich sehr daran, bei seinem Weggang nicht einen Krieg führen zu müssen oder beim Abmarsch seines Heeres einen Krieg zurückzulassen, den ganz Gallien mit Freuden ohne augenblickliche Gefahr aufgriffe. So richtete er ehrenvolle Appelle an die Stämme, sandte ihren führenden Männern großartige Geschenke, legte keine neuen Lasten auf und konnte so Gallien, das durch viele Niederlagen erschöpft war und die Abhängigkeit nun erträglicher fand, leicht in Ruhe halten.

50

1 Er selbst reiste nach Abschluß der Winterlager gegen seine Gewohnheit in möglichst langen Tagesreisen nach Italien, um die freien Landstädte und Kolonien anzusprechen, denen er die Bewerbung seines Quästors Marcus Antonius um das Augurenpriesteramt empfohlen hatte. Er setzte nämlich seinen Einfluß gerne für einen Mann ein, der ihm so eng verbunden war und den er kurz
2 vorher zur Bewerbung vorausgeschickt hatte; er tat es auch leidenschaftlich gern gegen die mächtige Partei einiger weniger, die durch eine Wahlniederlage des Marcus Antonius das Ansehen Caesars beim Abgang von der Statthalterschaft schädigen woll-
3 ten. Wenn er auch schon unterwegs vor seiner Ankunft in Italien hörte, Antonius sei Augur geworden, glaubte er doch, nun erst recht Grund zu haben, die Landstädte und Kolonien zu besuchen, um ihnen für ihr zahlreiches Erscheinen und die entschiedene Un-
4 terstützung des Antonius zu danken: zugleich wollte er sich mit seiner Bewerbung für das kommende Jahr empfehlen, schon weil seine Gegner zügellos damit prahlten, daß Lucius Lentulus und Gaius Marcellus zu Konsuln gewählt seien, um Caesars Ehre und Ansehen herunterzureißen; auch habe man Servius Galba trotz seiner Verbindungen und seines Einflusses nicht gewählt, weil er ein guter Freund Caesars und sein Legat gewesen sei.

51

1 Caesar wurde bei seiner Ankunft von allen Landstädten und Kolonien mit unglaublichen Ehrungen und Zeichen der Zuneigung empfangen. Er kam nun nämlich zum ersten Mal nach dem denk-
2 würdigen Sieg über ganz Gallien dorthin. Nichts wurde versäumt, was man zum Schmuck der Tore, der Wege und aller Plätze, die
3 Caesar besuchte, ausdenken konnte. Alles Volk zog ihm mit den Kindern entgegen, überall brachte man Opfer dar, die Märkte und Tempel wurden mit Speisesofas belegt; es war, als ob man im voraus in aller Fröhlichkeit einen großartigen Triumph feierte. So groß war die Freigebigkeit der Reichen, so groß der Enthusiasmus der ärmeren Schichten.

52

1 Nach seiner raschen Rundreise durch ganz Oberitalien kehrte Caesar mit größter Geschwindigkeit zur Armee nach Nemetocenna zurück, berief die Legionen aus allen Winterlagern zum

Grenzgebiet der Treverer, begab sich dorthin und besichtigte das Heer. Titus Labienus ernannte er zum Befehlshaber im römischen Gallien, um den dortigen Bewohnern dessen Bewerbung um das Konsulat noch mehr ans Herz zu legen. Er selbst unternahm nur so viel an Märschen, wie er zur Gesunderhaltung der Soldaten durch Ortswechsel für nötig hielt. Obschon ihm dabei wiederholt zu Ohren kam, Labienus werde von seinen Feinden aufgehetzt, auch erfuhr, die Partei der Optimaten verfolge den Plan, ihm durch Senatsbeschluß einen Teil seines Heeres zu entziehen, konnte er weder derartiges von Labienus glauben noch sich entschließen, etwas gegen den Willen des Senates zu unternehmen. Er glaubte nämlich, die Entscheidung werde ohne weiteres für ihn fallen, wenn der Senat nur frei abstimmen könne. Denn der Volkstribun Gaius Curio, der Caesars Ansprüche und Würde verteidigte, hatte dem Senat oft versichert, wenn man Angst vor Caesars Heeresmacht habe und der politische Druck des Pompeius und sein Heer auf dem Forum den gleichen Schrecken verbreiteten, sollten beide die Waffen niederlegen und ihre Truppen entlassen; so werde der Staat wieder frei und Herr seiner Entschlüsse sein. Curio versprach dies nicht nur, sondern versuchte von sich aus, eine Abstimmung darüber durchzusetzen, doch verhinderten dies die Konsuln und Freunde des Pompeius und brachten seinen Plan durch Verschleppung zu Fall.

53

Dies war ein beredtes Zeugnis der Gesinnung des gesamten Senats und paßte genau zu einem früheren Vorgang. Denn als Marcus Marcellus im Jahr vorher Caesars Ansehen schädigen wollte, hatte er gegen das Gesetz des Pompeius und Crassus vor der Zeit über Caesars Provinzen Antrag im Senat gestellt; als aber Marcellus, der seine ganze Ehre darein setzte, Caesar zu verunglimpfen, abstimmen ließ, ging der beschlußfähig versammelte Senat zu allem möglichen anderen über. Doch ließen sich Caesars Gegner dadurch nicht entmutigen, sondern fühlten sich erst recht angespornt, ihre Verbindungen weiter auszubauen, um den Senat zu einem Beschluß in ihrem Sinne zu zwingen.

54

Sodann ergeht ein Senatsbeschluß, nach dem Gnaeus Pompeius zum Krieg gegen die Parther eine Legion und Caesar eine zweite abgeben sollten; die beiden Legionen wurden aber schon gar nicht mehr versteckt nur einem Mann abgenommen; gab doch Pompeius nur die 1. Legion, die er Caesar geschickt hatte und die einer

Aushebung in Caesars Provinz entstammte, als seinen Teil ab.
3 Obschon Caesar über die Gesinnung seiner Gegner nicht die mindesten Zweifel hatte, schickte er doch Pompeius diese Legion zurück und überstellte seinerseits aufgrund des Senatsbeschlusses die 15., die er im diesseitigen Gallien hatte; als Ersatz schickte er die 13. Legion nach Italien, um in die Stützpunkte einzurücken,
4 aus denen die 15. abzog. Er selbst wies dem Heer die Winterlager zu: Gaius Trebonius legte er mit vier Legionen ins belgische Gebiet, Gaius Fabius entsandte er mit ebensoviel Legionen zu den
5 Häduern. Dann nämlich, glaubte er, wäre Gallien am sichersten, wenn die Belger als die tapfersten und die Häduer als die einflußreichsten durch Heere im Zaum gehalten würden. Er selbst ging nach Italien.

55

1 Bei seiner Ankunft erfuhr er, daß die beiden von ihm zurückgeschickten Legionen, die auf Senatsbeschluß in den Partherkrieg ziehen sollten, auf Anstiften des Konsuls Gaius Marcellus an Gnaeus Pompeius übergeben und in Italien zurückgehalten wur-
2 den. Obschon nach dieser Maßnahme jeder wissen konnte, was man gegen Caesar im Schilde führte, war Caesar doch entschlossen, alles hinzunehmen, solange ihm die geringste Hoffnung blieb, eher nach Recht und Gesetz zu entscheiden als durch einen Krieg. Er eilte ...

NACHWORT

Gaius Iulius Caesar aus dem patrizischen Geschlecht der Iulier wurde am 13. 7. 100 v. Chr. in Rom geboren und, wie allgemein üblich, in Griechenland ausgebildet. Seine rednerischen Studien betrieb er auf Rhodos. 68 war er Quästor in Spanien, 63 wurde er zum Pontifex Maximus gewählt. Im Senat sprach er sich gegen die von Cicero geforderte Todesstrafe für die Anhänger Catilinas aus. 61 ging er als Proprätor nach Spanien (Hispania ulterior) und führte dort Verwaltungsreformen durch. 60/59 gehörte er mit Pompeius und Crassus dem 1. Triumvirat an. 59 erhielt Caesar für fünf Jahre die Statthalterschaft über Gallia cisalpina, Illyricum, Gallia Narbonensis (56/55 um weitere fünf Jahre verlängert).

In diese Zeit fällt der Gallische Krieg, d. h. die Unterwerfung des freien Galliens zwischen Rhein und Pyrenäen:

58 erstes Kriegsjahr (1. Buch): Sieg über die Helvetier und die Sueben unter Ariovist
57 zweites Kriegsjahr (2. Buch): Unterwerfung Belgiens, der Bretagne und der Normandie
56 drittes Kriegsjahr (3. Buch): Besetzung Aquitaniens
55 viertes Kriegsjahr (4. Buch): erster Vorstoß über den Rhein, Überfahrt nach Britannien
54 fünftes Kriegsjahr (5. Buch): erster großer Gallieraufstand, zweite Überfahrt nach Britannien
53 sechstes Kriegsjahr (6. Buch): Ausbreitung des Gallieraufstands, zweiter Vorstoß über den Rhein
52 siebtes Kriegsjahr (7. Buch): allgemeiner Keltenaufstand
51/50 achtes und neuntes Kriegsjahr (8. Buch, verfaßt von Hirtius): nach dem Sieg über Vercingetorix und der Niederschlagung der Aufstände ist Gallien fest in römischer Hand.

Diese Siege und die dabei gewonnene reiche Beute sowie das Kommando über ein Heer von 10 Legionen hatten Caesar zum mächtigsten Römer gemacht, so daß der Senat (Januar 49) verlangte, er solle das Kommando über die Legionen und die Statthalterschaft über Gallien niederlegen.

Daraufhin überschritt Caesar am 19. Januar 49 den Rubikon mit seinem Heer und begann den Bürgerkrieg gegen seine Gegner in Rom, der in der Schlacht bei Pharsalos zum Sieg über Pompeius führte (9. August 48). 47 wurde Caesar Konsul und nutzte seine diktatorischen Vollmachten zu Rechtsreformen, vor allem auf dem Gebiet der Provinzialverwaltung, der Kolonisation und des Strafrechts sowie zur Einführung des Iulianischen Kalenders. Die Bewohner der Transpadana (Oberitalien) erhielten das römische Bürgerrecht.

Caesars diktatorische Maßnahmen erregten das Mißfallen republikanisch gesinnter Römer unter Brutus und Cassius und führten an den Iden des März 44 v. Chr. im Saal des Pompeiustheaters in Rom zu seiner Ermordung.

Zu Lebzeiten Caesars wurde eine seiner Statuen zum Deus Invictus (Unbesiegter Gott) erklärt und zu seinen Ehren der Monat Quinctilis, der fünfte Monat des alten Kalenders und siebte des neuen, in Iulius umbenannt. Neben Alexander dem Großen gilt er als „mächtigste Persönlichkeit der antiken Welt" (Leggewie, Die Welt der Römer, 6. Aufl. 1991, S. 80). Feldherr, Organisator und Staatsmann zugleich, hat er den Einfluß Roms nördlich der Alpen begründet, eine Leistung, die weltgeschichtlich und kulturell kaum überschätzt werden kann. Sein Name wurde zum Titel der Herrscher: Kaiser, Zar.

Caesars Kommentare zum Kriegsgeschehen in Gallien haben seinen Weltruhm als Schriftsteller begründet, Napoleon bezeichnete sie als Muster eines einfachen, historischen Stils (1836 in seiner „Übersicht der Kriege Caesars"). An den Senat in Rom mußten regelmäßig Berichte gesandt werden, sie mögen Auslöser für ihn gewesen sein, seine Leistungen so darzustellen, daß die allezeit bereite Kritik eingedämmt werden konnte. Hervorzuheben sind seine genauen Angaben, etwa zum Bau der Brücke über den Rhein oder zu Kampfanordnungen, die getreue Rekonstruktion ermöglichten.

Das achte Buch über den Gallischen Krieg wurde von Aulus Hirtius verfaßt, nach einem Hinweis bei Cicero wohl eine Art Stabschef Caesars, den er auf dem gesamten Krieg begleitete, mitthin Augenzeuge war. Vermutlich wurde das Buch unmittelbar nach Caesars Ermordung begonnen. Hirtius behält Caesars Darstellungsweise bei: Der Feldherr steht im Mittelpunkt, seine Erwägungen und die anschließende Ausführung beherrschen den Kommentar. Wie Caesar legt er Wert auf eine knappe Charakterisierung der Menschen und ihrer Verhaltensweisen.

Caesars Heer

Eine Legion umfaßte 6000 Legionssoldaten, eine Zahl, die nur selten ganz, oft nur zu zwei Dritteln erreicht wurde. Hinzu kamen Hilfstruppen aus verbündeten oder unterworfenen Völkern: Bogenschützen, Schleuderer und Reiter.

Zu einer Legion gehörten zehn Kohorten, die selbständig operieren konnten. Jede Kohorte umfaßte drei Manipel zu je zwei Zenturien, also 60 Zenturien pro Legion.

Römische Bürger waren zwischen dem 17. und dem 46. Lebensjahr wehrpflichtig, ein Berufssoldat mußte 18 Jahre dienen. Zur Ausrüstung gehörten ein etwa 1 m hoher hölzerner Schild, fellbezogen und eisenbeschlagen, ein Eisenhelm und der lederne Panzer, durch Metallplatten verstärkt. Als Kampfgerät dienten der Wurfspeer, etwa 2 m lang, mit eiserner Spitze, und das zweischneidige Schwert.

Für das schwere Gepäck und Kriegsgerät besaß jede Legion bis zu 1000 Pferde. Ein Tagesmarsch umfaßte etwa 15 km, ein Eilmarsch weitere zehn.

ERLÄUTERUNGEN ZU DEN EIGENNAMEN, SOWEIT NICHT AUS DEM TEXT ERSICHTLICH

Acco. Fürst der Senonen
Adiatuanus. Fürst der Sotiaten
Aemilius, Lucius. Dekurio der gallischen Reiterei Caesars
Africus. Südwestwind (der von Afrika her weht)
Agedincum. Hauptstadt der Senonen, heute Sens (Champagne)
Alesia. Festung der Mandubier, heute Alise-Ste Reine bei Dijon
Allobroger. gallischer Stamm zwischen Alpen, Isère und Rhône, heute Savoyen und Dauphiné
Ambarrer. keltischer Stamm am Arar, der heutigen Saône
Ambianer. belgischer Stamm an der Somme. Seine Hauptstadt ist Samarobriva, heute Amiens
Ambiarer. keltischer Stamm in der nördlichen Bretagne
Ambiliater. keltischer Stamm südlich der Loire
Ambiorix. Fürst der Eburonen, 51. v. Chr. von Caesar vernichtend geschlagen
Ambivareter. keltischer Stamm, möglicherweise nur anderer Name der Ambarrer
Ambivariter. belgischer Stamm vom linken Maas-Ufer
Anarter. So bezeichnet Caesar ein Volk von der Theiß (Ungarn)
Ancaliter. britischer Stamm südlich der Themse
Ander. keltischer Stamm aus dem Anjou-Gebiet
Antonius, Marcus. ein Legat Caesars
Apollo. griechischer Gott. Caesar bezeichnet so den gallischen Gott der Heilkunde
Aquileia. römische Hafenstadt an der Adria im Isonzo-Delta. In der Kaiserzeit eine der größten Städte des römischen Reiches, Militärkolonie
Aquitanien. von den drei Teilen Galliens der kleinste, zwischen den Pyrenäen und der Garonne
Arar. Nebenfluß der Rhône, heute die Saône
Arduenna. die Ardennen, zu denen zu Caesars Zeit auch Eifel, Hunsrück und Argonnen gerechnet wurden
Arecomier. keltischer Stamm, zum Volk der Volker gehörend, von der Rhône bis Narbonne ansässig
Aremoriker. keltische Stämme in Bretagne und Normandie, am Atlantik zwischen den Mündungen der Loire und der Seine ansässig. Der Name leitet sich ab vom keltisch „are more", lat. ad mare, am Meer
Ariovist. germanischer Heerführer (der Sueben), gestorben um 54 v. Chr., die erste geschichtlich faßbare Gestalt aus Caesars „Gallischem Krieg". Ariovist wurde von Caesar 58 v. Chr. in der Gegend von Mühlhausen (Elsaß) geschlagen
Arverner. keltisches Volk in der heutigen Auvergne. 121 v. Chr. von den Römern besiegt, waren sie selbständig geblieben und traten 52 v. Chr. an die Spitze des von Vercingetorix geführten Aufstandes
Atrebater. belgisches Volk in der Grafschaft Artois (Hauptstadt Arras), die sich 57 v. Chr. gegen die Römer erhoben
Atuatuker. germanisches Volk an der Maas bei Lüttich (in Gallia Belgica)

Aulerker. Gruppe mehrerer keltischer Stämme zwischen der unteren Seine und der Loire

Aurunculeius Cotta, Lucius. Legat Caesars

Avaricum. Hauptstadt der Bituriger, heute Bourges (Yèvre), 52 v. Chr. von Caesar erobert

Axona. heute die Aisne, Nebenfluß der Oise und Zufluß der Seine. Die Brücke über den Fluß, bei der Caesar sein Lager errichtete, befand sich vielleicht bei Berry au Bac, an der Straße von Reims nach Laon. Hier grub Napoleon III. ein Lager aus, das allerdings wohl nur zwei Legionen Platz bot.

Bacenis. Bergland zwischen Rhein und Weser

Bataver germanischer Stamm im Rheindelta und nördlich davon. Die Bataverinsel ist das Gebiet zwischen Rhein, Waal, Maas und Nordsee

Belger. Bewohner von Gallia Belgica, dem nördlichen Teil Galliens zwischen Rhein, Mosel, Marne und Seine. Sie erhoben sich im Winter 58/57 v. Chr.

Belgium. Land der Belger

Bellovaker. belgisches Volk zwischen Seine, Oise und Somme

Bibracte. feste Stadt der Häduer zwischen Saône und Loire. Das Pfahldorf war einer der zentralen Orte gallischen Widerstands gegen die Römer, den Caesar 58 v. Chr. besiegte. 52 fand hier der gallische Landtag statt, im folgenden Winter schlug Caesar sein Lager hier auf. – 1995 weihte der ehemalige französische Präsident Mitterand hier das „Europäische Archäologiezentrum" Glux-en-Glenne am Mont Beuvray, 20 km westl. von Autun ein.

Bigerrionen. aquitanischer Stamm vom Nordabhang der Pyrenäen

Bituriger. großes keltisches Volk links der Loire, Hauptorte sind Noviodunum und Avaricum (heute Bourges). 52 v. Chr. schließen sie sich Vercingetorix im Kampf gegen Caesar an

Boier. keltisches Volk, von den Germanen verdrängt, den Helvetiern assoziiert

Britannier. Einwohner Britanniens, im Küstenbereich keltisch (wie die Gallier)

Brutus, Decimus Iunius. Legat Caesars, von diesem gefördert. Er gehört zu dessen Mördern am 15. 3. 44 v. Chr.

Caesar, Lucius. Verwandter Caesars, 52 v. Chr. sein Legat, Oheim des Marcus Antonius

Cantium. die britannische Grafschaft Kent

Cassius, Lucius. römischer Konsul, 107 v. Chr. von den Helvetiern besiegt und getötet

Cassivellaunus. 54 v. Chr. Anführer der Britannier

Catamantaloedes. Vater des Casticus, König der Sequaner und Freund des römisches Volkes

Catuvolcus. zusammen mit Ambiorix Fürst der Eburonen

Cavillonum. Häduerstadt am rechten Saône-Ufer

Cebenna. die Cevennen, das Grenzgebirge zwischen Gallia Celtica und der Provincia Narbonensis (entspricht etwa dem heutigen Languedoc mit Narbonne)

Cenabum. Stadt an der Loire, im Gebiet der Karnuten, heute Orléans

Cingetorix. der Name bedeutet „tapferer Fürst", ein Treverer, Freund der Römer
Claudius Pulcher, Appius. war 54 v. Chr. Konsul
Clodius Pulcher, Publius. Bruder des Appius Claudius, Volkstribun, stiftete in Rom Unruhen an und wurde 52 v. Chr. erschlagen
Convictolitavis. ein Häduer, der mit Cotus um die Führung dieses größten keltischen Volkes streitet und sie von Caesar zugesprochen erhält
Corus. der Nordwestwind (im Kanal vorherrschend)
Crassus. gehört zur römischen gens Licinia, dem wohl bedeutendsten plebejischen Geschlecht, das vielleicht etrurischer Herkunft ist. Licinus bedeutet „aufwärts gekrümmt", und das ist symbolisch zu verstehen, denn im 4. vorchr. Jahrhundert gehörten Vertreter dieses Zweiges zu den Volkstribunen, und 367/366 v. Chr. erkämpften sie den Zugang zum Konsulat, dem den Patriziern vorbehaltenen Staatsamt. Marcus Licinius Crassus war 70 und 55 v. Chr. mit Pompeius Konsul, er fiel 53 v. Chr. Sein älterer Sohn gleichen Namens war Caesars Quästor 55 und 54 v. Chr. Dessen jüngerer Bruder, Publius Licinius Crassus war seit 58 v. Chr. Legat. Er fiel mit seinem Vater im Kampf gegen die Parther.
Daker. ein thrakisches Volk im heutigen Siebenbürgen/Rumänien
Danuvius. die Donau
Decetia. Häduerstadt an der Loire, das heutige Decize
Dis. nach Annahme der Druiden, der keltischen Priesterkaste in Gallien, der göttliche Ahnherr der Gallier und Gott des Reichtums
Diviacus. der Name bedeutet „der Göttliche". Mehrfach erwähnt wird ein Häduerfürst dieses Namens, Freund der Römer und Bruder des Dumnorix. Außerdem wird im II. Buch ein Suessionenfürst dieses Namens erwähnt.
Domitius, Lucius. Konsul 54 v. Chr.
Dubis. heute der Dubs, der fast kreisförmig Vesontio (Besançon) umfließt
Dumnorix. der Name bedeutet „Weltkönig". Er ist Häduer, Gegner der Römer, Schwiegersohn von Orgetorix
Durocortorum. Hauptort der Remer, heute Reims
Eburonen. ein germanisch-belgisches Volk zwischen Maas und Rhein
Elaver. heute Allier, ein Nebenfluß der Loire
Eleuteter. keltischer Stamm
Elusaten. aquitanischer Stamm
Eporedorix. ein gallischer Name. Erwähnt werden ein Feldherr der Häduer und ein Anführer der häduischen Hilfsreiter dieses Namens
Eratosthenes. ein griechischer Gelehrter in Alexandria (275–195 v.Chr.)
Esuvier. der Name bedeutet „Söhne des Gottes Esus", ein keltischer Stamm zwischen den Aulerkern und den Venellern
Fabius Maximus, Quintus. besiegte als Konsul 121 v. Chr. die Allobroger, Arverner und Rutener, erhielt den Beinamen Allobrogicus
Gabaler. ein keltischer Stamm in den Cevennen
Gabinius, Aulus. Konsul 58 v. Chr.
Galba, Servius Sulpicius. Legat Caesars
Gallia. das Gebiet zwischen den Pyrenäen und dem Rhein, außerdem Oberitalien (Gallia Cisalpina, auch Togata oder Transpadana, d. h.

Erläuterungen 205

jenseits, also nördlich des Padus, des Po); um 52 v. Chr. hatte es ca. 6–7 Mill. Einwohner
Garunna. die Garonne, der Grenzfluß zwischen Gallia Celtica und Aquitanien
Geidumner. belgischer Stamm, Vasallen der Nervier, an der Schelde beheimatet
Genava. Genf
Gergovia. die Hauptstadt der Arverner, beim Fluß Elaver (= Allier)
Germania. in „Der Gallische Krieg" das Gebiet zwischen Donau, Weichsel und Rhein
Gorgobina. Boier-Stadt zwischen Allier und Loire
Graioceler. keltisches Alpenvolk – der Name verknüpft die Graischen Alpen und die Stadt Ocelum
Grudier. belgischer Stamm, Vasallen der Nervier
Häduer. zwischen Loire und Saône ansässiges Keltenvolk
Haruder. ein germanisches, am Neckar beheimatetes Volk
Helvetier. ein mächtiges keltisches Volk, zwischen Rhein, Rhône und Jura ansässig
Helvier. keltischer Stamm, zwischen Cevennen und Rhône ansässig
Hercynischer Wald. der Name geht zurück auf den griechischen Geographen Orcynia und bezeichnet das Gebiet vom Schwarzwald bis zu den Karpaten
Hibernia. Irland
Hispania. Spanien mit Portugal. Die Römer unterschieden Hispania citerior (von den Pyrenäen bis zum Ebro) und Hispania ulterior
Illyricum. römische Provinz (heute Istrien und Dalmatien)
Indutiomarus. treverischer Fürst
Italia. in römischer Benennung dem heutigen Italien gleich, mit Ausnahme der Po-Ebene (Gallia Cisalpina)
Itius. Hafen im Gebiet der Moriner, nahe Gesoriacum, dem heutigen Boulogne
Iuppiter. Caesar wendet den Namen des obersten römischen Gottes sinngemäß auf die gallische Gottheit an
Kadurker. keltisches Volk, rechtsseitig der Garonne ansässig
Kaleter. belgischer Stamm, nördlich der Seinemündung ansässig
Kantabrien. Gebiet an der Nordküste Spaniens
Karnuter. keltisches Volk, bei Orléans und Chartres ansässig
Käroser. germanisch-keltisches Mischvolk
Kasser. britannischer Stamm, an der Themse ansässig
Katurigen. keltischer Stamm in den Cottischen Alpen (südl. der Durance)
Kelten. der Name bedeutet „die Erhabenen" (von lat. celsus); die Bewohner Galliens, also die „Gallier". Die Bezeichnung wird sowohl für die im mittleren Gallien wie auch für die in Gallien, dem südlichen Deutschland, Oberitalien und dem südöstlichen Britannien Wohnenden gebraucht
Keutronen. ein keltisches Alpenvolk, im heutigen Savoyen ansässig
Kimbern. ein germanisches Volk. Es zog von Jütland südlich, vereinte sich mit den Teutonen, wurde 101 v. Chr. bei Vercelli (Oberitalien) von Gaius Maius besiegt

Kokosaten. westlich von Bordeaux ansässiger aquitanischer Stamm
Kondruser. germanisch-belgischer Stamm, bei Lüttich ansässig
Koriosoliten. keltisches Volk in der Nordbretagne
Labienus, Titus. Caesars bedeutendster Legat im Range eines Prätors
Latobriger. germanisches Volk, im Quellgebiet von Donau und Neckar ansässig
Lemanner See. der Genfer See (vgl. lac Léman)
Lemonum. das heutige Poitiers
Lemoviken. keltisches Volk, im heutigen Limousin ansässig
Lepontier. in den Lepontischen Alpen (nahe dem heutigen Andermatt) ansässiger Keltenstamm
Leuker. Keltenstamm von der oberen Maas und Mosel
Levaker. an der Schelde ansässiger belgischer Stamm
Lexovier. keltisches Volk, um das heutige Lisieux in der Normandie ansässig
Liger. die Loire
Lingonen. keltisches Volk, im Quellgebiet von Marne und Maas ansässig
Lutecia. Paris (auch: Lutecia Parisiorum)
Mandubier. Keltenvolk vom Quellgebiet der Seine
Markomannen. germanisches Volk, damals südlich des Mains
Mars. der römische Kriegsgott, von Caesar für den gallischen Gott Esus gebraucht
Matisco. Häduerstadt an der Saône
Matrona. die Marne
Mediomatriker. Keltenvolk an der Mosel, Hauptstadt Metz
Melder. an der unteren Marne ansässiges Keltenvolk (bei dem heutigen Meaux)
Menapier. belgisches Volk vom Mündungsgebiet von Maas und Rhein
Mercurius. Merkur, der römische Gott des Handels
Messala, Marcus Valerius. war 61 v. Chr. Konsul
Metlosedum. Stadt an der Seine, das heutige Melun (bei den Römern später Melonodunum genannt)
Minerva. römische Göttin, Schutzgöttin aller Fertigkeiten und Künste; Caesar verwendet ihren Namen für die gallische Göttin des Kriegshandwerks
Mona. die Insel Man
Moriner. belgisches Volk, im heutigen Flandern ansässig
Mosa. die Maas
Namneten. keltisches Volk, an der Loiremündung, beim heutigen Nantes ansässig
Nantuaten. keltisches Volk am Südufer des Genfer Sees
Narbo. die Stadt Narbonne
Nemeten. Germanenvolk, in der heutigen Pfalz ansässig
Nemetocenna. das heutige Arras
Nervier. belgisches Volk, zwischen Schelde und Maas ansässig
Nitiobrogen. keltisches Volk an der Garonne
Noreia. vermutlich das heutige Neumarkt in der Steiermark
Noricum. die heutige Steiermark nebst Kärnten
Noviodunum. soviel wie Neuburg, Ortsname für Städte an der Loire und an der Aisne

Erläuterungen

Numider. an der Nordküste Afrikas beheimatetes Volk
Octodurus. Ort im oberen Tal der Rhône
Osismer. keltisches Volk, nahe dem heutigen Brest in der Bretagne ansässig
Padus. der Po, Grenzfluß zwischen Gallia Cispadana und Gallia Transpadana
Pedius, Quintus. Neffe Caesars
Petrokorier. keltisches Volk, nördlich der Dordogne, im heutigen Périgord ansässig
Piktonen. keltisches Volk, südlich der Loire, im heutigen Poitou ansässig
Piruster. in Dalmatien ansässige Illyrer
Piso. 1. Lucius Calpurnius Piso, Großvater von Caesars Schwiegervater, 107 v. Chr. besiegt und getötet; 2. Caesars Schwiegervater, 58 v. Chr. Konsul; 3. Marcus Pupius Piso, Konsul 61 v. Chr.
Pleumoxier. belgischer Stamm, nahe dem heutigen Antwerpen ansässig
Pompeius, Gnaeus. 60 v. Chr. mit Caesar und Crassus im Triumvirat, 55 Konsul, als Nebenbuhler Caesars von diesem bei Pharsalus geschlagen (48), floh nach Ägypten, wo er bei der Landung ermordet wurde
Ptianier. Stamm vom Nordfuß der Pyrenäen
Rauraker. Keltenstamm am Oberrhein, im Gebiet des heutigen Basel
Redonen. Keltenvolk in der Bretagne
Remer. belgisches Volk in der Champagne, beim heutigen Reims
Rhenus. der Rhein
Rhodanus. die Rhône
Rutener. Keltenvolk, nordöstlich von Toulouse ansässig
Sabis. die Sambre, ein Nebenfluß der Maas
Samarobriva. röm. Ambianum, das heutige Amiens
Santoner. Keltenvolk, nördlich von Bordeaux, in der heutigen Saintonge ansässig
Scaldis. die Schelde
Seduner. Keltenvolk, nordwestlich vom Lago Maggiore ansässig
Sedusier. germanisches Volk, vermutlich aus der Rheinpfalz stammend
Segner. belgisch-germanischer Stamm, südlich von Lüttich ansässig
Segusiaver. Keltenstamm, beim heutigen Lyon ansässig
Senonen. großes keltisches Volk, an der Seine beim heutigen Sens ansässig
Sequana. die Seine
Sequaner. um das heutige Besançon ansässiges großes keltisches Volk
Sibulaten. in Aquitanien südlich von Bordeaux ansässig
Sol. Caesar überträgt den Namen des römischen Sonnengottes sinngemäß auf den germanischen Gott
Sotiaten. bedeutende Volksgruppe in Aquitanien an der Garonne
Sueben. germanisches Volk, vor allem an Main und Lahn beheimatet
Suessionen. belgisches Volk, beim heutigen Laon ansässig
Sugambrer. Germanenvolk, rechtsrheinisch um Wuppertal/Solingen ansässig
Tamesis. die Themse
Tarusaten. westlich von Toulouse ansässig

Tenktherer. Germanenvolk vom Niederrhein
Tergeste. das heutige Triest
Tolosa. Toulouse
Treverer. Volk an der unteren Mosel, vermutlich germanischer Abstammung; ihr Hauptort wird von den Römern später Augusta Treverorum genannt, heute Trier
Triboker. Germanenstamm, nahe Straßburg ansässig
Tulinger. Germanenstamm aus Südbaden
Turoner. Keltenvolk von der unteren Loire; der Name Tours verweist auf sie
Ubier. Germanenvolk, rechtsrheinisch zwischen Köln und Mainz ansässig
Uneller. Einwohner des gleichnamigen Keltenstaates in der Normandie
Usipeter. Germanenvolk, nördlich des heutigen Wesel ansässig
Uxellodunum. Stadt an der Dordogne, vermutlich östlich von Bergerac
Vaculus. der Waal, ein Rheinarm
Valerius. römischer Familienname. 1. Lucius Valerius Praeconinus, Legat, 78 v. Chr. in Aquitanien gefallen; 2. Gaius Valerius Flaccus, 83 v. Chr. Proprätor von Gallien; Gaius Valerius Domnotaurus, Helvetierfürst; Gaius Valerius Troucillus, Stammesfürst und Vertrauter Caesars
Vangionen. Germanenvolk, südlich von Mainz ansässig
Veliokassen. Belgier von der unteren Seine, beim heutigen Rouen ansässig
Vellavier. Keltenvolk, an der oberen Loire ansässig
Veneter. Einwohner eines Keltenstaates beim heutigen Brest (Bretagne)
Veragrer. Keltenstamm im jetzigen Wallis (Schweiz)
Verbigener Gau. an der Aare bei Bern gelegen
Vergobretus. soviel wie Rechtspfleger
Vesontio. Besançon am Doubs (römisch Dubis)
Vienna. Vienné, südlich Lyon an der Rhône
Viromanduer. belgisches Volk, etwa beim heutigen Cambrai ansässig
Vokaten. aquitanisches Volk, südöstlich von Bordeaux ansässig
Vokontier. Keltenstamm, links der Rhône, etwa im Bereich des Mont Ventoux ansässig
Volker. größtes Keltenvolk, etwa von der unteren Rhône bis zu den Pyrenäen ansässig
Vosegus. die Vogesen

Einige Maßangaben
1 Fuß   29,6 cm
1 Meile 1,5 km (d. h. 1000 Doppelschritte)

Der Tag wurde zunächst von Sonnenaufgang bis -untergang in 12 Stunden von je nach Jahreszeit unterschiedlicher Länge eingeteilt. Die Einteilung in 24 Stunden (wie seither auch bei uns üblich) ist nach ägyptischem und babylonischem Vorbild vermutlich für die Auspizien übernommen worden.

Die Nachtwache wurde für den Militärdienst in vier Wachen zu je drei Stunden unterteilt.